权威·前沿·原创

皮书系列为
“十二五”国家重点图书出版规划项目

中国民生调查报告（2015）

ANNUAL REPORT ON THE PEOPLE'S LIVELIHOOD SURVEY IN CHINA (2015)

主　编／谢耘耕

图书在版编目(CIP)数据

中国民生调查报告. 2015/谢耘耕主编. —北京：社会科学文献出版社，2015. 12
（民调蓝皮书）
ISBN 978-7-5097-8471-6

Ⅰ. ①中… Ⅱ. ①谢… Ⅲ. ①人民生活-调查报告-中国-2015 Ⅳ. ①D669. 3

中国版本图书馆 CIP 数据核字（2015）第 284699 号

民调蓝皮书
中国民生调查报告（2015）

主　　编 / 谢耘耕

出 版 人 / 谢寿光
项目统筹 / 王　绯
责任编辑 / 曹义恒

出　　版 / 社会科学文献出版社 · 社会政法分社（010）59367156
地址：北京市北三环中路甲 29 号院华龙大厦　邮编：100029
网址：www. ssap. com. cn
发　　行 / 市场营销中心（010）59367081　59367090
读者服务中心（010）59367028
印　　装 / 北京季蜂印刷有限公司

规　　格 / 开 本：787mm × 1092mm　1/16
印 张：20　字 数：304 千字
版　　次 / 2015 年 12 月第 1 版　2015 年 12 月第 1 次印刷
书　　号 / ISBN 978-7-5097-8471-6
定　　价 / 98. 00 元

皮书序列号 / B-2014-366

《民调蓝皮书》编委会

摘　要

民生问题是人民群众最关心、最直接、最现实的利益问题，决定着民心所向和社会的稳定、公正与和谐。改革开放以来，我国社会进入转型时期，社会发展的不平衡状态不仅引发了许多民生问题，而且对民众的价值取向也造成了强烈的冲击。在这种特定的时代背景下，保障、改善并解决好民生问题，理顺人民内部利益关系，对于巩固党的执政基础、增强国家的凝聚力、促进社会的健康良性发展具有重要的现实价值和历史意义。

为了客观呈现我国民生基本现状以及民生问题背后的社会心态，上海交通大学舆情研究实验室社会调查中心在2014年进行了第二次全国性综合民生民意问卷调查，调查采用“随机电话号码拨号”（RDD）的抽样方法，范围涵盖了我国各行政区域的36个城市（4个直辖市、27个省会城市和5个计划单列市），每个城市分配样本30个，有效样本量共计1080个。此项调查研究以事实统计为基础、以客观呈现为原则，不仅注意呈现个人收支情况、住房、社会保障等基本民生问题的现实状况，而且重在凸显公众深层次的社会感受、社会需求。

《中国民生调查报告（2015）》便是第二次全国性综合民生民意调查结果的综合呈现。该书不仅反映了中国民生基本现状，而且进行了较深入的学术分析，还提出了一些建设性的对策建议。就内容分布而言，各篇涵盖的具体维度如下：《2014年综合民生调查报告》主要从社情民意的视角呈现综合民生发展的总体状况，包括基本民生问题调查（如个人收入支出情况、教育消费支出、医疗消费支出、身体状况、住房情况、社会保障情况等）和工作生活状况调查（如生活水平现状、工作与收入满意度以及受尊重程度的自我评价）；《2014年幸福感调查报告》重点透视公众的主观幸福感（包括整体幸福感评价及幸福感要素评价）和马斯洛五大基本需求（包括生理需求、安全需求、社交需求、尊重需求、自我实现需求）在其所居住城市的满足情况；《2014 年居民社会信任度调查报告》主要探讨公众对职业群体、熟人社会、信息来源、新闻媒体和政府部门等不同社会角色的信任度；《2014 年居民阶层认同与社会流动调查报告》主要探讨公众对自我的阶层认同、社会流动通道、社会流动预测、流动受阻归因等的评估及其影响因素；《2014 年居民社会安全感调查报告》主要探讨公众对社会总体安全、食品安全、医疗安全、人身安全、财产安全、个人隐私安全的感知评价；《2014 年居民社会公平感调查报告》主要探讨公众对社会总体公平感、教育资源分配、医疗资源分配、就业机会、社会收入分配、社会保障、干部提拔和任免、司法公正、性别平等、城乡平等社会生活多个层面公平感的评价；《2014 年居民利他行为调查报告》主要探讨公众对利他行为的普遍看法和实施意愿、不同群体的利他行为意愿以及利他行为的相关因素；《2014 年居民社会支持调查报告》主要探讨公众的社会支持感知现状以及媒介使用、社会地位等因素对社会支持感知的深层影响。

第二次全国性综合民生民意调查遍布全国 36 座城市，较全面地覆盖了我国各行政区域的重要城市，调查研究结果呈现了我国民生民意的基本情况，可以为学术研究和政府决策提供基础数据支撑。

序

中国社会在不断推进改革开放和现代化建设的同时也面临着一些不足和挑战，民生问题便是一个显性的反映。民生问题是人民群众最关心、最直接、最现实的利益问题，被誉为“立国之本”，决定着民心所向，关系着社会的稳定、公正与和谐。改革开放以来，我国社会进入转型期，经济发展突飞猛进，社会发展相对平缓，结果导致国家财富不断增长，财富占有却日趋失衡，阶层分化也日益加大。这种不平衡状态不仅引发了许多民生问题，而且对民众的价值取向也造成了强烈的冲击。中国社会前进发展的活力和动力均来自人民。在当前利益关系复杂化和利益需求多样化的新的时代背景下，保障、改善并解决好民生问题，理顺人民内部利益关系，对于巩固党的执政基础、增强国家的凝聚力、促进社会的健康良性发展具有重要的现实价值和历史意义。

民意调查是深入了解民生现状的一个重要途径，但对研究者的学术基础和专业技能均要求较高。通常研究者既需要凭借科学的调查方法迅速抓取社会重点热点问题的民意动态，也需要通过专业的研究路径来对调查数据进行准确无误的解读。由于研究门槛较高，许多媒体调查机构和商业性质的调查公司被挡在了民意调查领域之外，于是在全球范围内民调研究的领跑者和规范制定者始终由高等院校建立的民意调查机构来担当，如美国校际社会科学数据共享联盟（ICPSR）和芝加哥大学全国民意调查中心（National Opinion Research Center）这两个典型的民意调查机构，不仅收纳有价值极高的民意调查数据，而且研究成果在全球也颇具影响力。目前在拥有 13 亿以上人口的中国，以高校为依托、能够承担大规模社情民意调查的研究机构还相对匮乏。

上海交通大学舆情研究实验室社会调查中心，围绕一系列重大社会问题开展全国性民意调查以及多种专项调查，构建“综合民生调查数据库”，并不断将调查和采集的数据纳入其中予以充实完善；基于民生调查数据而撰写的《中国民生调查报告（2014）》，填补了中国大陆地区民生及民意问题研究的空白。在总结和汲取以往研究经验的基础上，2014 年舆情研究实验室组织进行了第二次全国性综合民生民意问卷调查，范围涵盖了我国各行政区域的 36 个城市（4 个直辖市、27 个省会城市和 5 个计划单列市），内容涵盖了 5 大主题：一是民生基本问题，包括居民个人收入情况、教育消费支出、医疗消费支出、身体状况、住房情况、社会保障情况；二是居民媒体使用情况；三是居民生活、工作满意度，包括生活满意度、收入满意度、主观受尊重度、生活压力感知；四是居民对政府处理民生问题的满意度；五是居民的各种社会感知，包括对社会和谐度、社会公平、社会安全的感知等。

设计这些调查主题，目的不仅是呈现个人收支情况、住房、社会保障等基本民生问题的现实状况，而且试图着重凸显隐含在民生问题背后的深层次的社会心态。社会心态是社会成员对社会生活问题普遍的心理感受和情绪反应，具有宏观性、动态性和突生性三大特征，既多维度地映射着社会存在，又对社会存在具有能动的反作用。在我国全面深入推进政治经济变革的过程中，由于利益格局、社会结构、社会阶层的调整变化以及中西多元思想理念的融汇影响，社会心态表现得更为复杂多变，若走向负面就有可能增大社会不稳定因素，阻碍改革发展进程。因此，在当前社会转型的特定时代背景下，我们必须重视研究民生问题背后的社会心态，捕捉社会矛盾背后的社会情绪，探询社会行为背后的社会价值观念，透析“有形”问题背后的“无形”问题，促进社会心理和谐发展。

综观此次调查结果，呈现许多亮点。例如，超过半数（62.7%）的受访者认为自己生活水平比 5 年前有所上升；受访者整体上幸福感较强，评价平均分为 7.00 分，八成以上的受访者评分在“及格线”（6 分）之上；家庭和睦是影响受访者幸福感的一大主要因素，身体健康、朋友关系、个人收入对受访者幸福感具有重要影响；近半数（49.9%）的受访者认为我国社会总体比较安全；受访者对亲密的人际关系带来的社会支持感知评价更好，与关系亲密的人同住的受访者对社会支持感知评价较高；受访者对媒体报道、官方声明的信息信任程度较高，超过半数的受访者对中央新闻媒体的信任度高于地方媒体。与此同时，调查结果也暴露出诸多值得关注的社会问题。例如，有近半数（47.7%）的受访者认为，其最主要的生活压力来源为物价上涨，其次为家庭收入；受访者对收入满意度较低，有31.8%受访者对收入状况表示满意（“非常满意”或“比较满意”），有36.6%的受访者对收入状况表示不满意（“非常不满意”或“不太满意”）；受访者对干部提拔、干部任免、社会收入分配、城乡平等的公平感评价显著低于一般水平；农业户口受访者参与医疗保险、养老保险等社会保障的比例明显低于非农业户口受访者。总体来说，《中国民生调查报告（2015）》基本实现了预定的研究目标，反映了中国民生基本现状以及民生问题背后的社会心态，可以为政府决策、学术研究提供有力的数据支撑或实证参考。但是，限于时间和精力，此项需要多人合作完成问卷调查、数据分析、报告撰写的浩大研究工程难免存有疏漏之处，还望各位读者不吝指正。

是为序。

上海交通大学特聘教授

谢耘耕

2015年9月25日

导　言

民意调查也称民意测验，是运用系统性、科学性、定量性的步骤，迅速、准确地收集公众对公共事务的意见，以检视公众态度变化的社会活动，其主要功能是真实反映各阶层民众对公共事务的态度。① 当前我国正在全面推进政治经济体制改革，公众对于社会公共事务的意见受到了政府部门的高度关注，有关部门还陆续开通了多种网络民意表达平台。然而，仅仅通过网络渠道了解民意存在一定的问题：一是网络言论的可靠性比较有限，因为网络的匿名性使得网民可以毫无顾忌地发表言论，而网民群体的动机又纷繁复杂；二是网民群体的代表性比较弱，网络意见不能反映广大民众的真实想法。所以，要了解民众对社会公众事务的态度评价，为制定公共政策奠定科学的实证基础，就需要借助广泛深入的民意调查。为了客观呈现目前我国公众的生活水平、教育、医疗、生活压力等基本民生状况，为政府决策、学术研究提供数据支撑或实证参考，2014 年上海交通大学舆情研究实验室组织进行了第二次全国性综合民生民意调查。具体的研究设计、施行方案以及代表性研究发现如下。

一　研究设计

（一）抽样方案

本次调查的目标群体为中国拥有住宅固定电话或手机的、年龄在 15 ~ 84 岁的常住居民。

① 王石番：《民意理论与实务》，（台北）黎明文化专业公司，1995，第 24、225 页。

本次调查采用多阶段复合抽样。第一阶段，经过综合考虑各城市的政治、经济、文化影响力，从全国地级以上城市中选择了4个直辖市、22个省会城市和5个国家社会与经济发展计划单列市（以下简称“计划单列市”），较全面地涵盖了我国各行政区域的重要城市。城市的具体区域和等级分布见表1。

表1　调查城市分布

单位：个

区域	直辖市	省会城市	计划单列市	城市数量
东部	北京、上海、天津	福州、广州、海口、杭州、济南、南京、沈阳	大连、宁波、青岛、厦门、深圳	15
中部	—	长春、长沙、哈尔滨、合肥、南昌、石家庄、太原、武汉、郑州	—	9
西部	重庆	成都、贵阳、昆明、兰州、南宁、西安	—	7
城市数量	4	22	5	31

第二阶段，在上述调查城市中，采取“随机电话号码拨号”（RDD）的抽样方法进行调查。首先通过计算机辅助电话调查法（CATI系统）按不同号码段产生随机电话号码，拨通查明为住宅电话或个人手机号码后，对住宅电话进行家户内抽样（Within-Household Sampling），即要求在本户15～84岁的常住并说中文的成员中访问1名生日最近者，对个人手机号码则直接访问。如被抽中的电话无人接、抽中的被访者不在家或不便接受访问，访问员在不同的日期与不同的时段先后3次回拨。

在调查样本量的确定上，在95%的置信水平下按简单随机抽样的抽样误差不超过3%的要求进行计算，需要抽取样本量不少于1067个。① 综合考虑调查城市数量、调查费用以及可行性等因素，每个城市分配30个样本，调查有效样本量共计1080个。

① 王石番：《民意理论与实务》，（台北）黎明文化专业公司，1995，第24、225页。

（二）问卷设计

2014 年度调查的主题包括综合民生、幸福感、社会心态、社会支持与社会信任等，在参考若干国内外调查研究文献的基础上，召集多位专家学者共同围绕当前基本民生问题设计调查问卷题目。调查问卷在正式投入使用前，组织进行了至少 3 轮的试调查，然后对陈述不清、过于敏感以及统计学属性较差的题目进行了修改或删除。

二 施行方案

（一）调查方法

本次调查在上海交通大学舆情研究实验室社会调查中心完成，中心配备有 1 台起总控制作用的计算机、56 台与主机相连接的终端、耳机式电话和鼠标、2 台起监视作用的计算机，软件有自动随机拨号系统、问卷设计系统、自动访问管理系统、录音系统、自动数据录入和简单统计系统。

调查采用计算机辅助电话调查法，使用互动计算机系统辅助调查者完成电话调查的基本数据收集任务。[①] 这在民意调查中是较为成熟的一种方法，20 世纪 70 年代发端于美国，中国民意调查机构从 2004 年起开始运用此种方法，目前已成为我国民意调查的主要方式之一。此种方法具有强隐私性、高时效性、成本低廉等优势，[②] 而且操作便捷、样本覆盖全面。除此之外，访问员拨出的每个电话都有录音备案，可以进行复查，有助于确保调查的真实性。

在进行调查时，调查员对事先选取好的城市一一进行随机数字拨号（需要事先设置好城市的区号），并保存拨号记录。当某城市的成功受访者

① 董海军、汤建军：《国外民意调查的历史与现状分析》，《学习与实践》2012 年第 2 期。

② 邱晓华：《积极稳妥地推进社情民意调查工作》，《中国统计》2005 年第 11 期。

达到预定的样本数量时，计算机辅助电话调查系统会提示调查员对另一座城市进行随机拨号。在具体的操作过程中，调查员需要按照屏幕上出现的题目通过耳机向受访者进行提问，完成一道题目后，系统会根据答案自动跳到下一个相关问题。

（二）调查员培训

参与本次电话调查的调查员共300人，督导员共6人，巡视员共3人。

调查员主要为上海交通大学、华东师范大学的本科生、研究生，大多是口齿清楚、普通话标准的女生。每名调查员在上岗前均接受过2个小时的培训，了解项目背景，学习计算机辅助电话调查操作方法和“调查员工作手册”。调查员均与本机构签署信息保密及诚信协议，确保受访者的个人信息不被泄露，也保证真实记录受访者的回答。调查员需要每天提交1份“工作日志”，记录成功完成的电话调查数量、工作时长、意见反馈等。

督导员由上海交通大学舆情研究实验室的博士生或硕士生担任。他们事先经过统一培训，其职责包括：培训调查员、录入和修改电话调查问卷、检查调查员对调查题目理解是否准确、监督调查员的访问态度和方式是否符合“访员工作手册”要求、反馈调查员的意见、抽查成功的调查录音、处理调查现场问题以及监督调查员是否规范操作。

巡视员亦由上海交通大学舆情研究实验室的博士生或硕士生担任，负责电话调查现场的巡视工作，及时改正不规范的操作，及时中止恶意破坏社会调查中心形象或严重违规的操作。

（三）数据整理与分析

整理好计算机辅助电话调查系统自动保存输出的SPSS数据文件，对有明显虚假回答迹象的样本进行删除，对异常值进行处理，对需要转码的题目进行转码，对缺失值进行分析。

数据主要使用IBM SPSS Statistics 21软件包进行处理和分析。

三 研究发现

（1）超过半数（62.7%）的受访者认为自己生活水平比5年前有所上升；不同年龄、不同月收入的受访者对自己生活水平的评价存在显著差异，在20~29岁的受访者中，认为自己生活水平比前5年下降的占比最大；在收入高于4000元的受访者中，认为自己生活水平比前5年下降的占比最低。

（2）超过七成的受访者参与社会保障，其中，医疗保险、养老保险的参保比例最高；非农业户口受访者的参保比例高于农业户口受访者；受访者认为医疗保险对于缓解家庭医疗费用压力具有积极意义。

（3）近半数（47.7%）的受访者认为，其最主要的生活压力来源为物价上涨，其次为家庭收入。此外，子女升学压力、住房、赡养老人负担过重、人情支出大等在受访者生活压力来源中也占有一定的比例。

（4）受访者对收入满意度较低，有31.8%的受访者对收入状况表示满意（“非常满意”或“比较满意”），有36.6%的受访者对收入状况表示不满意（“非常不满意”或“不太满意”），其余受访者的评价为一般。

（5）43.9%的受访者认为，他们目前工作或学习的成就感一般。33.4%的受访者认为他们目前人生价值实现满意度一般，1/5（20.0%）的受访者对他们目前人生价值实现状况较不满意；超过1/3（33.5%）的受访者认为所在城市的个人发展机会一般，近1/4（23.3%）的受访者认为所在城市的个人发展机会较少。

（6）受访者整体上幸福感较强，评价平均分为7.00分，八成以上的受访者评分在“及格线”（6分）之上；不同城市的受访者对幸福感知存有差异，一线城市受访者的平均幸福感略低于非一线城市受访者；一线城市受访者对社会保障、医疗服务、教育质量、公共交通、物价、社会治安服务等公共服务的平均满意度高于非一线城市受访者。

（7）家庭和睦是影响受访者幸福感的一大主要因素；身体健康、朋友关系、个人收入对受访者幸福感具有重要影响；受访者的生理需求、安全需求、社交需求、尊重需求及自我实现需求的满足程度对其主观幸福感均产生显著的正向影响。

（8）受访者整体社会公平感评价略低于“一般”水平；60 岁及以上受访者对整体社会公平感的评价高于 60 岁以下受访者；小学及以下学历受访者对整体社会公平感评价最高；受访者对社会性别公平度评价较高，对干部提拔、任免公平度评价较低；受访者对社会收入分配、城乡平等的公平感评价显著低于一般水平。

（9）近半数（49.9%）的受访者认为，我国社会总体比较安全；男性受访者对我国社会安全的评价高于女性受访者；60 岁及以上受访者对社会安全的评价高于 60 岁以下受访者；非农业户口受访者对社会总体安全的评价高于农业户口受访者，农业户口受访者对食品安全、医疗安全、人身安全、财产安全、个人隐私安全的评价均高于非农业户口受访者；一线城市受访者对医疗安全的评价高于非一线城市受访者，非一线城市受访者对社会总体安全、食品安全、人身安全、财产安全、个人隐私安全的评价高于一线城市受访者。

（10）受访者对亲密的人际关系带来的社会支持的感知水平更好；受访者认为亲人给予的社会支持最大，宗教组织给予的支持最小；与关系亲密的人住在一起的受访者，对社会支持感知的评价相对较高。

（11）受访者总体利他行为得分较为乐观；女性利他行为得分高于男性；离退休人员利他行为得分最高，学生和无业人员最低；60 岁以上老年人利他行为得分最高，20～29 岁的年轻人最低；二线城市居民利他行为得分最高，一线城市最低。

（12）受访者对不同职业群体的信任度评价不一，对农民工、教师的信任度最高，对政府官员和企业家的信任度最低；女性比男性更信任法官和警察，男性比女性更信任农民工群体；东部受访者对记者和出租车司机的职业信任度更高，中部受访者对钟点工群体的信任度更高。

（13）在熟人社会中，受访者普遍对家人、亲戚的信任度最高；老年人更信任亲戚和邻居，年轻人更信任朋友和同学；已婚人士最信任同事，丧偶和离婚人士更信任朋友和同学；二线城市居民比一线城市和三线城市居民更信任邻居、家人和亲戚。

（14）在不同信息来源的信任度方面，受访者对媒体报道、官方声明的信息信任程度较高；相比于非农业户口受访者，农业户口受访者对官方声明信任度评价更低，对意见领袖的信任度更高；不同性别、年龄、地区、城市等级的受访者对不同信息来源的信任度存有显著差别。

（15）超过半数的受访者最信任的新闻媒介为电视，新闻网站次之，报纸居于第三位；女性受访者对电视、报纸的信任度显著高于男性，男性受访者对新闻网站的信任度显著高于女性；年龄越大的受访者对电视的信任度越高，对手机新闻客户端、微信与身边人的议论的信任度越低。

（16）超过半数的受访者对中央新闻媒体的信任度高于地方媒体；月收入 4001～6000 元的受访者更信任中央新闻媒体，月收入 6000 元以上的受访者更信任地方新闻媒体；中部受访者信任中央新闻媒体的比例最高，东部受访者信任地方媒体的比例最高；研究生及以上学历选择两种媒体都不相信的比例最高。

（17）从居民的阶层认同情况来看，五成居民认同自己属于社会中层，近四成居民认为自己属于中下层或下层，仅有一成居民认同自己属于中上层或以上；本科教育水平者和研究生教育水平者的阶层认同显著高于比自身教育程度低的居民；高收入组的居民阶层认同最高，低收入组居民和中低收入组居民的阶层认同偏低。

（18）从不同阶层认同的居民社会生活感受来看，社会阶层认同度越高的居民对其幸福感评价越高；中层和中上层阶层认同的居民的职业安全感显著高于下层和中下层；阶层认同越高的居民对社会公平感的评价越高。

（19）从中国社会流动现状来看，近六成受访者认为与父辈相比，其社会地位有所上升；高收入的群体对自己的代际流动评价高于其他较低收入群体。从居民对社会地位流动通道的评估来看，近五成居民认为社会的流动通道畅通；学生对社会流动通道畅通度的评价较低。从居民对自身的社会地位流动的预测来看，超过 60% 的受访者认为未来 5 年，其自身的社会地位会有上升；29 岁以下的青年群体对自己社会地位上升的信心更高。

（20）从个人对阶层流动的归因方面，教育和个人品质、素养、能力被认为是推进代际流动的主要原因；逾半居民认为流动受阻主要是社会原因所致。另外，居民普遍认为，导致社会上升通道不畅通的个人因素在于人脉关系，家庭因素在于家庭人脉资源不足，社会因素在于社会体制存在问题。

（21）影响个人阶层认同的主要因素包括个人月收入、受挫感和幸福感，影响个人对社会流动通道评估的因素包括幸福感、受挫感、社会公平感、社会安全感，影响个人对社会流动预测的因素包括年龄和幸福感。

目　录

𝔹Ⅰ　总报告

𝔹Ⅱ　分类报告

总 报 告

General Reports

B.1 2014年综合民生调查报告

上海交通大学舆情研究实验室社会调查中心*

摘 要： 民生问题是社会公众最关心、最直接、最现实的利益问题，决定着民心所向，关系着社会的稳定、公正与和谐。上海交通大学舆情研究实验室社会调查中心采用“随机电话号码拨号”（RDD）的抽样方法，对我国居民基本民生问题进行了调查。结果显示：近半数受访者月收入处于1001～5000元水平；近半数（48.5%）受访者主副食品月消费支出在501～1500元区间；超过五成的受访者完全能够承受或者可以承受所支付的教育费用；受访者年医疗费用支出以3000元以内居多，超半数受访者表示能够承受；受访者身体状况评价普遍良好；

* 项目负责人：谢耘耕；执笔人：陈玮、张旭阳、乔睿、潘玉、姬雁楠、李天霓、秦煜人；统计分析：张旭阳、李静。

受访者住房情况多样，农业户口受访者以自建、租赁住房为主，近半数非农业户口受访者购买了商品房；95.4%的受访者参加了医疗保险，76.5%的受访者参加了养老保险。研究发现：与5年前相比，超过四成的受访者认为自己的生活水平有所上升；逾八成受访者认为自身处于社会中下层；近九成受访者与家人关系融洽；受访者认为生活压力的最主要来源首先是物价上涨，其次为家庭收入、工作压力和教育费用高；近七成受访者对工作与收入满意；受访者自我受尊重程度评价较高，超过七成受访者认为自我受尊重程度处于较高水平。

关键词：民生问题　消费支出　社会保障　工作满意度　生活压力

民生问题是人类社会生存和发展的基本问题。古今中外的治国经验表明：谋民生者得民心，得民心者得天下。因为民生问题不仅关乎广大人民群众的根本利益，更事关社会稳定、公正与和谐。改革开放以来，我国经济发展迅速，居民的生活水平和生活质量都有了明显的提高，但由于社会发展不平衡，诸如住房、医疗、就业、教育、收入分配等同人民群众切身利益相关的民生问题凸显出来。党的十八大以来，我国政府一直将改善民生问题作为社会建设中的重点，先后实施和完善了诸多民生改革的具体措施，努力从根本上解决民生问题，进而提高人民生活水平。

为了呈现我国居民的基本生活水平、教育、医疗、工作与生活满意度、公众生活压力、自我受尊重程度等基本民生现状，为政府相关部门改进与完善政策措施提供参考，上海交通大学舆情研究实验室社会调查中心采用“随机电话号码拨号”的抽样方法进行了一次全国性的综合民生调查。主要内容包括4个部分：第一部分为基本民生调查，包括受访者的个人收入支出情况、教育消费支出、医疗消费支出、身体状况、住房情况、社会保障情况等方面的调查；第二部分为我国受访者工作生活情况调查，包括受访者的生活水平现状、工作与收入满意度以及受尊重程度的自我评价；第三部分为研究结论；第四部分对目前受访者的建议进行整理汇总，提出相应的对策建议。

一　样本结构

本次调查在延续上年研究思路的基础上扩大了调查范围，覆盖了我国36个主要城市（包括4个直辖市、27个省会城市、5个计划单列市），在地理范围上囊括了我国各行政区域，调查的有效样本量共计1080个。在调查样本中，受访者以男性居多，占总样本量的51.1%，女性占48.9%。就年龄结构而言，30~44岁受访者占比最高（30.8%），其次为45~59岁受访者（24.1%），20~29岁受访者占总样本的20.7%，占比较少的群体是20岁以下（9.0%）及75岁及以上（3.4%）的受访者。就受教育程度来看，学历为高中及中专、大学本科的受访者占比较高，分别为25.4%、25.2%，初中、大专学历的受访者分别占总样本数的18.8%、16.6%，学历为小学及以下、研究生及以上的受访者占比较小，分别为9.8%、4.2%。就职业来看，专业技术人员的占比最高，为16.2%，商业、服务人员占总体的14.6%，离退休人员和学生分别占12.4%和11.1%，党政企事业单位负责人，办事人员和有关人员，农、林、牧、渔、水利业生产人员，生产、运输工人和有关人员，个体经营人员分别占总样本数的6.6%、7.6%、6.7%、7.7%、5.6%，自由职业者、军人、无业人员分别占3.9%、0.3%、6.7%。就户口类别来说，非农业户口的受访者占比较高，为60.5%，农业户口的受访者为39.5%。就个人月收入来看，无收入的受访者占15.4%，收入在1~1000元、1001~2000元、2001~3000元、3001~4000元的受访者分别占总样本数的3.1%、10.5%、14.8%、13.5%，收入在4001~5000元、5001~6000元、6001~7000元、7001~8000元的受访者分别占总样本数的11.0%、6.0%、3.2%、2.2%，收入在8001~9000元、9001~10000元、10001元及以上的受访者占比分别为1.5%、1.5%、8.0%，另有9.4%的受访者未透露收入状况。

二　基本民生问题调查

（一）个人收入情况

此次调查将个人月收入划分为12个区间，分别为无收入、1～1000元、1001～2000元、2001～3000元、3001～4000元、4001～5000元、5001～6000元、6001～7000元、7001～8000元、8001～9000元、9001～10000元、10001元及以上。在接受调查的受访者中，有9.4%的受访者拒绝透露自己的月收入，近半数受访者月收入集中在1001～5000元区间，占到总体样本数的49.7%；3.1%的受访者月收入在1～1000元区间，8.0%的受访者月收入在10001元及以上（见图1）。

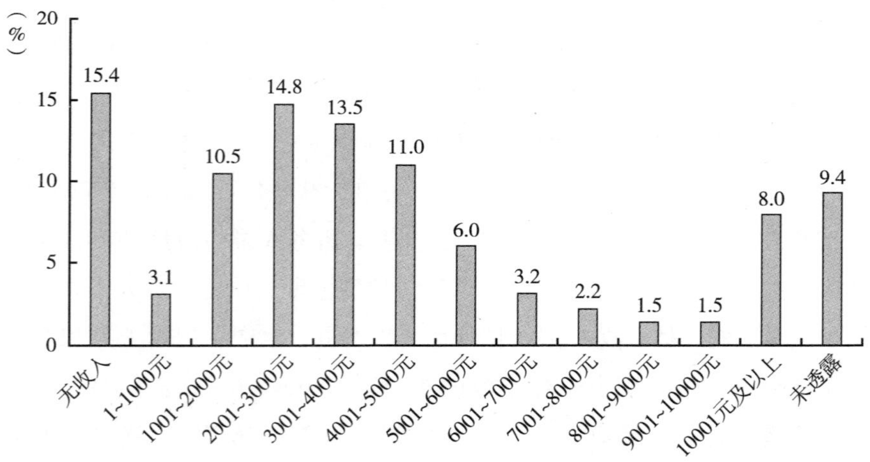

图1　受访者月收入分布

（二）日常消费情况

受访者的日常生活消费支出，指的是受访者直接购买消费性日常生活货物和服务所花费的支出。本调查主要对受访者的主副食品消费支出、教育消费支出和医疗消费支出进行电话访问。

1. 受访者主副食品月消费支出情况

此次调查将主副食品月消费支出划分为 7 个区间，分别是 500 元及以下、501 ~ 1000 元、1001 ~ 1500 元、1501 ~ 2000 元、2001 ~ 2500 元、2501 ~3000 元、3000 元以上。其中，接近半数（48.5%）的受访者月消费支出在 501 ~1500 元区间。主副食品消费在 2501 ~3000 元和 3000 元以上的分别占 5.4% 和 8.8%。

2. 受访者教育消费支出情况

（1）在所有受访者中，没有教育消费支出的受访者占比 34.3%；其次有 20.6% 的受访者教育年支出为 5000 元及以下；有 15.2% 的受访者教育年支出在 5001 ~10000 元；有 12.9% 的受访者教育年支出在 20000 元以上。而教育年支出在 10001 ~15000 元和 15001 ~20000 元的受访者分别占 11.1% 和 5.8%。

（2）在教育费用支出方面，超过五成的受访者完全能够承受或者可以承受所支付的教育费用，其中有 17.4% 的受访者完全能够承受，有 33.2% 的受访者可以承受。完全不能承受和不太能承受教育费用支出的受访者分别占 6.9% 和 17.5%。

（3）近半数月收入在 2001 ~3000 元的受访者没有教育费用，在月收入 0 ~2000 元、3001 ~4000 元、4001 ~6000 元和 6001 元及以上的受访者中，没有教育费用支出的受访者占比分别为 29.0%、40.4%、35.8%、27.1%。在月收入达 6001 元及以上的受访者中，教育费用支出在 20000 元以上的占 21.3%，远高于其他收入区间（教育费用支出 0 ~2000 元的占 11.6%，教育费用支出 2001 ~3000 元的占 4.6%，教育费用支出 3001 ~4000 元的占 10.8%，教育费用支出 4001 ~6000 元的占 12.0%）。

（4）从总体来看，非农业户口受访者对教育费用支出的承受能力高于农业户口受访者。在农业户口受访者中，完全不能承受和不太能承受的受访者占比分别为 10.8% 和 22.0%，高于非农业户口受访者（4.4% 和 14.9%）；可以承受和完全能够承受的受访者占比分别为 37.2% 和 20.3%，低于非农业户口受访者（37.2% 和 20.3%）。

3. 受访者医疗费用年支出情况

（1）在医疗费用方面，受访者年支出以3000元以内居多（累计占59.8%），33%的受访者医疗消费支出在1000元及以下，26.8%的受访者医疗消费支出在1001～3000元。此外，医疗费用年支出在5000元以上的受访者占19.8%，6.5%的受访者没有医疗费用支出。

（2）从整体来看，受访者年龄越大，医疗费用支出也就越大。近半数20岁以下受访者家庭每年支出的医药费在1000元及以下，随着年龄增长，医疗费用支出也相应提高，75岁及以上受访者支出5000元以上的占比为52.1%。

（3）超半数受访者表示医疗费用年支出“可以承受，比较轻松”或“完全能承受，很轻松”。剔除无医疗费用支出的受访者，34.8%的受访者表示可以承受医疗费用支出，24.1%的受访者完全能够承受。而表示“不太能承受，压力较大”或“完全不能承受，压力很大”的受访者占比分别为12.4%和7.8%。

（三）身心状况

1. 受访者身体状况普遍良好，农村户口受访者自我评价较高

总体而言，受访者的身体状况自我评价普遍良好，其中“比较好”和“非常好”的占比分别为38.3%和26.2%，累计达64.5%。自我评价身体状况“很不好”的占比仅为2.2%，“不太好”的占比为10.3%，其余23%的受访者认为自己身体状况“一般”。

农业户口受访者认为自身身体状况“非常好”的占比高达32.5%，显著高于非农业户口受访者（21.0%），而非农业户口受访者对于身体健康自我评价是“一般”的占比为26.7%，较高于农业户口的受访者（18.0%）。非农业户口和农业户口受访者认为自身身体健康状况“比较好”的占比分别为38.3%和38.2%，“很不好”的占比分别为2.1%和2.5%，占比很接近。

2. 受访者年纪越大，对身体状况的自我评估越差；男性受访者对身体状况的自我评估优于女性

根据受访者身体状态从“很不好”到“非常好”以1～5分进行评价，结果发现随着年龄的增大，受访者对自身身体健康的评估越差。在性别差异

方面，独立 t 检验结果显示，在95%的置信水平下，男性受访者的身体状况评估均值（3.90 分）略高于女性受访者（3.62 分）（$t = -4.460$，$p < 0.05$），说明男性受访者对自身身体状况的评价优于女性。

3. 总体而言，我国居民心理健康状态良好

对我国居民心理健康状况的考察，是基于对居民是否感到焦虑、担心或者不安这一问题的作答。剔除 1 项系统缺失值后，我们计算出均值为 3.95 分（从“总是”到“几乎没有”分别计 1 ~5 分）。随着选项中心理健康水平的提升，居民选择的占比也呈阶段性增多。超过四成的受访者几乎没有感到焦虑、担心或者不安的情绪，以高达 42.5% 的占比居于第一位；26.1% 受访者表示偶尔会感到焦虑、担心或者不安的情绪；17.8% 的受访者有时会有这种情绪体验；11.4% 的受访者经常会感到焦虑、担心或者不安；仅有 2.2% 的受访者总是感到焦虑、担心或者不安（见图 2）。总体而言，我国居民心理健康状态良好。

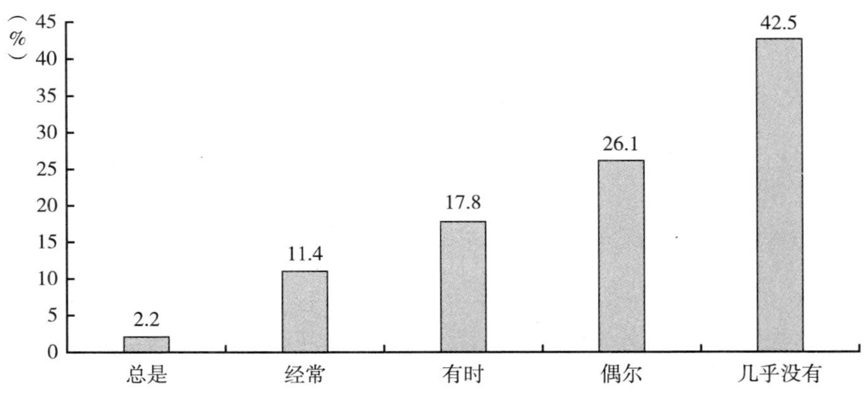

图 2　受访者感到焦虑、担心或不安的程度

（四）住房情况

1. 住房情况多样。农业户口受访者以自建、租赁住房为主；近一半非农业户口受访者购买了商品房

根据实际情况，我们将受访者的住房种类进行了划分，包括租赁廉租

住房、租赁其他住房、自建住房、购买商品房、购买经适房、单位福利房、学生宿舍、其他，共8类。经统计，受访者中排名前3位的住房情况依次是购买商品房，占34.5%；自建住房，占19.4%；租赁其他住房，占14.6%。

考虑到城市和农村的住房情况存在较大差异，我们分别对持有不同户口类型的受访者的住房情况进行了统计。对比发现，农业户口受访者中自建住房占比最高，为33.6%，其次占比较高的是租赁其他住房和购买商品房，分别为21.8%和18.7%；而购买经适房和单位福利房在该类人群中普及率较低。非农业户口受访者购买商品房的比例高达45.2%，占比最高；接下来依次是单位福利房、自建住房和租赁其他住房，所占比例分别为15.2%、10.6%、9.9%。

2. 租赁房屋的受访者以年龄为20～44岁、收入在2001～3000元区间、农业户口的受访者居多

进一步分析租赁房屋的受访者人口结构，发现在租赁廉租房和非廉租房的人群中，都以20～29岁和30～44岁的人为主，累计占比近七成。就收入结构而言，收入在2001～3000元的受访者租赁廉租住房和非廉租房的比例最高，收入在5000元以上的受访者租房比例不到两成。农业户口受访者租赁廉租住房和非廉租房的比例都显著高于非农业户口受访者。租赁廉租住房的受访者中有61.3%是农业户口，而非农业口仅占38.7%。租赁非廉租房的受访者中农业户口的占比为58.9%，也显著高于非农业户口受访者（41.1%）。

3. 半数以上受访者自有住房面积在61～120平方米，高学历受访者住房面积普遍较大

通过对受访者自有住房的实际面积进行统计（不考虑租房的受访者），我们发现，自有住房面积在61～90平方米、91～120平方米的受访者数量最多，分别为29.9%和24.1%。此外，有18.2%的受访者自有住房面积在31～60平方米，有11.6%的受访者自有住房面积在121～150平方米，有9.2%的受访者自有住房面积在150平方米以上，有7.0%的受访者住房面积在30平方米以下。

将持有不同类型户口的受访者分别进行统计，我们发现，在自有住房面积问题上，高学历受访者住房面积通常较大，研究生以上学历的受访者住房面积在60平方米以下的不到15%，近七成住房面积在91平方米以上。

4. 一线城市受访者租房比例高于非一线城市，自建住房比例低于非一线城市

我们根据经济发展水平将城市分为一线城市与非一线城市，并与受访者住房情况进行交叉分析。统计结果表明，来自一线城市受访者的租赁廉租住房比例和租赁其他住房比例分别为15.4%和21.6%，显著高于非一线城市的受访者（5.3%和13.8%）。

5. 大部分受访者对目前的住房情况比较满意

统计数据显示，有37.6%的受访者对住房情况比较满意，有28.9%的受访者觉得住房情况一般，感到比较不满意和非常满意的受访者分别占12.6%和12.5%，有8.4%的受访者对目前的住房情况非常不满意。

（五）社会保障情况

1. 超七成受访者有参保，医疗保险、养老保险的参保比例最高

通过调查发现，73.9%的受访者有参加“五险一金”（或“三险一金”）。在参保受访者中，有95.4%的受访者参加了医疗保险，有76.5%的受访者参加了养老保险，相对其他保险参保比例较高。失业保险、工伤保险、住房公积金、生育保险的参保比例分别为53.4%、49.1%、48.2%、43.4%。

2. 受访者认为医疗保险对缓解家庭医疗费用压力具有积极意义

对比参加和未参加医疗保险的受访者，未参保受访者中完全不能承受、不太能承受医疗费用的比例分别为8.1%和16.4%，而参保者中的这两项比例为7.7%和10.8%，均低于未参保者。另外，未参保者中完全能承受和可以承受医疗费用的比例分别为35.3%和24.9%，均高于参保者（33.5%和22.4%）。

3. 党政企事业单位负责人参保比例最高，无业人员参保比例最低

通过对受访者的职业与参保情况的交叉分析发现，党政企事业单位负责人参保比例最高，达到93.7%。其次，办事人员和有关人员的参保比例也高达92.3%。参保比例最低的受访者人群是无业人员，超五成未参保，参保人数仅占47.0%。

4. 非农业户口受访者的参保比例高于农业户口受访者

将是否参与“五险一金”（或“三险一金”）与户口进行交叉分析发现，非农业户口受访者参加“五险一金”（或“三险一金”）的比例为81.2%，显著高于农业户口受访者（62.7%）。此外，通过对比非农业户口受访者和农业户口受访者的参保比例发现，非农业户口受访者的养老保险、医疗保险、失业保险、工伤保险、生育保险和住房公积金的参保比例均高于农业户口受访者。但是，就比例差距而言，非农业户口受访者和农业户口受访者的医疗保险参保比例差距最小，前者高于后者不到4个百分点。其次差距较小的是工伤保险的参保比例，但也相差近20个百分点，而养老保险、失业保险、生育保险和住房公积金的参保比例，前者均高于后者20个百分点以上。这一结果有可能受到受访者本身职业特征的影响，但也在一定程度上体现了不同户籍受访者的各类保障存在差异。

（六）生活环境情况

1. 受访者对我国的空气质量评价好坏均分，超过三成的受访者认为空气质量一般

在关于我国空气质量满意度的调查中，我们采用5点计分法，以1~5分分别代表“非常差”到“非常好”。其中，有36.5%的受访者对我国空气质量的满意度为一般，以超过三成的占比居于第一位；有23.0%的受访者认为我国空气质量比较好，居于第二位；有20.1%的受访者认为我国空气质量比较差；居于后两位的空气质量评价依次为非常差（11.1%）和非常好（9.4%）。由此可见，受访者对我国的空气质量评价好坏均分，超过三成的受访者认为空气质量一般（见图3）。

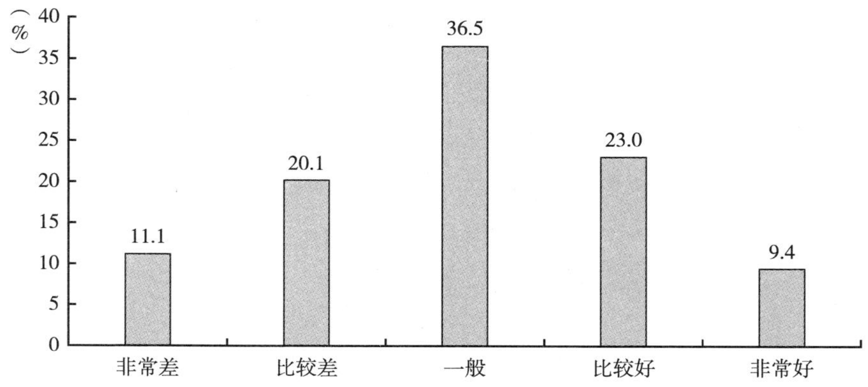

图3　受访者对空气质量的评价

2. 近三成受访者认为饮用水质量比较好，近半数受访者认为饮用水一般

在关于我国饮用水质量满意度的调查中，我们采用5点计分法，以1～5分分别代表“非常差”到“非常好”。有43.8%的受访者对饮用水的满意度一般；近三成的受访者认为饮用水质量比较好，居于第二位；认为饮用水质量比较差的受访者占12.3%，居于第三位；有8.7%的受访者认为饮用水的质量非常好；认为饮用水质量非常差的受访者占4.0%，居于末位（见图4）。总体而言，近三成受访者认为饮用水质量比较好，近半数受访者认为饮用水一般。

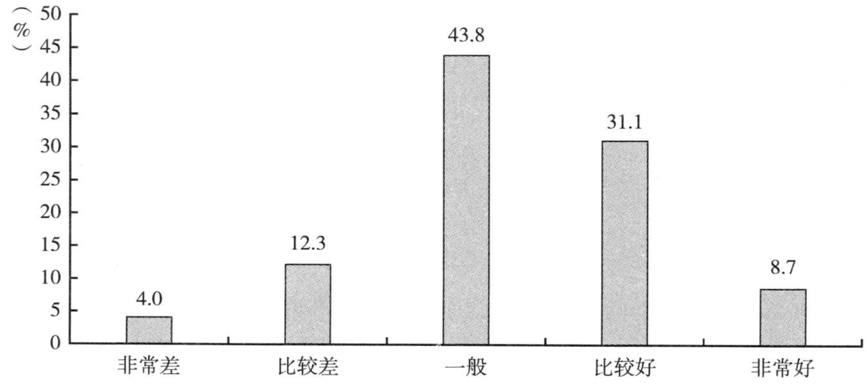

图4　受访者对饮用水质量的评价

三　工作生活状况调查

（一）生活水平状况

1. 受访者生活水平纵向对比

（1）超过四成的受访者认为，与5年前相比自己的生活水平有所上升。

调查发现，有62.7%的受访者认为自己的生活水平（针对2014年自身生活水平评价）与5年前相比上升，其中认为生活水平略有上升的受访者占45.6%，认为生活水平上升很多的受访者占17.1%。但是，有23.9%的受访者认为自身的生活水平止步不前，没有变化。除此之外，有13.4%的受访者觉得自身生活水平近5年存在下降趋势，其中9.3%受访者认为生活水平略有下降，4.1%受访者认为其生活水平下降很多（见图5）。

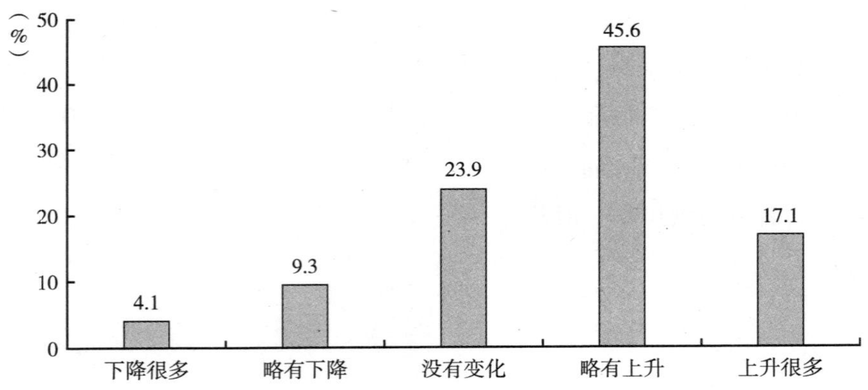

图5　2014年受访者生活水平与5年前相比变化情况

此外，我们以-2分到2分为选项“下降很多”至“上升很多”赋值，通过单样本均值比较（与“没有变化”0分对比）得知，受访者整体评分均值为0.62分（$t=20.418$，$p=0.000<0.05$），因此可以认为受访者整体趋于认为自身生活水平上升。

（2）在30~39岁受访者中，认为生活水平较前5年下降的占比最大。对比分析不同年龄受访者生活水平变化评价，卡方检验结果（$\chi^2=66.389$，$p=0.000<0.05$）表明，受访者年龄与关于生活水平评价两个指标不独立，即不同年龄受访者的评价分布存在差异。观察表1可知，75岁及以上受访者整体认为生活水平不存在下降。此外，在30~39岁受访者中有15.7%认为生活水平较前5年下降，这一比例高于其他年龄段受访者中认为生活水平下降的人所占比例。

表1　不同年龄受访者生活水平变化分布

单位：%

近5年生活水平变化	20岁以下	20~29岁	30~39岁	45~59岁	60~74岁	75岁及以上
下降很多	5.9	3.5	4.3	2.1	7.7	0.0
略有下降	6.4	7.6	11.4	11.8	7.1	0.0
没有变化	18.6	13.6	22.5	32.2	33.5	22.7
略有上升	42.2	53.0	47.5	42.3	37.9	47.9
上升很多	26.9	22.3	14.2	11.6	13.9	29.4

（3）在月收入高于4000元的受访者中，多数认为生活水平提高。对比分析不同收入水平受访者生活水平变化评价，卡方检验结果（$\chi^2=40.420$，$p=0.001<0.05$）表明，受访者个人月收入与关于生活水平评价两个指标不独立，即不同收入受访者的评价分布存在差异。观察表2可知，在收入高于4000元的受访者中，认为自己生活水平下降的人数占比较低：在月收入4001~6000元的受访者中认为近5年生活水平下降的占12.8%，在月收入6001元及以上的受访者中这一比例为10.8%，均低于其他月收入水平的受访者。

我们以-2分到2分为选项“下降很多”至“上升很多”赋值，通过方差分析比较不同月收入水平受访者对自身生活水平变化的评价得知，Levene统计量为2.151，$p=0.073>0.05$。我们认为方差齐次，$F=4.131$，$p=0.003<0.05$，因此可以认为受访者评价存在差异。观察图6可知，个人月收入在3001~4000元水平的受访者认为自身生活水平上升的平均幅度要

小于其他收入水平的受访者；对于月收入水平在6001元及以上的受访者而言，其生活水平近5年来平均上升幅度最大。

表2　不同个人月收入受访者生活水平变化分布

单位：%

近5年生活水平变化	0～2000元	2001～3000元	3001～4000元	4001～6000元	6001元及以上
下降很多	5.6	2.2	3.3	3.2	3.4
略有下降	7.6	11.8	11.3	9.6	7.4
没有变化	29.3	28.5	28.1	19.9	12.0
略有上升	41.0	42.4	43.2	51.2	51.3
上升很多	16.4	15.1	14.1	16.0	25.9

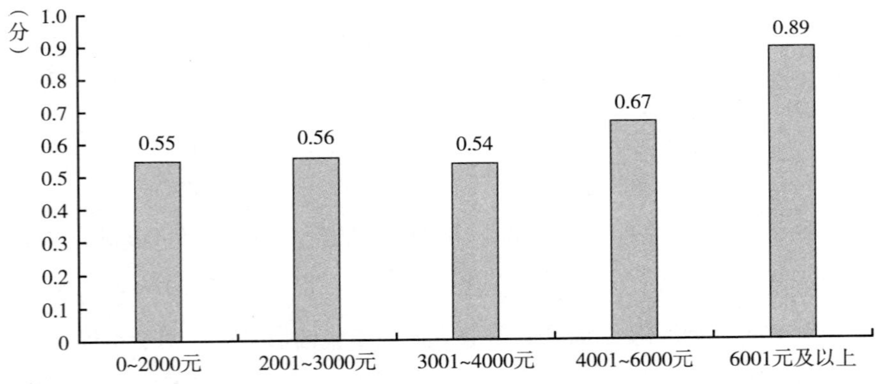

图6　不同月收入水平的受访者生活水平变化平均趋势

2. 受访者生活水平横向对比

（1）逾五成受访者认为自身处于社会中层，逾三成自认为处于中层以下。在“社会地位目前属于哪个层次”这一问题上，有50.9%的受访者认为自己处于中层，有32.6%的受访者认为自己处于社会的中下层或下层，仅有14.3%的受访者认为自己处于中上层，有2.2%的受访者认为自己处于上层（见图7）。

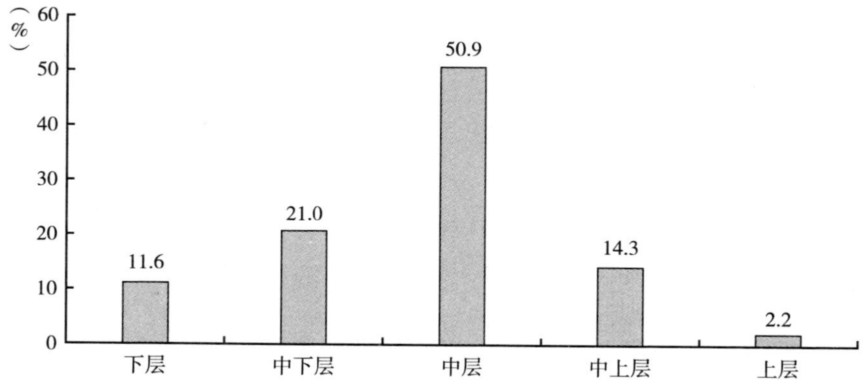

图7　受访者自我评价社会地位分布

我们对“下层”至“上层”分别以1~5分赋值，求得受访者整体社会层次横向认知均值为2.75分，单样本t检验表明（$t=-9.104$，$p=0.000<0.05$）显著低于5级社会阶层的中间值（3分）。

（2）逾五成女性认为自己处于社会中层，这一比例高过男性。列联表卡方检验结果（$\chi^2=20.274$，$p=0.000<0.05$）表明，不同性别受访者对于自身所属地位评价存在差异。观察图8可知，在女性受访者中仅有8.3%的人认为自身处于社会下层；相对而言，男性认为自身处于下层的比重为14.7%。在不同性别受访者中，认为自身处于中下层的人数占比相当，均占20%左右。在女性受访者中，认为自身处于中层的人数占比为56.1%；男性相应占比略低，仅为45.6%。与此同时，在女性受访者中，评价自身处于中上层（13.0%）、上层（1.4%）的人数占比均小于相应男性占比（15.6%、3.0%）。

（3）文化程度越高的受访者，认为自身处于社会中层的比重越高。通过列联表卡方检验（$\chi^2=77.238$，$p=0.000<0.05$）得知，受教育程度与社会地位两个指标不独立。从表3中可以看出一个趋势，即随着受访者文化程度的提高，其认为自身处于社会中层的人数占比也不断提高。文化程度为小学及以下的受访者认为自身处于社会下层的人数占比（28.4%）高于其他文化程度受访者的相应占比。与此同时，文化程度为研究生及以上的受访者

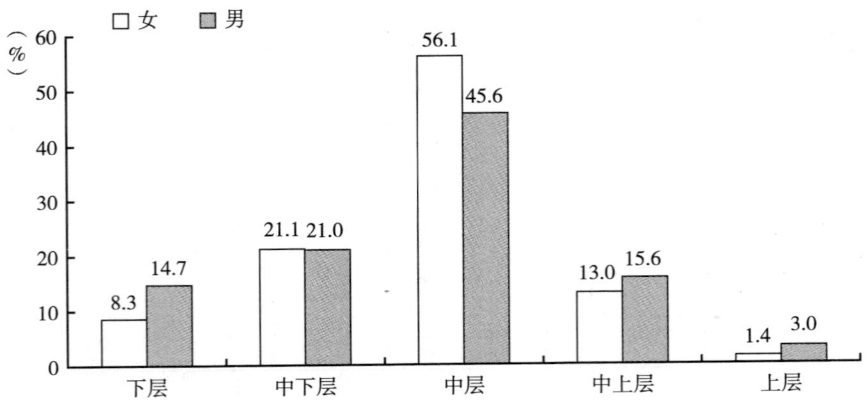

图8　不同性别受访者自我评价社会地位分布

认为自己处于社会上层的人数占比（7.4%）高于其他文化程度受访者的相应比重。

表3　不同文化程度受访者自我评价社会地位分布

单位：%

社会地位	小学及以下	初中	高中及中专	大专	大学本科	研究生及以上
下层	28.4	14.8	10.7	11.4	4.7	0.0
中下层	18.7	26.4	23.3	21.8	18.1	7.2
中层	40.9	46.9	49.7	52.5	56.1	58.8
中上层	11.4	9.3	15.0	11.8	18.5	26.6
上层	0.7	2.7	1.3	2.5	2.6	7.4

我们将下层至上层分别以 1～5 分赋值，求得不同文化程度受访者对自身社会地位的评价均值，非参数 Kruskal Wallis① 检验结果（$\chi^2 = 61.637$，$p = 0.000 < 0.05$）表明，不同文化程度受访者的评价均值存在显著差异。从总体来看，随着受访者文化程度的提高，其对自身社会地位的评价也越高（见图9）。

① Kruskal – Wallis（KW）测试是一个关于3组或更多数据的非参数测试。它被用来检测总体函数分布的一致性原假设和其替代假设。

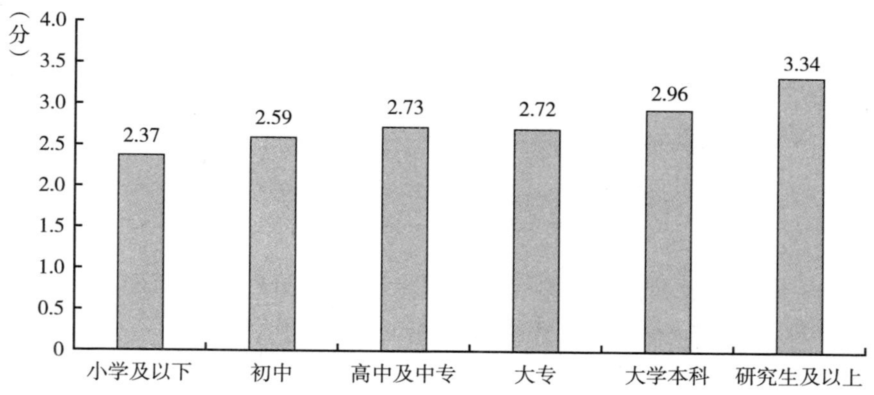

图9　不同文化程度受访者自我评价社会地位打分均值

（4）职业与社会地位关系密切，不同职业受访者的社会地位评价存在差异。通过列联表卡方检验（$\chi^2 = 122.813$，$p = 0.000 < 0.05$）得知，职业与社会地位两个指标不独立。从表4中可以看出，在各职业类型中，无业的受访者认为自己处于下层的人数占比最高，为22.7%；商业、服务人员受访者认为自己处于中下层的人数占比最高，为18.4%；专业技术人员受访者认为自己处于中层的人数占比最高，为16.9%；离退休受访者认为自己处于上层的人数占比最高，为19.8%。

我们将下层至上层分别以1～5分赋值（不考虑其他职业类型的受访者），求得不同文化程度受访者对自身社会地位的评价均值，非参数Kruskal Wallis检验结果（$\chi^2 = 59.414$，$p = 0.000 < 0.05$）表明，不同职业受访者的评价均值存在显著差异。从图10中可以看出，不同职业的受访者对自身社会地位评价均值由高到低依次为：办事人员和有关人员（3.03分），党政企事业单位负责人（2.99分），个体经营人员（2.90分），学生（2.88分），专业技术人员（2.84分），商业、服务人员（2.83分），离退休人员（2.71分）、自由职业者（2.57分），农、林、牧、渔、水利业生产人员（2.56分），生产、运输工人和有关人员（2.42分），无业人员（2.14分）。

表 4　不同职业受访者自我评价社会地位分布

单位：%

职业类别	下层	中下层	中层	中上层	上层
党政企事业单位负责人	2.9	4.7	7.6	9.2	5.9
专业技术人员	11.3	15.8	16.9	18.0	16.7
商业、服务人员	6.4	18.4	14.6	14.8	17.5
办事人员和有关人员	3.2	4.3	9.2	9.5	10.6
农、林、牧、渔、水利业生产人员	13.1	5.9	5.4	7.1	7.7
生产、运输工人和有关人员	15.0	9.0	6.6	4.3	6.1
个体经营人员	2.2	6.1	6.0	5.1	12.0
学生	7.5	8.7	12.3	14.4	3.7
离退休人员	9.5	15.5	12.9	7.1	19.8
无业人员	22.7	5.7	4.3	4.8	0.0
自由职业者	4.8	5.2	3.4	3.6	0.0
其他	1.4	0.7	0.8	2.1	0.0

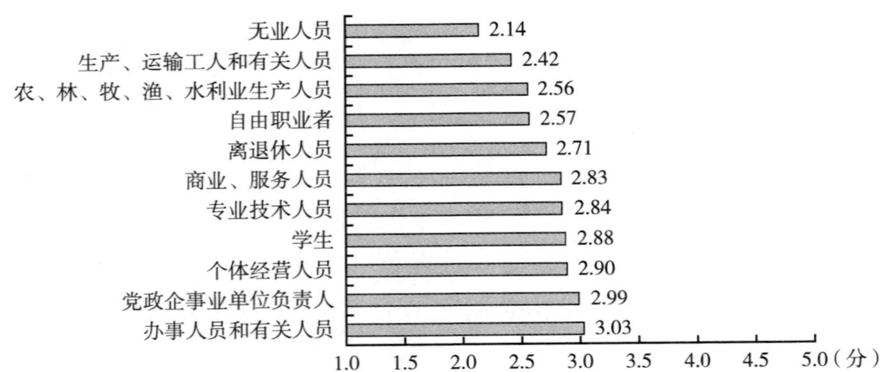

图 10　不同职业受访者自我评价社会地位评分均值

（5）受访者收入水平越高，其对自身社会地位评价亦越高。我们将社会地位下层至上层分别以 1 ~5 分赋值，求得不同月收入水平受访者对自身社会地位的评价均值，非参数 Kruskal Wallis 检验结果（$\chi^2 = 59.900$，$p = 0.000 < 0.05$）表明，不同收入水平受访者的评价均值存在显著差异。从图 11 中可以看出，受访者收入水平越高，其对自身社会地位评价越高。

由于个人月收入与社会地位两个指标并不独立，因此可以进行对应分

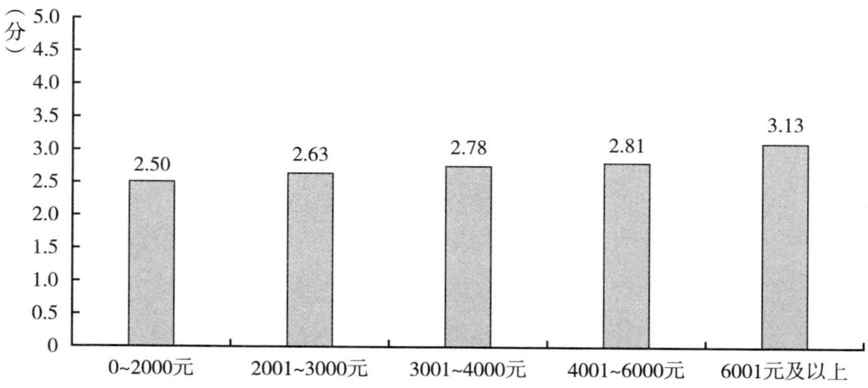

图 11　不同月收入受访者自我评价社会地位评分均值

析。同时关于样本数据矩阵，两个特征根提取的样本信息达到 92.1%，我们认为对应分析可以很好地概括样本信息。由以下对应分析（见图 12）可以看出，个人月收入在 6001 元及以上的受访者大多认为自身处于社会中上层；收入 0 ~2000 元的受访者大多认为自身处于社会下层；收入为 3001 ~6000 元的受访者更倾向于认为自己处于中层。

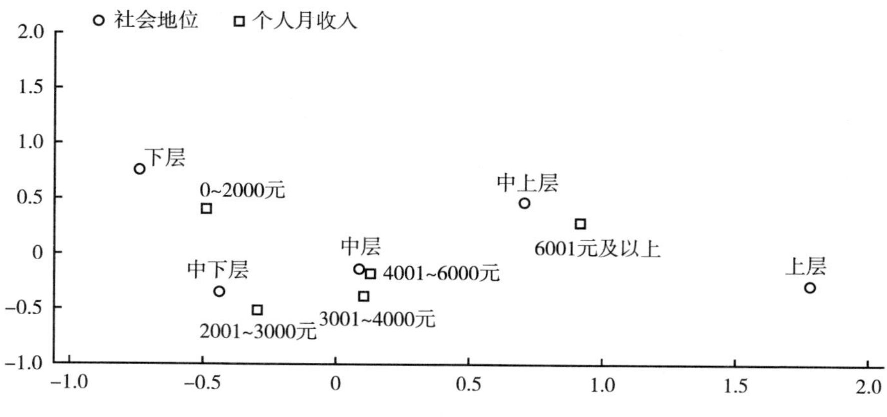

图 12　个人月收入与社会地位评价的对应分析

（6）外地人对自身社会地位的评价不及本地人高。通过列联表卡方检验（$\chi^2 = 21.101$，$p = 0.000 < 0.05$）可以得知，居住地是否为户口所在地与

社会地位两个指标不独立。从图 13 中可以看出，本地受访者对自身社会地位评价为中层、中上层、上层的人数占比较高；对比可知，非本地受访者对自身社会地位评价为下层、中下层的人数占比较高。

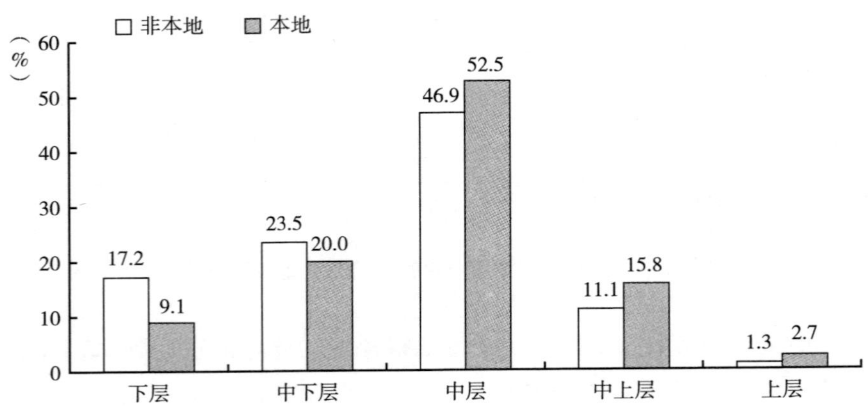

图 13　本地或非本地受访者自我评价社会地位分布

我们将社会地位下层至上层分别以 1 ~ 5 分赋值，得出本地、非本地受访者对自身社会地位的评价均值。非参数 Kruskal Wallis 检验结果（$\chi^2 = 18.790$，$p = 0.000 < 0.05$）表明，本地、非本地受访者之间的评价均值存在显著差异。在总体平均水平上，非本地受访者对自身社会地位的评价为 2.56 分，低于本地受访者（2.83 分）。

（7）五成中层受访者认为自己生活水平略有上升。

我们计算了“与 5 年前相比生活水平变化”与“社会地位”列联表独立性检验卡方统计量（$\chi^2 = 101.848$，$p = 0.000 < 0.05$），结果表明，两个指标之间不独立，二者存在关联，即不同社会地位的受访者近 5 年生活水平变化存在差异。由表 5 可知，在认为自身处于社会下层至中上层的受访者中，觉得自己生活水平略有上升的比重最大；而认为自身处于社会上层的受访者中，超过六成认为自己生活水平上升很多。

表 5　不同社会地位评价下的受访者生活水平变化情况分布

单位：%

生活水平变化	下层	中下层	中层	中上层	上层
下降很多	12.8	4.5	2.2	3.5	0.0
略有下降	13.4	11.6	8.0	8.6	0.0
没有变化	25.0	31.3	22.0	19.1	21.5
略有上升	40.8	42.6	50.0	42.8	17.3
上升很多	8.0	9.9	17.7	26.0	61.1

我们将社会地位下层至上层分别以 1 ~5 分赋值，同时以 -2 分到 2 分为生活水平变化选项“下降很多”至“上升很多”赋值，将社会地位与生活水平变化进行相关分析。结果（Spearman 的 rho 斯皮尔曼等级相关系数 = 0.209，$p = 0.000 < 0.05$）表明，两个指标之间存在显著的正向弱线性相关关系。

由于两个指标并不独立，可以进行对应分析。同时关于样本数据矩阵，两个特征根提取的样本信息达到 92.0%，我们认为对应分析可以很好地概括样本信息。由以下对应分析（见图 14）可以看出，中层受访者多倾向于认为生活水平略有上升；中下层相比而言倾向于认为自身生活水平没有变化或略有下降；代表中上层的散点同“没有变化”和“上升很多”散点的距离相当，说明中上层受访者倾向于认为自己生活水平相较于前 5 年“没有变化”或“上升很多”。

（二）生活压力情况

1. 受访者面临的主要生活压力

今天，快节奏的生活方式、较为激烈的社会竞争，或多或少让生活在城市中的人们感受到了压力。如果压力超出了个人可以支配的能力与可以利用的资源，那么无论在身体上还是在心理上都会给人们的生活带来相应的影响。不同群体面对的生活压力也是不同的。为了更好地了解与分析公众的生活压力情况，本研究对受访者的生活压力来源进行了调查。通过对受访者的

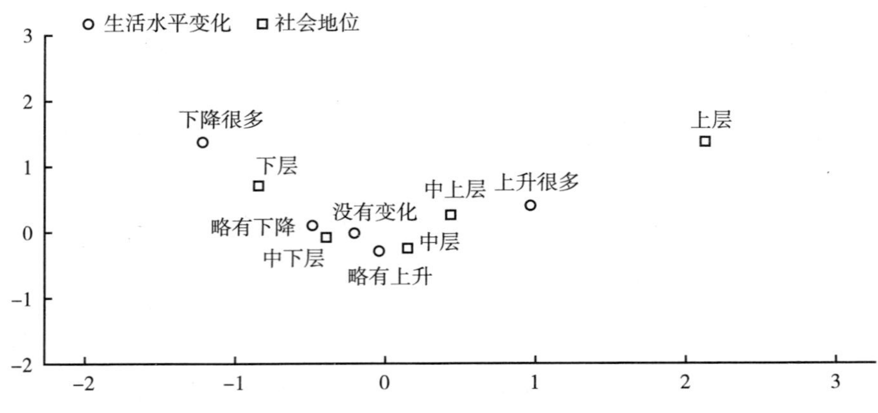

图 14　生活水平变化与社会地位评价的对应分析

生活压力来源进行统计分析，结果显示，受访者生活压力的最主要来源是物价上涨，近五成（47.7%）的受访者表示其最主要的生活压力来源为物价上涨；其次，有 44.3% 的受访者认为缘于家庭收入低。工作压力和教育费用成为受访者生活压力来源的第三位，占比均为 30.3%，其中工作压力包括无业、失业或工作不稳定等方面。此外，子女升学压力、住房、赡养老人负担过重、人情支出大等方面的问题也成为受访者一定比例上的生活压力来源（见图 15）。

2. 受访者生活压力来源在年龄变量方面的分布

不同年龄层次的受访者感知生活中的压力是不同的，对于 20 岁以下的受访者来说，他们还没有真正步入社会，对生活压力的感知较为模糊，因此他们在选择生活压力来源时，有 31.1% 选择了其他这一选项，其次为物价上涨。20 ~ 44 岁年龄层次的受访者认为，其生活压力来源更多的是物价上涨和家庭收入低，这一年龄阶段的群体逐渐成为家庭中的主力成员，承担着赡养老人与教育子女的责任。尤其是 30 ~ 44 岁年龄层次的群体，他们的生活压力还来源于子女的教育费用与升学问题。45 ~ 59 岁的受访者认为其生活压力来源主要为家庭收入低，其次为物价上涨。同时，与 30 ~ 44 岁年龄层次的群体相一致的是，他们也承担着子女教育的重任，因此，教育费用也

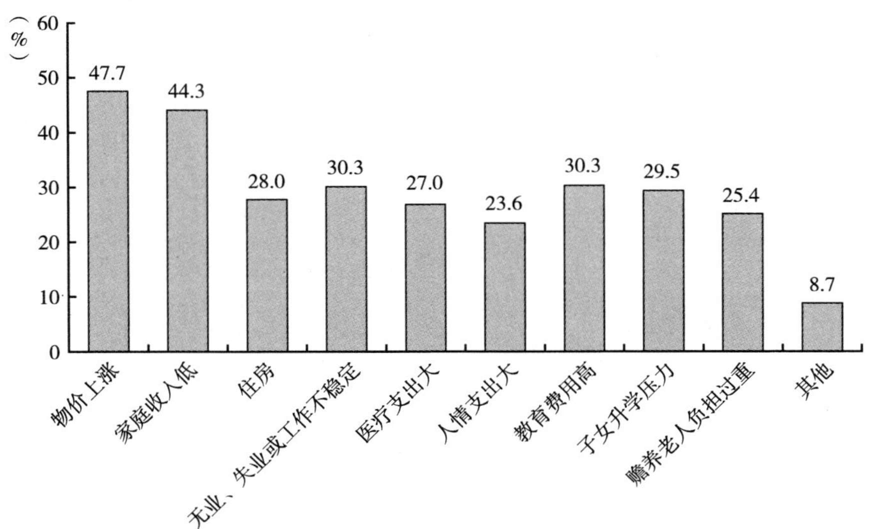

图 15　受访者目前面临的最主要的生活压力

成为其生活压力的来源之一。60～74 岁年龄层次的受访者认为其生活压力的最主要来源为物价上涨，其次为医疗支出大。对于 75 岁及以上的受访者来说，工作压力成为他们生活压力的最主要来源（见表 6）。

表 6　不同年龄受访者的生活压力来源情况分布

单位：%

压力来源	20 岁以下	20～29 岁	30～44 岁	45～59 岁	60～74 岁	75 岁及以上
物价上涨	31.0	47.7	48.2	51.7	51.5	17.4
家庭收入低	26.7	44.7	44.0	53.9	37.3	0.0
住房	11.0	30.7	28.9	28.9	25.0	23.9
工作压力	5.9	33.6	30.7	34.9	25.0	41.3
医疗支出大	6.7	19.0	20.9	38.4	50.9	17.4
人情支出大	16.3	19.7	25.9	32.0	9.9	0.0
教育费用高	11.2	19.2	38.7	42.1	16.0	0.0
子女升学压力	20.0	14.0	38.3	38.4	17.0	23.9
赡养老人负担过重	15.5	19.8	27.7	35.9	14.6	0.0
其他	31.1	8.6	8.2	4.9	6.1	0.0

3. 受访者生活压力来源在职业变量方面的分布

通过对不同职业与生活压力来源的交叉分析可知，成为不同职业群体中生活压力来源的主要为物价上涨与家庭收入低。与其他职业不一致的是，个体经营人员这一群体的生活压力来自教育费用高，占比为46.8%，排名第二位的生活压力来源为物价上涨。同时，对离退休人员来说，随着年龄的增大，医疗支出大成为他们主要的生活压力来源，在众多生活压力来源的选择中占比最高，为53.7%。此外，工作方面的问题导致无业人员面临较大的生活压力，有63.7%的无业受访者认为工作压力是他们主要的生活压力来源。

4. 受访者生活压力来源在月收入变量方面的分布

通过对不同月收入与生活压力来源进行交叉分析可知，月收入在3000元及以下的受访者，家庭收入低成为他们主要的生活压力来源，其中月收于在2001～3000元的群体中，有58.6%的受访者认为生活压力主要来自家庭收入低，占比最高。而月收入在3001元及以上受访者的主要生活压力来源于物价上涨。同时，从表7中可以看出，收入低的受访者生活压力源自多个方面，其中，物价、收入、工作、医疗等方面的选择比例均在30%以上，低收入的人群承受着多个方面的生活压力。

5. 受访者生活压力在文化程度变量方面的分布

除小学及以下学历受访者，物价上涨成为各个文化层次群体所面临的首要压力，选择比例超过四成。其中超过五成的初中、高中及中专文化程度的受访者认为，生活压力的首要来源在于物价上涨。同时，由数据结果可知，文化程度相对较低的受访者面对的生活压力问题较多，其中小学及以下学历的受访者在家庭收入、物价、住房、工作、医疗、教育等方面的选择比例上，均超过了四成，其中家庭收入低是这一文化程度群体的生活压力主要来源（占68.2%）。大学本科这一文化程度的受访者，家庭收入低成为仅次于物价上涨的主要生活压力来源，而对于研究生及以上学历的群体来说，有30.9%的受访者认为赡养老人负担过重是其生活压力的主要来源，成为这一群体次要的生活压力来源（见表8）。

表 7　不同月收入受访者的生活压力来源情况分布

单位：%

压力来源	0 ~ 2000 元	2001 ~ 3000 元	3001 ~ 4000 元	4001 ~ 6000 元	6001 元以上
物价上涨	48.2	49.7	51.5	43.5	44.9
家庭收入低	55.1	58.6	40.3	35.8	25.5
住房	27.0	37.7	26.0	27.1	20.4
无业、失业或工作不稳定	35.8	34.2	37.3	25.6	19.2
医疗支出大	33.2	33.1	20.4	24.9	16.5
人情支出大	23.6	30.4	18.9	17.7	28.5
教育费用高	38.0	29.7	23.2	29.5	29.0
子女升学压力	33.4	25.7	26.4	30.4	28.9
赡养老人负担过重	27.7	27.2	16.6	23.3	28.0
其他	11.5	4.8	8.0	7.6	10.2

表 8　不同文化程度受访者的生活压力来源情况分布

单位：%

压力来源	小学及以下	初中	高中及中专	大专	大学本科	研究生及以上
物价上涨	47.5	50.8	52.8	44.2	42.6	42.5
家庭收入低	68.2	45.4	51.5	39.8	33.1	29.2
住房	43.9	32.6	26.7	26.8	22.0	19.1
工作压力	43.8	26.2	34.1	32.0	25.8	16.1
医疗支出大	45.8	31.3	34.2	20.7	16.9	12.0
人情支出大	29.7	24.1	31.0	17.0	20.7	8.2
教育费用高	43.0	31.3	36.1	28.3	22.4	24.5
子女升学压力	37.7	35.0	32.5	27.3	21.7	25.1
赡养老人负担过重	30.5	30.6	27.4	21.8	18.7	30.9
其他	7.1	5.9	8.6	7.3	11.9	15.5

6. 非农业户口受访者与农业户口受访者的生活压力来源分布情况

通过分析非农业户口受访者与农业户口受访者在生活压力来源的差异性可以看出，在95%的置信水平下，非农业户口受访者与农业户口受访者在生活压力来源的选择上存在显著的差异性（$\chi^2=65.500$，$p=0.000<0.05$）。

除子女升学压力外，农业户口受访者在生活压力来源的选择比例上高于非农业户口受访者。物价上涨成为两者生活压力的主要来源，分别占 44.1% 和 53.4%，排名居于第二位的为家庭收入低，分别占 38.4% 和 53.0%。子女升学压力成为非农业户口受访者排名第三位的生活压力来源，占比为 31.2%；而对于农业户口受访者来说，排名第三位的生活压力来源为住房问题，占 35.6%（见图 16）。

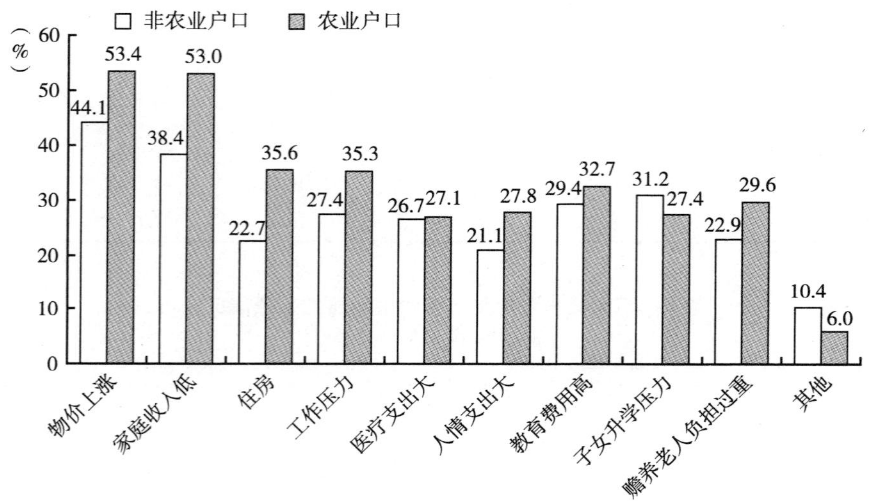

图 16　非农业户口受访者与农业户口受访者的生活压力来源分布

7. 生活成本与生活压力的关系

关于生活成本与生活压力的关系，从生活成本的角度考虑，通过分析受访者的生活成本与所承受的生活压力来源的相关性可以得出，家庭主副食品购买月支出与生活压力之间没有显著的相关性（$r = 0.039$，$p = 0.198$），也就是说两者之间没有影响。而家庭教育支出和医疗支出与所承受的生活压力来源呈现显著正相关（$r = 0.155$，$p = 0.000 < 0.01$；$r = 0.119$，$p = 0.000 < 0.01$），即家庭教育支出和医疗支出越高，其所承受的生活压力越大。

表 9 生活成本与生活压力的相关性分析

斯皮尔曼等级相关系数		主副食品购买月支出	教育支出	医疗支出
Spearman 的 rho	相关系数	0.039	0.155**	0.119**
	Sig.（双侧）	0.198	0	0
	N	1070	1070	1070

** 在置信度（双侧）为 0.01 时，相关性是显著的。

（三）职业满意状况

1. 工作（学习）满意度

（1）近七成受访者对工作满意，而对工作不满意的受访者为零。剔除系统缺失值和选择“不好说或不适用”的 162 个样本，对剩余的 918 个样本进行数据分析可得，68.8% 的受访者对工作满意，其中 50.8% 的受访者对工作比较满意，18.0% 的受访者对工作非常满意。对工作的满意程度为“一般”的受访者占 31.3%（见图 17）。而在 918 个样本中，受访者对工作满意度为“非常不满意”或“比较不满意”的评价占比为零。

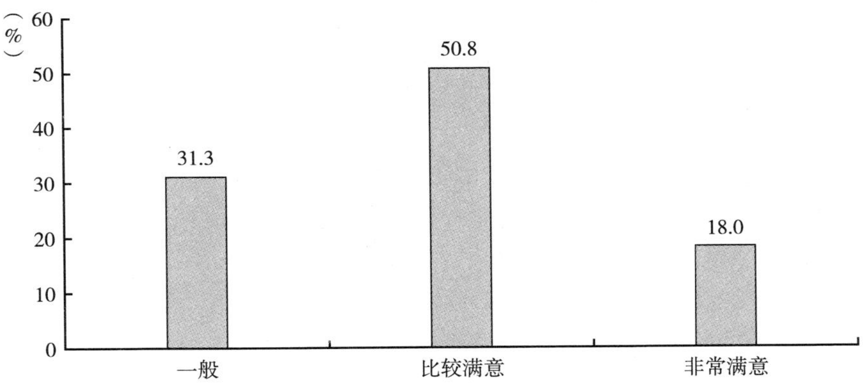

图 17 受访者工作满意度

（2）不同性别受访者的工作满意度相差不大。我们对“非常不满意”到“非常满意”以 1 ~5 分计，结果显示，女性受访者对工作满意度的均值

为3.85分，男性受访者对工作满意度的均值为3.88分，略高于女性。但从总体来看，男女受访者对工作满意度都很高。

（3）30～44岁受访者对工作满意度最低。我们对“非常不满意”到“非常满意”以1～5分计，结果显示，不同年龄段的受访者对工作满意度均值都在3.8分以上。由于目前我国居民退休年龄多在55岁或60岁，所以60岁以上的受访者的工作满意度不在考察之列。在60岁以下的受访者中，对工作满意度最低的是年龄在30～44岁的受访者。此外，由于本题目为“对目前的工作（或学习）状况”的满意度，所以20岁以下受访者回答的大多是对学习状况的满意程度，结果显示这一均值为3.99分（见图18）。

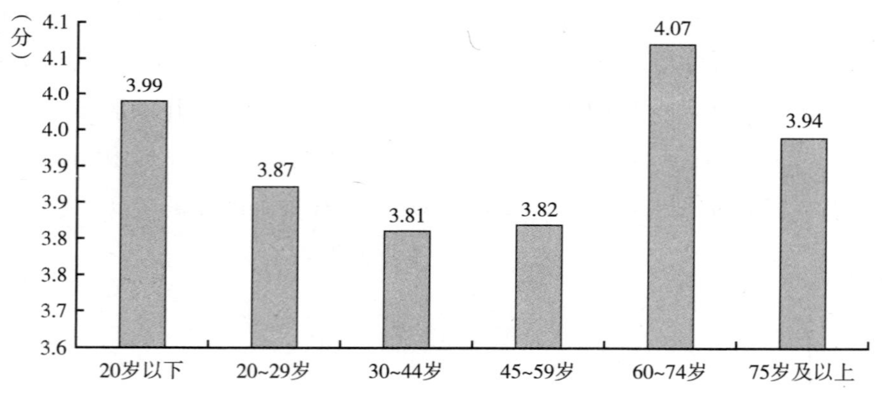

图18　不同年龄受访者的工作满意度

（4）研究生及以上学历受访者的工作满意度最低。我们对“非常不满意”到“非常满意”以1～5分计，结果显示，教育背景为小学及以下的受访者对其目前工作的满意度打分，均值为3.93分，在不同学历背景的受访者中满意程度最高；其次是学历为大学本科的受访者，他们对其工作满意程度的均值为3.90分。而在不同学历的受访者中间，对工作满意度最低的一类是研究生及以上学历的受访者（见图19）。

（5）月收入为2000元以内受访者的工作满意度最高。我们对“非常不

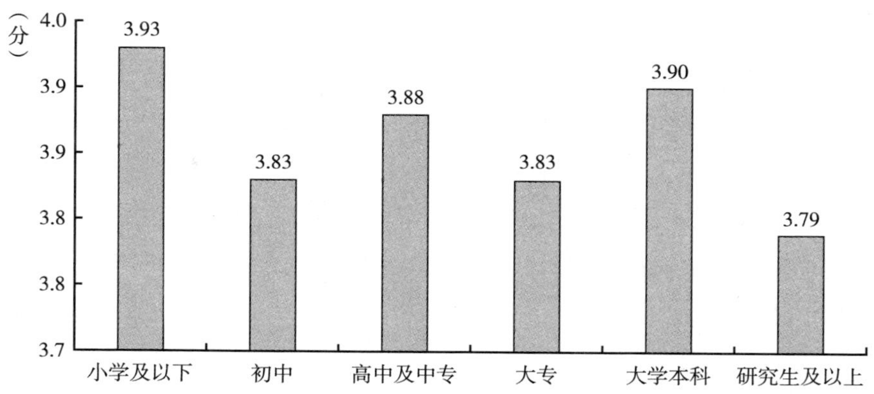

图 19　不同教育背景受访者的工作满意度

满意”到“非常满意”以 1～5 分计，结果显示，收入为 2001～3000 元的受访者对工作满意度均值为 3.76 分，在不同收入的受访者中他们对工作的满意度最低；其次是收入为 3001～4000 元的受访者，他们对工作满意度均值为 3.85 分。而对工作满意度最高的受访者是收入在 2000 元以内的，他们对工作满意度的均值为 3.93 分；而收入为 4000 元以上的受访者对工作满意度均值为 3.87 分，虽然低于收入 2000 元以内的受访者，但高于其他收入群体的受访者（见图 20）。

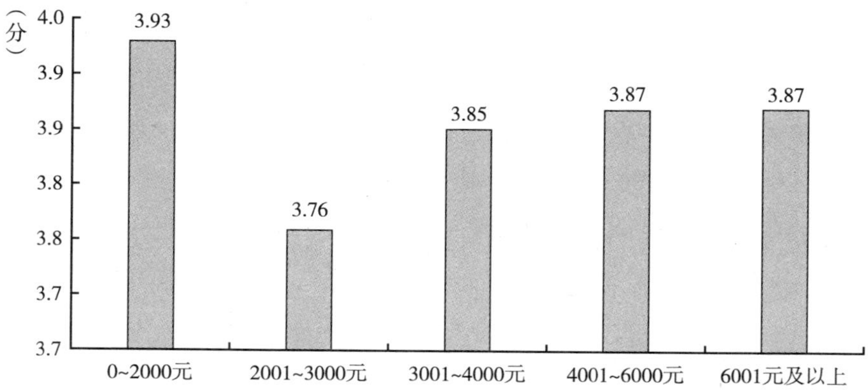

图 20　不同收入的受访者工作状况满意度均值

2. 工作（学业）成就感

关于居民目前工作或学习的成就感评价，我们以 1 ~ 5 分对“非常弱”至“非常强”的成就感进行赋分。结果显示，受访者对目前工作或学习的成就感评价均值为 3. 20 分。有 43. 9% 的受访者表示他们目前工作或学习的成就感一般，有 26. 0% 的受访者表示他们工作或学习的成就感比较强，有 9. 7% 的受访者表示他们的工作或学习的成就感非常强。同时，分别有 5. 1% 和 15. 3% 的受访者目前对工作或学习的成就感非常弱和比较弱（见图 21）。

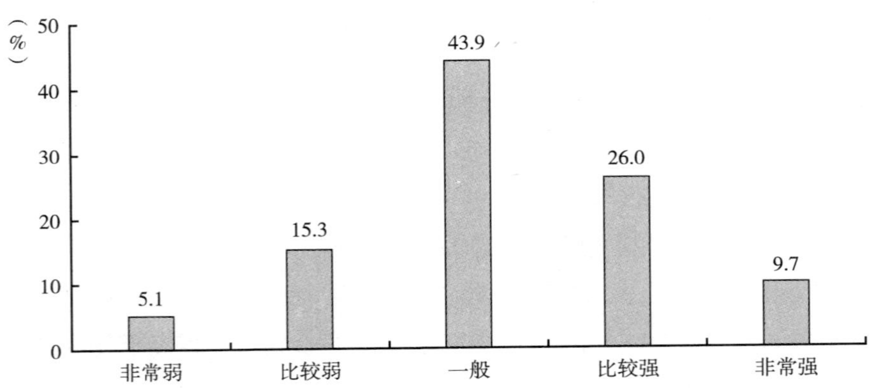

图 21　受访者的工作或学习成就感评价

我们将受访者的工作或学习成就感评价均值与其人口学因素进行交叉分析，结果显示，在 0. 05 显著性水平下，不同职业、收入以及居住地是否为户口所在地的受访者的工作或学习成就感评价均值存在显著差异。

不同职业受访者的工作或学习成就感评价均值存在显著差异（$F = 5.115$，$p < 0.001$）。从表 10 可以看出，个体经营人员的工作成就感评价均值最高（3. 53 分），其次为离退休人员（3. 39 分），再次为专业技术人员（3. 34 分）。无业人员的工作或学习成就感评价均值最低（2. 53 分）。

不同收入水平受访者的工作或学习成就感评价均值存在显著差异（$F = 4.650$，$p < 0.001$）。从整体来看，收入越高，受访者的工作或学习成就感评

价均值也相对越高。从表 11 可以看出，收入为 9001 ~ 10000 元的受访者的工作成就感评价均值最高（3.75 分），其次为收入为 10001 元及以上的受访者群体（3.61 分），再次为收入为 5001 ~ 6000 元的受访者群体（3.50 分）。收入为 1 ~ 1000 元的受访者的工作或学习成就感评价均值最低（2.81 分）。

表 10　不同职业受访者的工作或学习成就感评价均值

职业类别	均值(分)	标准差
党政企事业单位负责人	3.27	0.931
专业技术人员	3.34	0.844
商业、服务人员	3.28	1.021
办事人员和有关人员	3.20	1.003
农、林、牧、渔、水利业生产人员	3.15	0.910
生产、运输工人和有关人员	3.01	0.877
个体经营人员	3.53	0.980
学生	3.15	0.917
离退休人员	3.39	0.926
无业人员	2.53	1.194
自由职业者	3.02	1.182
其他	3.27	1.065
总　计	3.21	0.985

表 11　不同收入水平受访者的工作或学习成就感评价均值

收入水平	均值(分)	标准差
无收入	2.94	0.994
1 ~ 1000 元	2.81	1.135
1001 ~ 2000 元	3.06	0.901
2001 ~ 3000 元	3.14	0.963
3001 ~ 4000 元	3.11	0.992
4001 ~ 5000 元	3.24	0.954
5001 ~ 6000 元	3.50	0.803
6001 ~ 7000 元	3.29	0.988
7001 ~ 8000 元	3.36	0.811
8001 ~ 9000 元	3.25	0.972
9001 ~ 10000 元	3.75	1.048
10001 元及以上	3.61	0.953
总　计	3.18	0.979

居住地是否为户口所在地的不同受访者的工作或学习成就感评价均值存在显著差异（$F=13.903$，$p<0.001$）。从表 12 可以看出，居住地为户口所在地的受访者的工作成就感评价均值（3.27 分）显著高于居住地不是户口所在地的受访者的工作或学习成就感评价均值（3.03 分），即本地人的工作或学习成就感评价高于外地人。

表 12　居住地是否为户口所在地的不同受访者的工作或学习成就感评价均值

居住地是否为户口所在地	均值(分)	标准差
否	3.03	1.037
是	3.27	0.951
总　计	3.20	0.984

关于居民与同龄人相比的事业或学业成功程度的自我评价，我们以 1～5 分对“很不成功”至“非常成功”的评价进行赋分。结果显示，与同龄人相比，受访者的事业或学业的成功程度自我评价均值为 3.02 分。有 41.6% 的受访者认为与同龄人相比他们的事业或学业的成功程度为一般，有 25.9% 的受访者认为与同龄人相比他们的事业或学业比较成功，有 5.4% 的受访者认为他们的事业或学业非常成功。同时，分别有 8.0% 和 19.1% 的受访者认为与同龄人相比他们的事业或学业很不成功和不太成功（见图 22）。

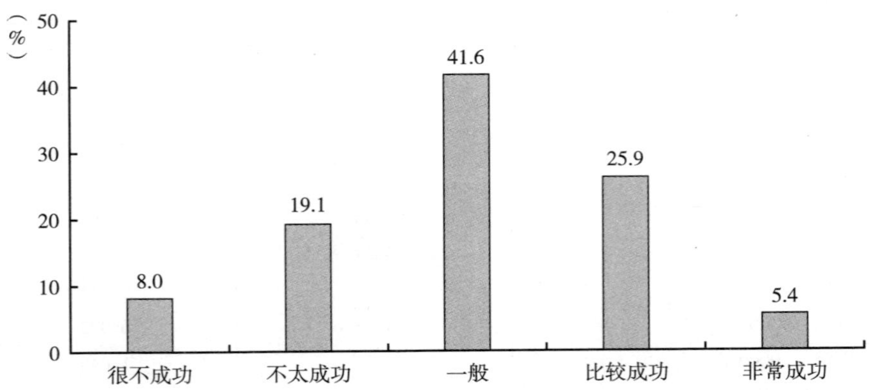

图 22　受访者的事业或学业成功程度自我评价

我们将受访者与同龄人相比的事业或学业成功程度自我评价均值与其人口学因素进行交叉分析，结果显示，在0.05显著性水平下，不同年龄、职业、收入、户口类型以及居住地是否为户口所在地的受访者的事业或学业成功程度自我评价均值存在显著差异。

不同年龄受访者的事业或学业的成功程度自我评价均值存在显著差异（$F = 6.977$，$p < 0.001$）。从表13可以看出，75岁及以上的受访者自身的事业或学业成功自我评价均值最高（3.66分），其次为60～74岁的受访者（3.29分），再次为45～59岁的受访者（3.06分）。30～44岁的受访者的事业或学业成功程度自我评价均值最低（2.86分）。

表13　不同年龄受访者的事业或学业成功程度自我评价均值

年　龄	均值(分)	标准差
20岁以下	2.91	0.938
20～29岁	3.02	0.925
30～44岁	2.86	0.969
45～59岁	3.06	1.045
60～74岁	3.29	1.069
75岁及以上	3.66	0.609
总　计	3.02	0.993

不同职业受访者的事业或学业的成功程度评价自我均值存在显著差异（$F = 6.278$，$p < 0.001$）。从表14可以看出，离退休人员的事业或学业成功程度自我评价均值最高（3.36分），其次为个体经营人员（3.32分），再次为党政企事业单位负责人（3.23分）。无业人员的事业或学业成功程度自我评价均值最低（2.42分）。

不同收入的受访者的事业或学业的成功程度评价自我均值存在显著差异（$F = 4.053$，$p < 0.001$）。从表15可以看出，整体而言，收入水平越高，受访者的事业或学业成功程度的自我评价均值相对越高。收入为10001元及以上的受访者的事业或学业成功程度自我评价均值最高（3.51分），其次为收入为9001～10000元的受访者群体（3.21分），再次为收入为5001～6000

元的受访者群体（3.16 分）。收入为 1～1000 元的受访者的事业或学业成功程度自我评价均值最低（2.73 分）。

表 14　不同职业受访者的事业或学业成功程度自我评价均值

职业类别	均值(分)	标准差
党政企事业单位负责人	3.23	0.913
专业技术人员	3.07	0.891
商业、服务人员	3.02	0.957
办事人员和有关人员	3.10	0.898
农、林、牧、渔、水利业生产人员	2.84	1.028
生产、运输工人和有关人员	2.68	0.931
个体经营人员	3.32	1.042
学生	3.03	0.934
离退休人员	3.36	0.984
无业人员	2.42	1.180
自由职业者	2.75	0.981
其他	3.07	1.156
总　计	3.02	0.994

表 15　不同收入水平受访者的事业或学业成功程度自我评价均值

收入水平	均值(分)	标准差
无收入	2.78	1.015
1～1000 元	2.73	1.210
1001～2000 元	2.82	0.980
2001～3000 元	2.96	1.041
3001～4000 元	3.06	0.894
4001～5000 元	3.11	0.944
5001～6000 元	3.16	0.913
6001～7000 元	3.15	1.067
7001～8000 元	3.15	0.868
8001～9000 元	2.99	0.961
9001～10000 元	3.21	1.035
10001 元及以上	3.51	0.883
总　计	3.02	0.994

不同户口类型受访者的事业或学业的成功程度自我评价均值存在显著差异（$F=4.244$，$p<0.05$）。从表16可以看出，非农业户口受访者的事业或学业的成功程度自我评价均值（3.07分）显著高于农业户口的受访者（2.94分）。

表16　不同户口类型受访者的事业或学业成功程度自我评价均值

户口类型	均值(分)	标准差
非农业户口	3.07	0.972
农业户口	2.94	1.025
总　计	3.02	0.995

居住地是否为户口所在地的不同受访者的事业或学业的成功程度自我评价均值存在显著差异（$F=8.138$，$p<0.05$）。从表17可以看出，居住地是户口所在地的受访者的事业或学业的成功程度自我评价均值（3.08分）显著高于居住地不是户口所在地的受访者（2.86分），即本地人的事业或学习成功程度自我评价均值要高于外地人。

表17　不同居住地受访者的事业或学业成功程度自我评价均值

居住地是否为户口所在地	均值	标准差
是	3.08	0.954
否	2.86	1.064

3. 收入满意度

关于居民对目前收入状况的满意度评价，我们以1～5分对“非常不满意”至“非常满意”的满意度进行赋分，剔除“无收入，不适用”选项，求得均值为2.87分。有6.5%的受访者表示非常满意自己目前的收入状况，有25.3%的受访者表示对目前的收入比较满意，有31.7%的受访者对自己目前的收入表示一般，对自己的收入不满意的受访者占总样本数的36.6%（见图23）。

单因素方差分析显示，不同年龄的受访者对目前收入状况的满意度存在

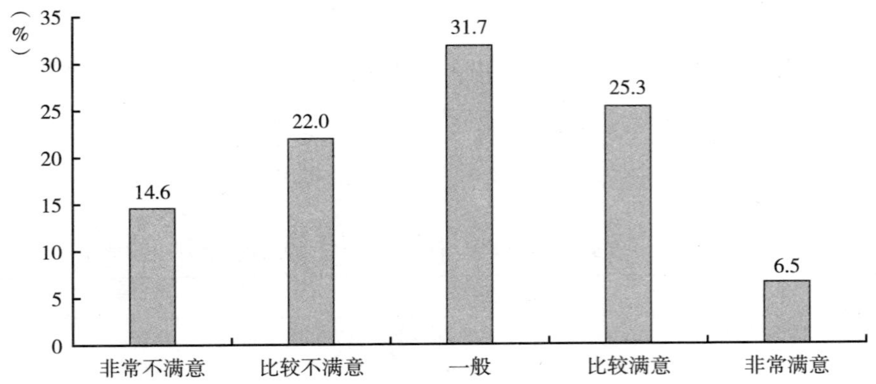

图 23　受访者对目前收入状况的满意度

显著差异（$F=8.320$，$p<0.001$）。整体上，随着年龄的增长，受访者对目前收入状况的满意度均值呈先下降后增加的趋势。45～59 岁受访者对目前收入状况的满意度均值最低，为 2.71 分，低于平均值（2.88 分），75 岁及以上受访者对目前收入状况的满意度均值最高，达 3.80 分。20 岁以下受访者对目前收入状况的满意度均值为 3.43 分，高于平均值（见表 18）。20～59 岁受访者对自己的收入状况满意度均值低于平均水平。

表 18　不同年龄受访者的收入满意度均值

年　龄	均值(分)	标准差
20 岁以下	3.43	1.094
20～29 岁	2.86	1.071
30～44 岁	2.79	1.028
45～59 岁	2.71	1.201
60～74 岁	3.03	1.225
75 岁及以上	3.80	1.211
总　计	2.88	1.139

单因素方差分析显示，不同职业受访者对目前收入状况的满意度存在显著差异（$F=2.040$，$p<0.05$）。从表 19 可以看出，学生对收入状况的满意度最高（均值为 3.35 分），党政企事业单位负责人（均值为 2.93 分）、专

业技术人员（均值为2.95分）、商业、服务人员（均值为2.90分）对自己的收入满意度均超过平均水平，生产、运输工人和有关人员对自己的收入满意度最低（均值为2.55分）。

表19　不同职业受访者对目前收入状况的满意度均值

职　业	均值(分)	标准差
党政企事业单位负责人	2.93	1.167
专业技术人员	2.95	1.040
商业、服务人员	2.90	1.081
办事人员和有关人员	2.74	1.214
农、林、牧、渔、水利业生产人员	2.72	1.190
生产、运输工人和有关人员	2.55	1.080
个体经营人员	3.08	0.959
学生	3.35	1.143
离退休人员	2.98	1.257
无业人员	2.88	1.316
自由职业者	2.64	1.099
其他	2.61	1.062
总　计	2.88	1.138

单因素方差分析显示，不同月收入的受访者对目前收入状况的满意度存在显著差异（$F=7.047$，$p<0.05$）。从表20可以看出，整体上，随着个人月收入的不断提高，受访者对收入状况的满意度上升。其中，个人月收入为9001～10000元的受访者对自己收入的满意度均值最高（3.51分），其次为月收入在10001元及以上的受访者（3.33分）。月收入为1～4000元的受访者对收入的满意度较低，低于平均水平。

表20　不同个人月收入受访者对自己收入状况的满意度均值

个人月收入	均值(分)	标准差
无收入	3.02	1.186
1～1000元	2.29	1.392
1001～2000元	2.41	1.205
2001～3000元	2.61	1.136

续表

个人月收入	均值(分)	标准差
3001 ~4000 元	2.76	1.067
4001 ~5000 元	2.95	1.104
5001 ~6000 元	3.31	0.935
6001 ~7000 元	3.25	0.817
7001 ~8000 元	3.15	0.994
8001 ~9000 元	2.62	0.961
9001 ~10000 元	3.51	1.072
10001 元及以上	3.33	0.930
总　计	2.86	1.132

4. 职业受尊重程度

关于居民的职业受尊重程度评价，我们以 1 ~5 分对“很不受尊重”至“非常受尊重”进行赋分，结果显示，职业受尊重程度评价均值为 3.81 分。超过五成的受访者认为自己的职业比较受尊重，有 18.0% 的受访者认为自己的职业非常受尊重，分别有 4.8% 和 0.9% 的受访者认为自己的职业不太受尊重和很不受尊重（见图 24）。

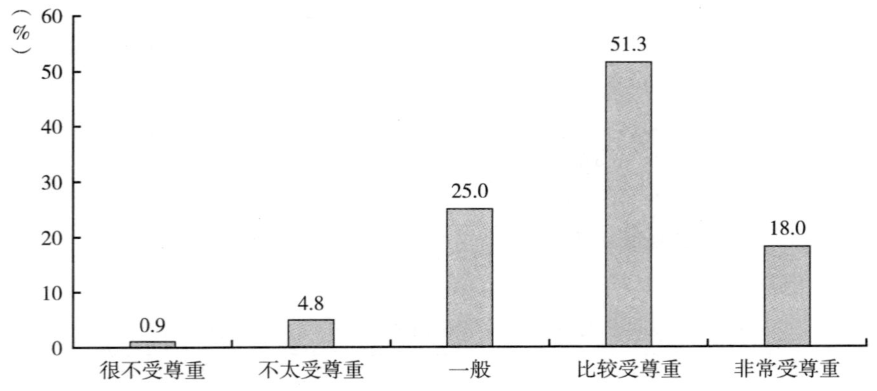

图 24　受访者自我受尊重程度评价

将受访者职业受尊重程度评价与其人口学要素进行交叉分析，结果显示，在 0.05 显著性水平下，不同年龄、职业受访者的职业受尊重程度评价均值存在显著差异。

从表21可以看出，不同年龄受访者的职业受尊重程度评价均值存在显著差异（$F=4.000$，$p<0.05$）。75岁及以上受访者的职业受尊重程度评价均值最高，达4.50分。60~74岁受访者的职业受尊重程度评价均值最低，为3.67分，其次为30~44岁的受访者，其职业受尊重程度评价均值为3.68分，45~59岁受访者的职业受尊重程度评价均值为3.83分。

表21　不同年龄受访者的职业受尊重程度评价均值

年　龄	均值(分)	标准差
20岁以下	4.32	0.762
20~29岁	3.91	0.774
30~44岁	3.68	0.758
45~59岁	3.83	0.886
60~74岁	3.67	1.108
75岁及以上	4.50	0.562
总　计	3.81	0.813

从表22可以看出，不同职业受访者的职业受尊重程度评价均值存在显著差异（$F=3.233$，$p<0.001$）。离退休人员的职业受尊重程度评价均值最高，达5.00分，学生的职业受尊重程度评价均值为4.27分，仅次于离退休人员。除无业人员外，农、林、牧、渔、水利业生产人员的职业受尊重程度评价均值最低，为3.57分，生产、运输工人和有关人员，办事人员和有关人员的职业受尊重程度评价均值分别为3.63分和3.79分，低于平均值（3.81分）。

表22　不同职业受访者的职业受尊重程度评价均值

职　业	均值(分)	标准差
党政企事业单位负责人	3.91	0.731
专业技术人员	3.83	0.839
商业、服务人员	3.84	0.790
办事人员和有关人员	3.79	0.645
农、林、牧、渔、水利业生产人员	3.57	0.875

续表

职　业	均值(分)	标准差
生产、运输工人和有关人员	3.63	0.972
个体经营人员	3.81	0.698
学生	4.27	0.680
离退休人员	5.00	0.000
无业人员	2.32	0.806
自由职业者	3.98	0.787
其他	3.90	0.886
总　计	3.81	0.817

5. 人生价值实现满意度

关于居民的人生价值实现状况满意度评价，我们以1~5分对“非常不满意”至“非常满意”赋分，结果显示，受访者的人生价值实现状况满意度评价均值为3.14分。有33.4%的受访者表示他们对目前人生价值实现状况的满意度为一般，有29.1%的受访者比较满意他们目前的人生价值实现状况，有10.1%的受访者非常满意他们目前的人生价值实现状况。有1/5的受访者表示对目前的人生价值实现状况比较不满意（见图25）。

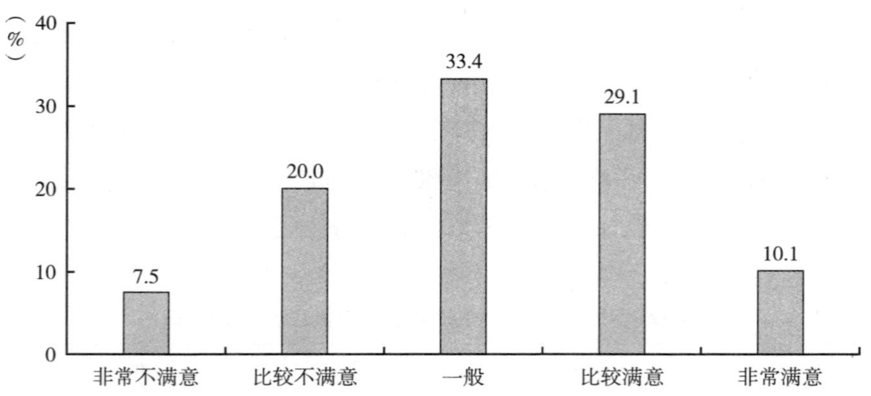

图25　受访者的人生价值实现状况满意度

将受访者人生价值实现状况满意度评价均值与其人口学因素进行交叉分析，结果显示，在0.05显著性水平下，不同年龄、职业以及居住地是否为户口所在地的受访者的人生价值实现状况满意度均值存在显著差异。

不同年龄受访者的人生价值实现状况满意度评价均值存在显著差异（$F=9.638$，$p<0.001$）。从表23可以看出，从整体上看，年龄越大，受访者的人生价值实现状况满意度评价均值越高。75岁及以上受访者的人生价值实现状况满意度评价均值最高（3.84分）。20～44岁受访者的人生价值实现状况满意度评价均值最低（2.97分）。

表23　不同年龄受访者的人生价值实现满意度评价均值

年　龄	均值(分)	标准差
20岁以下	3.39	1.110
20～29岁	2.97	0.971
30～44岁	2.97	1.036
45～59岁	3.15	1.123
60～74岁	3.49	1.124
75岁及以上	3.84	0.939
总　计	3.15	1.081

不同职业受访者的人生价值实现状况满意度评价均值存在显著差异（$F=3.116$，$p<0.001$）。从表24可以看出，商业、服务人员，无业人员，自由职业者等受访者的人生价值实现状况满意度均值低于平均值（3.15分），且均低于中值（3分），这几类人群普遍不太满意目前的人生价值实现状况。剔除“其他”选项，离退休受访者的人生价值实现状况满意度评价均值最高（3.49分）。其次，学生群体的人生价值实现状况满意度评价均值也较高（3.35分），无业的受访者人生价值实现状况满意度评价均值最低（2.83分）。

居住地是否为户口所在地的不同受访者的人生价值实现状况满意度评价均值存在显著差异（$F=8.391$，$p<0.05$）。从表25可以看出，居住地是户口所在地的受访者的人生价值实现状况满意度评价均值（3.21分）高于居住地不是户口所在地的受访者（3.00分），即本地人的人生价值实现状况满意度高于外地人。

表 24　不同职业受访者的人生价值实现满意度评价均值

职　业	均值(分)	标准差
党政企事业单位负责人	3.15	1.026
专业技术人员	3.16	3.16
商业、服务人员	2.97	2.97
办事人员和有关人员	3.11	3.11
农、林、牧、渔、水利业生产人员	3.16	3.16
生产、运输工人和有关人员	3.00	3.00
个体经营人员	3.12	3.12
学生	3.35	3.35
离退休人员	3.49	3.49
无业人员	2.83	2.83
自由职业者	2.94	2.94
其他	3.74	0.946
总　计	3.15	1.085

表 25　不同居住地受访者的人生价值实现满意度评价均值

居住地是否为户口所在地	均值(分)	标准差
否	3.00	1.131
是	3.21	1.055
总　计	3.14	1.083

（四）人际关系状况

人际关系状况表明人与人相互交往过程中心理关系的亲密性、融洽性和协调性的程度，在人们的工作和学习中起着至关重要的作用。人际关系的好坏会影响个体心理健康，同时也会影响工作和学习的效率。人际关系和社会支持有着很强的相关性，很多研究表明社会支持与居民的幸福感也有显著正相关的关系。为具体考察人际关系对幸福感的影响，本次调查继续沿用 2014 年的方法，对家人关系、朋友关系、同事或同学关系融洽度的评价情况进行调查。

1. 人际关系融洽度

我们将受访者的人际关系从“非常紧张”到“非常融洽”依次计为1～5分。其中，受访者与家人的融洽度均值最高（4.44分），其次是与朋友的融洽度（4.30分），融洽度评价均值最低的是与同事或同学的关系（4.17分），这几种关系的融洽度评价均值都显著高于5级融洽度的均值（3分）。具体来说，有57.5%的受访者认为与家人的关系“非常融洽”，有46.5%的受访者认为与朋友的关系“非常融洽”，认为与同事或同学关系“非常融洽”的受访者占总体的38.8%（见图26）。

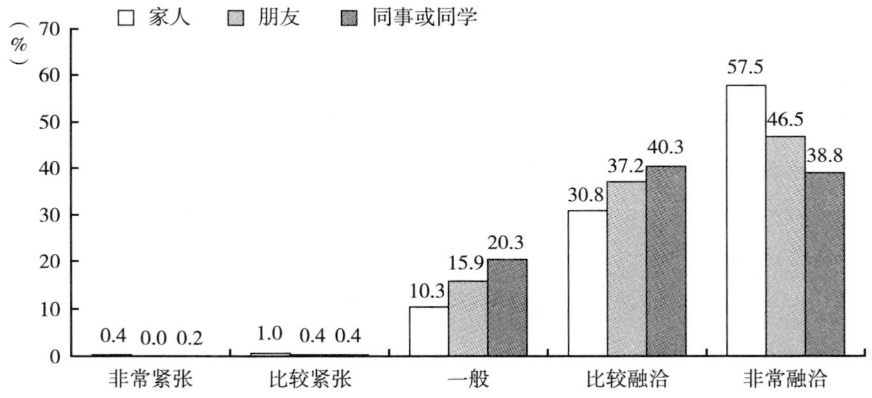

图26　受访者的人际关系状况

考察性别与人际关系的关联可以看出（见表26），女性与家人、朋友、同事或同学关系融洽度评价的均值（4.46分、4.32分、4.21分）均略高于男性（4.42分、4.28分、4.14分），但是单因素方差分析的结果显示，在0.05显著性水平下，男性和女性对家人关系、朋友关系、同事或同学关系融洽度评价的均值都没有显著性差异（$p=0.338>0.05$，$p=0.382>0.05$，$p=0.094>0.05$）。

关于受访者人际关系融洽度与文化程度的关系，单因素方差分析结果显示，在0.05显著性水平下，不同文化程度受访者对家人、朋友、同事或同学融洽度的评价均有显著差异（F检验、p值均小于0.05）。具体来说，小

表 26　不同性别受访者的人际关系均值

关系类别	性别	样本量(个)	均值(分)	标准差
家人	女	528	4. 46	0. 744
	男	549	4. 42	0. 755
朋友	女	528	4. 32	0. 738
	男	549	4. 28	0. 745
同事/同学	女	528	4. 21	0. 746
	男	549	4. 14	0. 789

学及以下学历的受访者对家人关系融洽度评价均值最低（4. 30 分），研究生及以上学历的受访者对家人关系融洽度评价均值最高（4. 57 分）。受访者文化程度越高，对家人关系融洽度评价均值就越高。研究生及以上学历受访者对朋友关系融洽度评价均值也是最高（4. 44 分），对朋友关系融洽度评价第二高的是大学本科学历的群体（4. 43 分），初中学历的受访者对朋友关系融洽度评价均值最低（4. 17 分）。对同事或同学关系融洽度评价最高的是大学本科学历的群体（4. 32 分），小学及以下、初中学历的受访者对同事或同学关系融洽度评价最低（4. 04 分），人际关系融洽度的评价均值基本上随着学历的增高而增高（见表 27）。

表 27　不同受教育程度受访者的人际关系均值

关系类别	文化程度	样本量(个)	均值(分)	标准差
家人	小学及以下	104	4. 30	0. 920
	初中	199	4. 31	0. 735
	高中及中专	269	4. 43	0. 764
	大专	175	4. 44	0. 717
	大学本科	267	4. 56	0. 699
	研究生及以上	45	4. 57	0. 584
朋友	小学及以下	104	4. 22	0. 791
	初中	199	4. 17	0. 776
	高中及中专	269	4. 29	0. 719
	大专	175	4. 24	0. 758
	大学本科	267	4. 43	0. 706
	研究生及以上	45	4. 44	0. 611

续表

关系类别	文化程度	样本量(个)	均值(分)	标准差
同事或同学	小学及以下	104	4.04	0.893
	初中	199	4.04	0.772
	高中及中专	269	4.19	0.755
	大专	175	4.15	0.746
	大学本科	267	4.32	0.726
	研究生及以上	45	4.15	0.711

关于个人月收入与人际关系融洽度的关系，在0.05显著性水平下，不同月收入的受访者对朋友关系融洽度评价均值有显著差异（$F=2.056$，$p=0.021<0.05$），对家人关系、同事或同学关系融洽度评价无显著差异（$F=1.636$，$p=0.084>0.05$；$F=1.096$，$p=0.361>0.05$）。其中，收入在9001~10000元的受访者对朋友关系融洽度评价最高（均值为4.48分），对朋友关系融洽度评价第二高的是收入在8001~9000元的群体（均值为4.46分）。另外，无收入的受访者对朋友关系融洽度评价也很高（均值为4.42分），收入在1~1000元、1001~2000元的受访者对朋友关系融洽度评价均很低（均值为4.11分、4.14分）。收入在9001~10000元的受访者对家人关系融洽度评价均值也是最高的（均值为4.75分），对家人关系融洽度评价第二高的是收入在10001元及以上的群体（均值为4.59分），收入在1~1000元的受访者对家人关系融洽度的评价最低（均值为4.15分）。对同事或同学关系融洽度评价最高的是个人月收入在8001~9000元的群体（均值为4.38分），收入在1~1000元的受访者对同事或同学关系融洽度评价最低（均值为4.04分），收入在1~1000元的受访者对家人、朋友、同事或同学关系融洽度评价均最低（见图27）。

从受访者的职业来看，单因素方差分析显示，在0.05显著性水平下，不同职业的受访者对家人关系、朋友关系、同事或同学关系融洽度评价均有显著差异（F检验、p值均小于0.05）。具体来说，个体经营人员、学生对家人关系融洽度评价较高（均值为4.60分、4.58分），无业人员对家人关

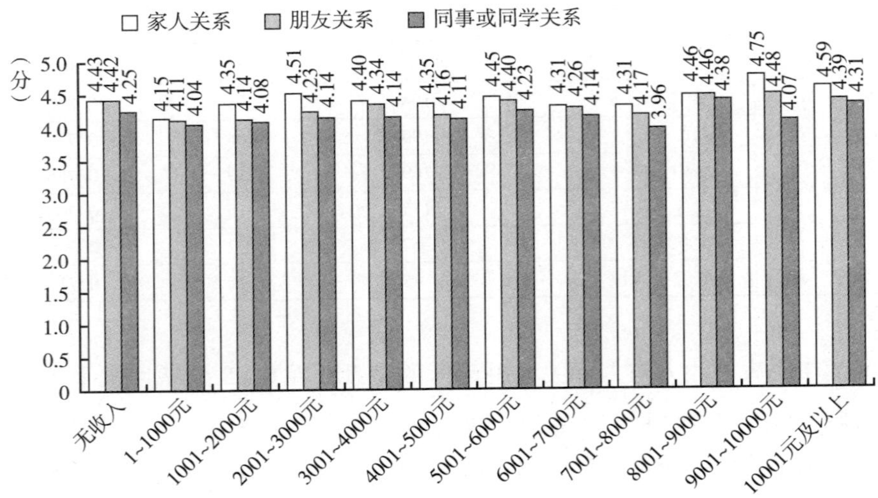

图 27　不同收入水平受访者的人际关系状况

系融洽度评价最低（均值为 4. 08 分）。学生对朋友关系、同事或同学关系融洽度评价与其他职业相比均是最高的（均值为 4. 66 分、4. 43 分）。生产、运输工人和有关人员对朋友关系、同事或同学关系融洽度评价均是最低的（均值为 4. 04 分、3. 94 分），农、林、牧、渔、水利业生产人员对这两种关系的评价也很低（均值为 4. 09 分、3. 95 分）。具体如表 28 所示。

表 28　不同职业受访者的人际关系均值

单位：分

职业类别	家人关系	朋友关系	同事或同学关系
党政企事业单位负责人	4. 39	4. 20	4. 12
专业技术人员	4. 48	4. 36	4. 20
商业、服务人员	4. 45	4. 27	4. 19
办事人员和有关人员	4. 55	4. 29	4. 18
农、林、牧、渔、水利业生产人员	4. 36	4. 09	3. 95
生产、运输工人和有关人员	4. 25	4. 04	3. 94
个体经营人员	4. 60	4. 31	4. 16
学生	4. 58	4. 66	4. 43
离退休人员	4. 52	4. 34	4. 31
无业人员	4. 08	4. 17	4. 00
自由职业者	4. 24	4. 19	4. 08
总　计	4. 44	4. 30	4. 17

从受访者的年龄来看，单因素方差分析显示，在0.05显著性水平下，不同年龄的受访者对家人关系、朋友关系、同事或同学关系融洽度评价均有显著差异（F检验、p值均小于0.05）。从表29可以看出，20～29岁的受访者对家人关系融洽度评价均值最高（4.56分），75岁及以上的老年人对家人关系融洽度评价最低（4.07分）。20岁以下的受访者对朋友关系、同事或同学关系融洽度评价均最高（均值为4.59分、4.42分）。45～59岁的受访者对朋友关系、同事或同学关系融洽度评价均最低（均值为4.13分、4.08分）。

表29　不同年龄受访者的人际关系均值

单位：分

年龄	家人关系	朋友关系	同事或同学关系
20岁以下	4.53	4.59	4.42
20～29岁	4.56	4.46	4.23
30～44岁	4.38	4.22	4.10
45～59岁	4.37	4.13	4.08
60～74岁	4.55	4.34	4.26
75岁及以上	4.07	4.29	4.16
总　计	4.44	4.30	4.17

2. 居民所在城市好友数量

从分析结果来看，有22.5%的受访者认为所在城市的人口数量“非常多”，认为所在城市的好友数量“比较多”的受访者占总体的33.7%，仅有2.6%和11.3%的受访者认为所在城市的好友数量“几乎没有”和“很少”，认为所在城市“有一些”好友的受访者占29.8%（见图28）。

我们将受访者好友数量从“几乎没有”到“非常多”按1～5分进行赋分，对不同性别、年龄、文化程度、职业的受访者所在城市拥有的好友数量评价的平均值进行比较，在0.05的显著性水平下，性别、文化程度对所在城市拥有的好友数量评价无显著影响。

从月收入水平看，在0.05的显著性水平下，不同月收入的受访者对拥

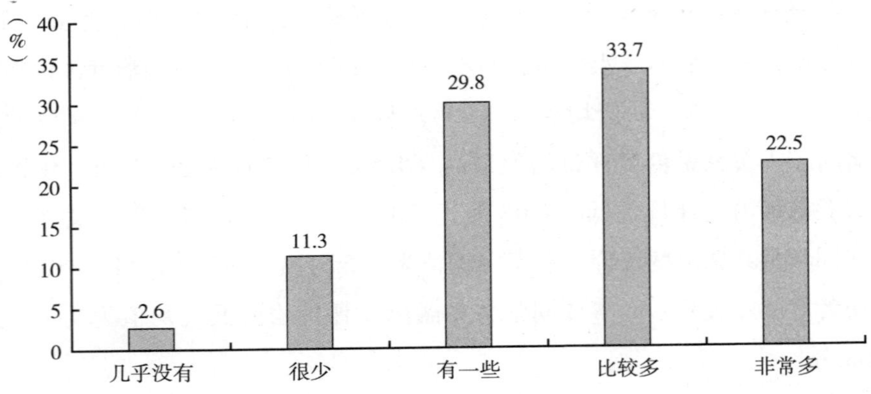

图 28　受访者好友数量分布情况

有好友数量评价的平均值有显著差异（$F=2.316$，$p=0.008<0.05$），收入在 10001 元及以上的受访者对拥有的好友数量评价均值最高（4.01 分），收入在 1001～2000 元的受访者对拥有的好友数量评价均值最低（3.38 分）。

从表 30 可以看出，从职业来看，在 0.05 的显著性水平下，不同职业的受访者对拥有好友数量评价的均值有显著差异（$F=1.846$，$p=0.043<0.05$），学生对拥有好友数量评价均值最高（3.87 分），生产、运输工人和有关人员对拥有的好友数量评价均值最低（3.42 分）。

表 30　不同职业受访者的好友数量评价均值

职业	好友数量评价(分)	职业	好友数量评价(分)
党政企事业单位负责人	3.67	个体经营人员	3.63
专业技术人员	3.72	学生	3.87
商业、服务人员	3.52	离退休人员	3.68
办事人员和有关人员	3.59	无业人员	3.54
农、林、牧、渔、水利业生产人员	3.48	自由职业者	3.63
生产、运输工人和有关人员	3.42	总计	3.62

从年龄来看，在 0.05 的显著性水平下，不同年龄受访者对拥有好友数量评价的均值有显著差异（$F=2.485$，$p=0.030<0.05$），20 岁以下受访者对拥有好友数量评价的均值最高（3.95 分），75 岁及以上的受访者对拥有

好友数量评价的均值最低（3.47 分）。从总体来看，随着年龄的增长，受访者对拥有好友数量评价的均值呈下降趋势（见表 31）。

表 31　不同年龄受访者的好友数量评价均值

年龄	好友数量评价(分)	年龄	好友数量评价(分)
20 岁以下	3.95	45～59 岁	3.54
20～29 岁	3.64	60～74 岁	3.65
30～44 岁	3.59	75 岁及以上	3.47

3. 自己对周围人的重要程度

关于受访者自己对周围人的重要程度评价，我们以 1～5 分对“很不重要”至“非常重要”的重要程度进行赋分，受访者自己对周围人的重要程度评价均值为 3.76 分。有 36.5% 的受访者认为自己对周围人比较重要，有 23.7% 的受访者认为自己对周围人非常重要，仅有 0.5% 的受访者认为自己对周围人很不重要（见图 29）。

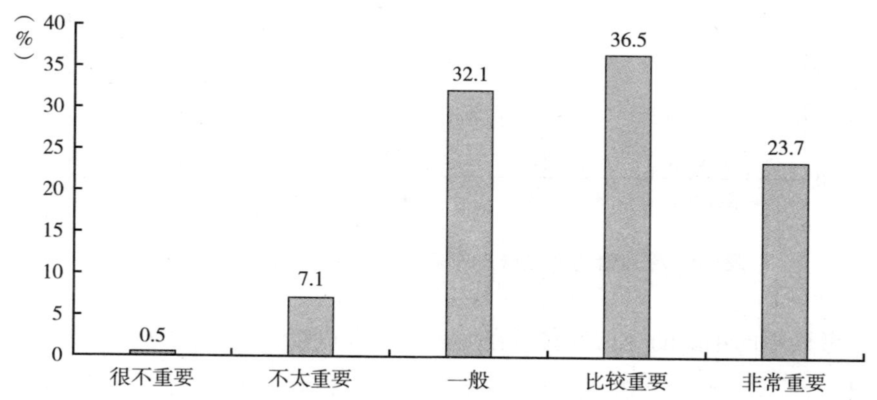

图 29　受访者自己对周围人重要程度的评价

我们将受访者自己对周围人的重要程度的评价均值与其人口学因素进行交叉分析，结果显示，在 0.05 显著性水平下，不同年龄、性别、职业、月收入以及文化程度的受访者自己对周围人的重要程度评价没有显著差异。

（五）城市感受状况

1. 城市接纳度

我们将受访者对所在城市的外来人口接纳度从“很不接纳”到“非常接纳”按1~5分进行赋分，单样本T检验计算出来的均值为3.74分，显著高于5级接纳度的中间值（3分）（$t=25.240$，$p=0.000<0.05$）。具体来说，有40.4%的受访者认为所在城市对外来人口“比较接纳”，有22.8%的受访者认为所在城市对外来人口“非常接纳”，认为所在城市对外来人口“很不接纳”“不太接纳”的受访者分别占总体的2.7%、6.4%，认为所在城市接纳度“一般”的受访者占比为27.6%（见图30）。

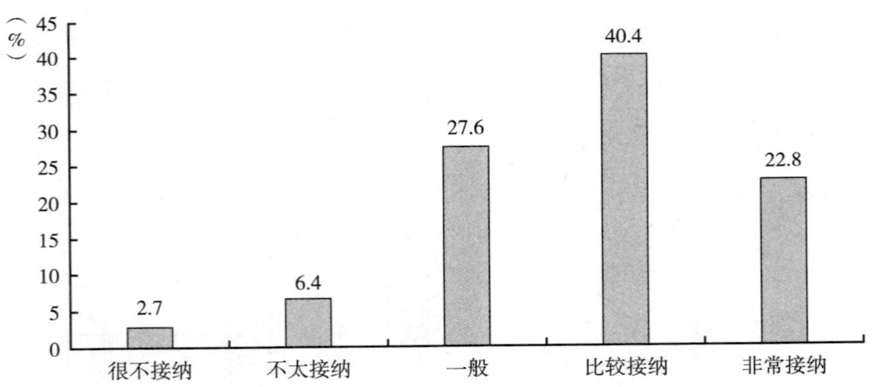

图30　受访者对所在城市外来人口接纳度评价的分布情况

考察不同年龄的受访者对所在城市外来人口接纳度，单因素方差分析结果显示，不同年龄受访者对所在城市外来人口接纳度的评价有显著差异（$F=2.385$，$p=0.037<0.05$）。从表32可以看出，30~44岁的受访者对自己所在城市外来人口接纳度评价最高（均值为3.84分），其次年龄在20~29岁、20岁以下的群体对所在城市外来人口接纳度的评价也较高（均值为3.82分、3.81分）。可见，44岁以下的青年人对所在城市外来人口接纳度的评价相比其他年龄段均更高，75岁及以上的老年人对所在城市外来人口

接纳度的评价最低（均值为3.57分），另外，45～59岁的中年人对所在城市外来人口接纳度的评价也较低（均值为3.61分）。

从文化程度来看，单因素方差分析结果显示，不同文化程度的受访者对所在城市外来人口接纳度的评价有显著差异（$F = 6.892$，$p = 0.000 < 0.05$）。从表33可以看出，总体来说，受访者文化程度越高，对所在城市外来人口接纳度的评价就越高，小学及以下的受访者对所在城市外来人口接纳度的评价最低（均值为3.35分），研究生及以上的受访者对所在城市外来人口接纳度的评价最高（均值为3.99分）。

表32　不同年龄受访者对所在城市外来人口接纳度均值

年龄	接纳度(分)	年龄	接纳度(分)
20岁以下	3.81	45～59岁	3.61
20～29岁	3.82	60～74岁	3.70
30～44岁	3.84	75岁及以上	3.57

表33　不同文化程度受访者对所在城市外来人口接纳度均值

文化程度	接纳度(分)	文化程度	接纳度(分)
小学及以下	3.35	大专	3.74
初中	3.62	大学本科	3.92
高中及中专	3.81	研究生及以上	3.99

2. 城市归属感

总体来看，超过八成的受访者对自己所在城市的归属感不强，其中有21.7%的受访者对所在城市的归属感“非常弱”。有32.4%的受访者对所在城市的归属感“比较弱”，对所在城市归属感感到“一般”的受访者占总体的31.1%，只有4.8%的受访者对所在城市的归属感“非常强”，有10.0%的受访者对所在城市的归属感“比较强”（见图31）。我们将受访者对所在城市归属感从“非常弱”到“非常强”按1～5分进行赋分，单样本t检验计算出来的均值为2.44分（$t = -17.031$，$p = 0.000 < 0.05$），显著低于5

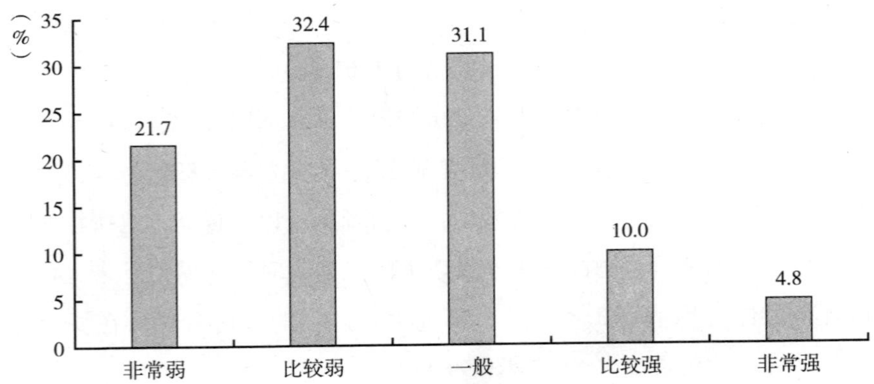

图 31　受访者对所在城市归属感评价的分布情况

级归属感的中间值（3 分）。

比较不同性别、年龄、文化程度、收入水平、职业、户口的受访者对所在城市归属感的评价均值，在 0.05 显著性水平下，单因素方差分析结果显示，女性（均值为 2.35）对所在城市的归属感显著低于男性（均值为 2.52 分）（$F=6.546$，$p=0.011<0.05$）。不同年龄的受访者对所在城市的归属感有显著差异（$F=4.296$，$p=0.001<0.05$），其中 20～29 岁的受访者对所在城市的归属感评价最高（均值为 2.67 分），60～74 岁的受访者对所在城市的归属感评价最低（均值为 2.14 分）。农业户口（均值为 2.57 分）对所在城市的归属感评价显著高于非农业户口受访者（均值为 2.34 分）（$F=11.718$，$p=0.001<0.05$）。不同文化程度、不同月收入的受访者对所在城市归属感的评价无显著差异（$F=1.218$，$p=0.298>0.05$）、（$F=1.312$，$p=0.212>0.05$）。

从表 34 可以看出，不同职业的受访者对所在城市归属感评价有显著差异（$F=3.324$，$p=0.000<0.05$）。无业人员，自由职业者，生产、运输工人和有关人员对所在城市的归属感相比其他职业较高（均值为 2.83 分、2.75 分、2.60 分），离退休人员对所在城市的归属感评价最低（均值为 2.14 分），农、林、牧、渔、水利业生产人员对所在城市归属感评价也较低（均值为 2.17 分）。

表 34　不同职业受访者对所在城市归属感评价均值

职业	城市归属感(分)	职业	城市归属感(分)
党政企事业单位负责人	2. 33	个体经营人员	2. 55
专业技术人员	2. 44	学生	2. 50
商业、服务人员	2. 57	离退休人员	2. 14
办事人员和有关人员	2. 24	无业人员	2. 83
农、林、牧、渔、水利业生产人员	2. 17	自由职业者	2. 75
生产、运输工人和有关人员	2. 60	其他	2. 39

3. 城市发展机会

关于居民对所在城市的个人发展机会评价，我们以 1 ~5 分为个人发展机会"非常少"至"非常多"赋分。受访者对所在城市的个人发展机会评价均值为 3. 08 分。超过 1/3 的受访者认为所在城市的个人发展机会"一般"，27. 5% 的受访者认为所在城市的个人发展机会"比较多"，8. 7% 的受访者认为所在城市的个人发展机会"非常多"。同时，近 1/4 的受访者认为所在城市的个人发展机会"比较少"（见图 32）。

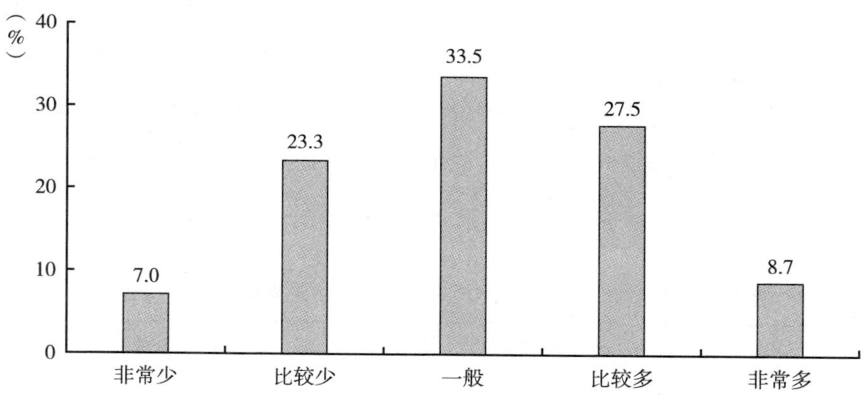

图 32　受访者对所在城市的个人发展机会评价

我们将受访者对所在城市的个人发展机会评价均值与其人口学因素进行交叉分析，结果显示，在 0. 05 显著性水平下，不同年龄、文化程度、职业、收入以及城市发展水平的受访者对所在城市的个人发展机会评价均值存在显著差异。

不同年龄受访者对所在城市的个人发展机会评价均值存在显著差异（$F=8.998$，$p<0.001$）。从表35可以看出，在整体上，年龄越长，受访者对所在城市的个人发展机会评价均值越小。20～29岁受访者对所在城市的个人发展机会评价均值最高，为3.30分，其次为30～44岁的受访者群体（均值为3.24分）。45～59岁的受访者对所在城市的个人发展机会评价最低（均值为2.80分）。

表35　不同年龄受访者对所在城市的个人发展机会评价均值

年　龄	均值(分)	标准差
20岁以下	3.17	1.030
20～29岁	3.30	1.032
30～44岁	3.24	0.965
45～59岁	2.80	1.087
60～74岁	2.82	1.183
75岁及以上	3.03	0.934
总　计	3.08	1.062

不同文化程度受访者对所在城市的个人发展机会评价均值存在显著差异（$F=5.547$，$p<0.001$）。从表36可以看出，在整体上，文化程度越高，受访者对所在城市的个人发展机会评价均值越高。研究生及以上学历的受访者对所在城市的个人发展机会评价均值最高（3.41分），小学及以下学历的受访者对所在城市的个人发展机会评价均值最低（2.72分）。

表36　不同文化程度受访者对所在城市的个人发展机会评价均值

文化程度	均值(分)	标准差
小学及以下	2.72	1.266
初中	2.98	1.014
高中及中专	3.03	1.082
大专	3.11	.955
大学本科	3.27	1.023
研究生及以上	3.41	1.060
总　计	3.08	1.065

不同职业受访者对所在城市的个人发展机会评价均值存在显著差异（$F = 5.793$，$p < 0.001$）。从表37可以看出，个体经营人员群体对所在城市的个人发展机会评价均值最高（3.44分），其次为商业、服务人员群体（均值为3.41分），再次为学生群体（均值为3.26分）。无业人员群体对所在城市的个人发展机会评价最低（均值为2.71分）。

表37　不同职业受访者对所在城市的个人发展机会评价均值

职业类别	均值(分)	标准差
党政企事业单位负责人	3.17	0.979
专业技术人员	3.21	0.952
商业、服务人员	3.41	0.982
办事人员和有关人员	3.03	0.975
农、林、牧、渔、水利业生产人员	2.73	1.232
生产、运输工人和有关人员	2.82	0.942
个体经营人员	3.44	0.957
学生	3.26	0.998
离退休人员	2.81	1.108
无业人员	2.71	1.283
自由职业者	2.79	1.117
其他	2.93	1.315
总　计	3.08	1.066

不同月收入水平的受访者对所在城市的个人发展机会评价均值存在显著差异（$F = 5.007$，$p < 0.001$）。从表38可以看出，在整体上，收入越高，受访者对所在城市的个人发展机会评价均值越高。收入为8001～9000元的受访者群体对所在城市的个人发展机会评价均值最高（3.61分），其次为10001元及以上收入群体（均值为3.57分）。收入为1～1000元的受访者群体对所在城市的个人发展机会评价最低（均值为2.74分）。

不同发展水平城市的受访者对所在城市的个人发展机会评价均值存在显著差异（$F = 17.305$，$p < 0.001$）。从表39可以看出，一线城市的受访者对所在城市的个人发展机会评价均值最高（3.47分），显著高于非一线城市的受访者（均值为3.03分）。

表 38　不同月收入水平受访者对所在城市的个人发展机会评价均值

月收入水平	均值(分)	标准差
无收入	3.08	1.083
1～1000 元	2.74	1.266
1001～2000 元	2.87	1.069
2001～3000 元	2.81	0.987
3001～4000 元	2.88	1.035
4001～5000 元	3.10	1.062
5001～6000 元	3.35	1.059
6001～7000 元	3.32	1.008
7001～8000 元	3.39	0.977
8001～9000 元	3.61	0.907
9001～10000 元	3.15	1.152
10001 元及以上	3.57	0.966
总　计	3.06	1.069

表 39　不同发展水平城市的受访者对所在城市的个人发展机会评价均值

收　入	均值(分)	标准差
一线城市	3.47	1.143
非一线城市	3.03	1.045
总　计	3.08	1.064

（六）休闲娱乐状况

休闲娱乐活动是居民调节身心健康的重要方式之一，在经济高速发展的今天，不论是工作还是学习都充满着竞争和挑战，并且人们的休闲娱乐时间越来越少。很多研究表明，居民的休闲娱乐与居民幸福感有显著的相关关系，本次对休闲娱乐情况的调查主要从休闲娱乐时间充裕度、休闲娱乐生活满意度着手，考察性别、年龄、文化程度、职业等人口学因素对这两个方面的影响，同时也进一步考察这两个因素与幸福感的关系。

1. 休闲娱乐时间充裕度

关于受访者休闲娱乐充裕度的评价，我们以 1～5 分为“几乎没有”至

"非常充裕"赋值，求得受访者休闲娱乐时间充裕度的均值为2.94分，低于5级充裕度的中间值（3分）。如图33所示，有四成的受访者认为休闲娱乐时间是充裕的，超过四成（41.3%）的受访者认为休闲娱乐时间不充裕，其中有19.7%的受访者"几乎没有"休闲娱乐的时间，认为自己的休闲娱乐时间"不太充裕"的受访者占21.6%，有18.7%的受访者认为自己的休闲娱乐时间"一般"。总体而言，我国居民目前的休闲娱乐时间充裕度比较低。

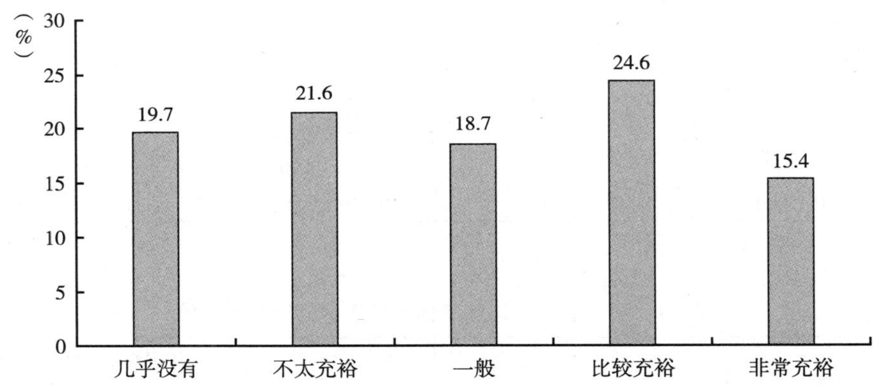

图33　受访者休闲娱乐时间充裕度的分布情况

从个人月收入来看，单因素方差分析的结果显示，在0.05的显著性水平下，不同月收入的受访者休闲娱乐时间充裕度评价存在显著差异（$F = 2.990$，$p < 0.05$）。由表40可知，无收入的受访者休闲娱乐时间充裕度最高（均值为3.37分），月收入水平在1001～2000元的受访者休闲娱乐时间充裕度均值最低（2.47分）。月收入在2001～7000元的受访者，其收入水平与休闲娱乐时间充裕度成反比，即随着收入的增多，休闲娱乐充裕度时间基本上逐渐降低。月收入在7001～8000元的受访者休闲娱乐时间充裕度的均值为3.11分，仅次于无收入者。月收入在10001元以上的受访者休闲娱乐时间充裕度均值也较高（3.02分）。

从职业来看，单因素方差分析结果显示，在0.05的显著性水平下，不同职业受访者的休闲娱乐时间存在显著差异（$F = 13.670$，$p = 0.000 < 0.05$）。其中，离退休人员、学生、党政企事业单位负责人的休闲娱乐时间充裕度均值较高，分别为3.84分、3.51分、3.23分。生产、运输工人和有关人员的休闲娱乐时间充裕度最低，为2.12分（见表41）。

表40　不同收入水平受访者的休闲娱乐时间充裕度均值

个人月收入水平	休闲娱乐时间充裕度均值(分)	个人月收入水平	休闲娱乐时间充裕度均值(分)
无收入	3.37	5001～6000元	2.82
1～1000元	2.77	6001～7000元	2.75
1001～2000元	2.47	7001～8000元	3.11
2001～3000元	2.93	8001～9000元	2.90
3001～4000元	2.88	9001～10000元	2.86
4001～5000元	2.98	10001元及以上	3.02

表41　不同职业受访者的休闲娱乐时间充裕度均值

职业类别	休闲娱乐时间充裕度均值(分)	职业类别	休闲娱乐时间充裕度均值(分)
党政企事业单位负责人	3.23	个体经营人员	2.79
专业技术人员	2.82	学生	3.51
商业、服务人员	2.61	离退休人员	3.84
办事人员和有关人员	3.07	无业人员	2.87
农、林、牧、渔、水利业生产人员	2.50	自由职业者	2.69
生产、运输工人和有关人员	2.12	其他	2.29

从年龄来看，单因素方差分析结果显示，在0.05的显著性水平下，不同年龄受访者的休闲娱乐时间充裕度存在显著差异（$F = 17.522$，$p = 0.000 < 0.05$）。由表42可知，30～44岁的受访者对休闲娱乐时间充裕度评价最低（均值为2.61分）。其次为45～59岁的受访者（均值为2.67分）。60～74岁的受访者对休闲娱乐时间充裕度评价最高（均值为3.63分），其次为75岁以上的受访者（3.52分）。另外，20岁以下的受访者休闲娱乐充裕度评

价均值也较高（3.43 分）。总体而言，受访者在 45 岁之前，休闲娱乐时间会随着年龄的增大而减少；45 岁之后，休闲娱乐时间基本上随着年龄的增大而增多。

表 42　不同年龄受访者的休闲娱乐时间充裕度均值

年龄	休闲娱乐时间充裕度均值(分)	年龄	休闲娱乐时间充裕度均值(分)
20 岁以下	3.43	45～59 岁	2.67
20～29 岁	3.04	60～74 岁	3.63
30～44 岁	2.61	75 岁及以上	3.52

2. 休闲娱乐生活满意度

关于休闲娱乐生活满意度的评价，我们以 1～5 分表示“非常不满意”至“非常满意”。单样本 T 检验求得受访者对休闲娱乐生活满意度的均值为 3.15 分，显著高于 5 级满意度的中间值（3 分）（$t = 4.381$，$p = 0.000 < 0.05$）。具体来说，超过四成的受访者对自己的休闲娱乐生活满意，其中“比较满意”占 28.4%，“非常满意”占 11.7%，对休闲娱乐生活不满意的受访者占总体的 26.0%，有 33.8% 的受访者对休闲娱乐生活满意度“一般”（见图 34）。

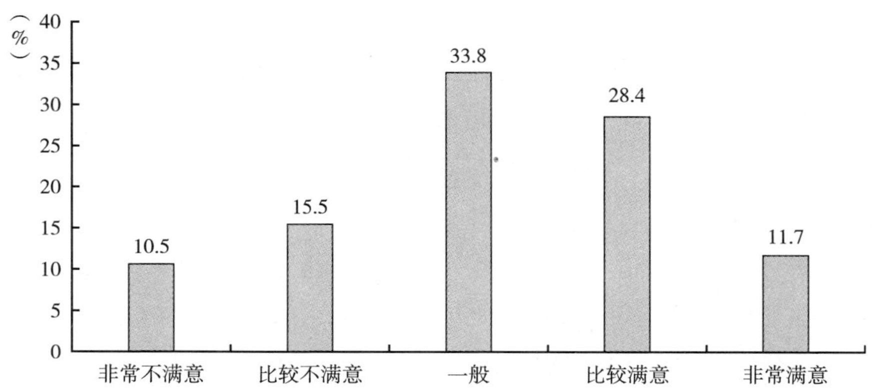

图 34　受访者休闲娱乐满意度的分布情况

考察个人月收入与休闲娱乐满意度的关系，单因素方差分析结果显示，在0.05的置信水平下，不同月收入的受访者休闲娱乐时间不存在显著差异（$F=1.682$，$p=0.072>0.05$）。由表43可知，无收入的受访者休闲娱乐满意度均值最高，为3.43分，收入在7001～8000元的受访者休闲娱乐满意度均值为3.29分，位居第二，这与休闲娱乐时间充裕度是一致的，数据分析显示，两者的皮尔森相关系数为0.652（$p=0.000<0.05$），可见休闲娱乐满意度与休闲娱乐时间显著相关。受访者休闲娱乐满意度均值最低的是收入在1001～2000元的群体（均值为2.91分），这与休闲娱乐时间充裕度也是一致的。

表43 不同收入水平受访者的休闲娱乐满意度均值

个人月收入水平	休闲娱乐满意度均值(分)	个人月收入水平	休闲娱乐满意度均值(分)
无收入	3.43	5001～6000元	3.16
1～1000元	3.06	6001～7000元	3.07
1001～2000元	2.91	7001～8000元	3.29
2001～3000元	3.21	8001～9000元	3.28
3001～4000元	3.13	9001～10000元	3.19
4001～5000元	3.01	10001元及以上	3.24

考察职业与休闲娱乐满意度的关系，采用单因素方差分析，结果显示，在0.05的显著性水平下，不同职业受访者的休闲娱乐满意度存在显著差异（$F=8.348$，$p=0.000<0.05$）。由表44可知，生产、运输工人和有关人员，农、林、牧、渔、水利业生产人员，自由职业者的休闲娱乐满意度较低，得分均值分别为2.63分、2.91分、2.95分，休闲娱乐满意度最高的群体是离退休人员（均值为3.74分），其次是学生（均值为3.60分），另外党政企事业单位负责人的休闲娱乐满意度也较高（均值为3.26分）。

考察年龄与休闲娱乐满意度的关系，单因素方差分析结果显示，在0.05的显著性水平下，不同年龄受访者的休闲娱乐满意度存在显著差异（$F=11.718$，$p=0.000<0.05$）。由表45可知，60～74岁的受访者休闲娱

乐满意度均值最高（3.63分），其次是20岁以下的受访者（均值为3.59分），30～44岁的受访者休闲娱乐满意度均值最低（2.91分），45～59岁年龄群体休闲娱乐满意度均值也较低（均值为3.03分）。

表44　不同职业受访者的休闲娱乐满意度均值

职业类别	休闲娱乐满意度均值(分)	职业类别	休闲娱乐满意度均值(分)
党政企事业单位负责人	3.26	个体经营人员	2.90
专业技术人员	3.18	学生	3.60
商业、服务人员	2.90	离退休人员	3.74
办事人员和有关人员	3.07	无业人员	3.09
农、林、牧、渔、水利业生产人员	2.91	自由职业者	2.95
生产、运输工人和有关人员	2.63	其他	2.96

表45　不同年龄受访者的休闲娱乐满意度均值

年龄	休闲娱乐满意度均值(分)	年龄	休闲娱乐满意度均值(分)
20岁以下	3.59	45～59岁	3.03
20～29岁	3.18	60～74岁	3.63
30～44岁	2.91	75岁及以上	3.29

（七）受尊重状况

1. 受访者对自我受尊重程度评价较高，七成以上认为自己的受尊重程度处于较高水平

我们对受访者受尊重程度进行了调查，结果显示，七成以上的受访者认为自己的受尊重程度较高，仅有2.2%的受访者认为自己的受尊重程度较低。从图35中可以直观地看出，大多数受访者对自己受尊重程度的主观评价较高，其中选择“非常受尊重”和“比较受尊重”的受访者占比分别为19.2%和54.7%，有23.9%的受访者认为自己受尊重程度为“一般”，而认为自己“很不受尊重”和“不太受尊重”的数量占比分别为0.4%和

1.8%。因此，从整体上来看，我国受访者对自己受尊重程度的评价较高，七成以上受访者认为自己的受尊重程度处于较高水平，认为自己的受尊重程度较低的受访者不足一成。

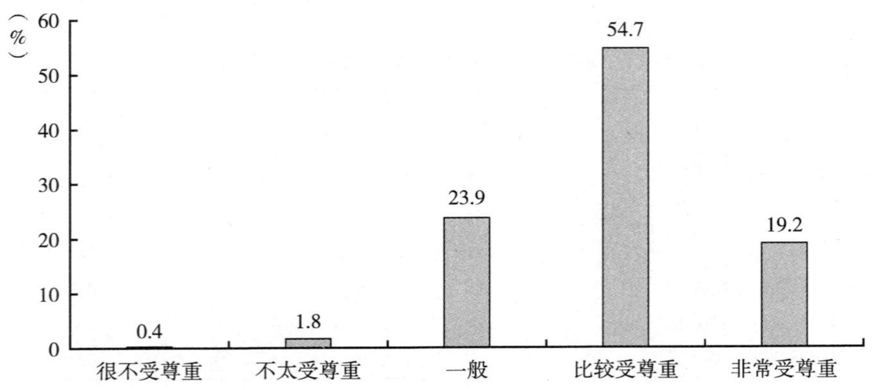

图 35　受访者主观受尊重程度

2. 受访者受尊重程度影响因素分析

为探索和发现造成受访者受尊重程度产生差异的影响因素，我们对受访者的个人基本信息因素和其对自己受尊重程度的主观评价进行了单因素方差分析和非参数检验。统计结果显示，个人基本信息中的年龄、受教育程度、职业以及身体状况等因素都会对受访者的受尊重程度主观评价产生显著的影响。

（1）不同年龄受访者的受尊重程度评价存在显著差异，30～44 岁群体的评价均值最低。

我们对受访者的年龄和受尊重程度自我主观评价进行了单因素方差分析，结果显示，不同年龄受访者受尊重程度的自我主观评价存在显著差异（$F=5.323$，$p<0.001$）。从图 36 中可以看出，受访者的受尊重程度自我主观评价均值随着年龄的增长呈现“倒 U 形”分布特点，年龄在 20 岁以下的受访者的评价均值处于较高的水平，为 4.08 分；之后随着年龄的增长受访者的评价均值逐渐下降，在 30～44 岁年龄组达到最低，评价均值为 3.78 分；随后受访者的评价均值随着年龄的增长呈现逐渐升高的态势，并在 75 岁及以上年龄组达到峰值，评价均值为 4.13 分。

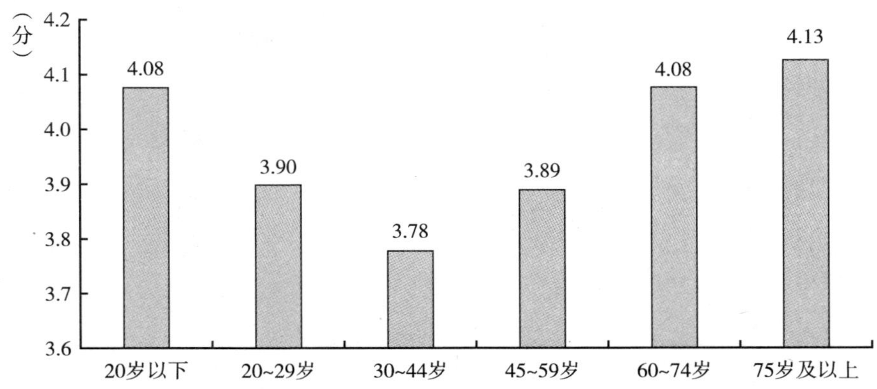

图 36　不同年龄受访者主观受尊重程度评价均值

（2）不同受教育程度受访者的受尊重程度评价存在显著差异，受访者的受尊重程度评价随受教育程度的升高呈现先下降后上升的特征。

我们对受访者的受教育程度和受尊重程度自我主观评价进行了单因素方差分析，结果显示，不同受教育程度受访者受尊重程度的自我主观评价存在显著差异（$F=2.769$，$p<0.05$）。从图 37 中可以看出，受访者的受尊重程度自我主观评价均值随着受教育程度的升高呈现先下降后上升的特征。小学及以下学历受访者的受尊重程度自我主观评价均值较高，为 4.07 分；学历层次为初中、高中及中专的受访者的主观评价均值逐渐降低，分别为 3.92 分和 3.84 分；学历层次为大专的受访者群体的主观评价均值为 3.82 分，是所有受教育程度组别中的最低水平；随后随着受教育程度的上升，受访者的主观评价均值呈现上升的态势，其中，大学本科和研究生及以上学历的受访者的主观评价均值依次为 3.94 分和 4.09 分。从数据中可以看出，对于大专及以上学历的人来说，继续深造、提升其受教育程度有利于对其受尊重感产生正面的影响。

（3）不同职业受访者的受尊重程度评价存在显著差异，学生和离退休人员的受尊重程度主观评价均值最高，生产、运输工人和有关人员的受尊重程度主观评价均值最低。

我们对受访者的职业类型和受尊重程度自我主观评价进行了单因素方差

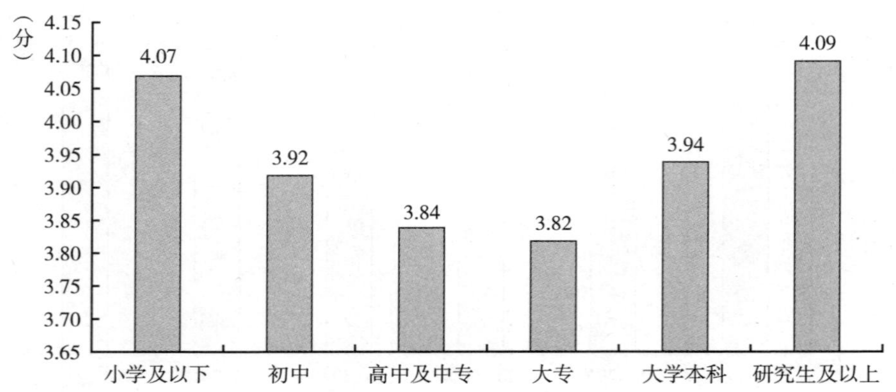

图 37　不同受教育程度受访者受尊重程度评价均值

分析，结果显示，不同职业类型受访者受尊重程度的自我主观评价存在显著差异（$F=3.213$，$p<0.001$）。由于在本次调查中，职业类别选择“其他”的受访者数量为 11 人，该类的样本数量较少，因此在具体分析描述时将不予分析。从图 38 中可以看出，不同职业类别受访者的受尊重程度主观评价存在一定的差异。其中，学生、离退休人员的受尊重程度主观评价均值较高（4.10 分），并列第一；其次为党政企事业单位负责人和无业人员，这两类群体自我受尊重程度主观评价均值均为 3.96 分，并列第三；与此同时，生产、运输工人和有关人员的受尊重程度主观评价均值最低，为 3.64 分；办

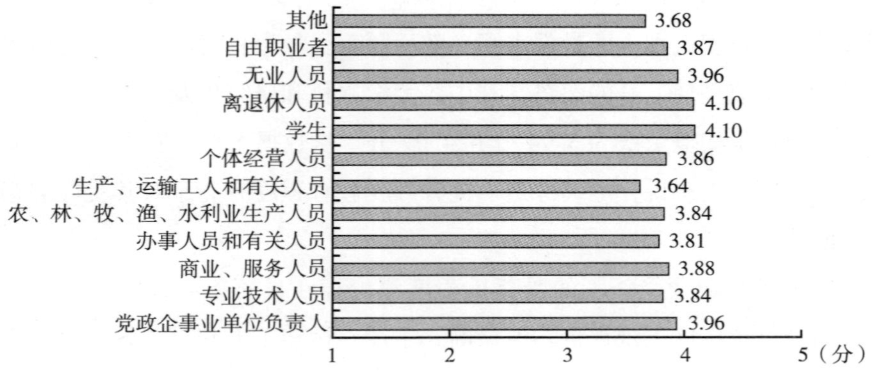

图 38　不同职业受访者受尊重程度评价均值

事人员和有关人员以 3. 81 分的评价均值列倒数第二。

（4）不同身体状况受访者的受尊重程度评价存在显著差异，身体状况越好的受访者群体主观感受到的受尊重程度越高。

我们对受访者的身体状况和受尊重程度自我主观评价进行了非参数检验，结果显示，受访者的身体状况会对其受尊重程度的自我主观评价产生显著影响（$\chi^2=49.888$，$p<0.001$）。从图 39 中可以看出，随着受访者身体状况的提升，他们对自己受尊重程度的主观评价也呈现逐步上升的趋势。其中，认为自己的身体状况"很不好"的受访者群体的受尊重程度主观评价均值最低，为 3. 67 分，认为自己身体状况"非常好"的受访者群体的主观评价均值最高，为 4. 12 分。从整体上来看，身体状况越好的受访者群体主观感受到的受尊重程度越高。

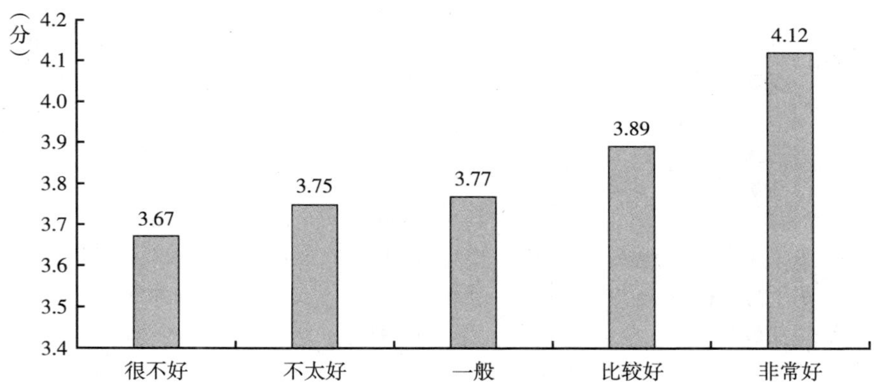

图 39　不同身体状况受访者受尊重程度评价均值

3. 居民受尊重程度受个人因素、经济地位和社会支持等因素影响

从上文的数据中可以看到，一些个人因素会对受访者的主观受尊重程度造成显著的影响。为了更为全面、深入地探究受访者受尊重程度感知的影响因素，我们对受访者的受尊重程度感知及其潜在影响因素建立多元线性回归模型，依次加入个人因素、经济地位和社会支持指标。方差分析结果显示，各层回归模型整体均是显著的，并且拟合优度在不断显著增加。这说明随着

各层影响因素指标的增加，模型的解释力不断提高。模型估计结果如表 46 所示。

第一，在个人因素层面，性别、年龄和身体状况会对受访者受尊重程度的主观感受产生显著影响。其中，女性的自我受尊重感主观评价高于男性；随着年龄的增加，受访者的自我受尊重感评价越高；身体状况越好的受访者，其自我受尊重感评价也越高。相比之下，受访者的受教育程度和户口类型不是影响受尊重程度评价的主要因素。

表 46　受访者主观受尊重程度的分层回归估计结果

指标		非标准化系数	标准误差	t	p 值
个人因素	**常量**	2.968	0.171	17.387	0.000
	性别(男 =1)	-0.133	0.05	-2.638	0.009
	年龄	0.095	0.024	3.900	0.000
	受教育程度	0.003	0.021	0.144	0.886
	户口类型(农业户口 =1)	-0.021	0.059	-0.349	0.727
	身体状况	0.173	0.026	6.629	0.000
经济地位	**常量**	2.226	0.217	10.240	0.000
	个人月收入	-0.001	0.019	-0.050	0.960
	收入状况满意度	0.109	0.034	3.233	0.001
	住房情况满意度	0.064	0.023	2.772	0.006
	生活水平层次	0.147	0.028	5.199	0.000
	生活水平较五年前相比的变化情况	0.033	0.025	1.318	0.188
社会支持	**常量**	1.422	0.258	5.518	0.000
	归属感	-0.058	0.023	-2.594	0.010
	与家人的关系	0.052	0.036	1.422	0.156
	与朋友的关系	0.126	0.045	2.828	0.005
	与同事或同学的关系	0.154	0.042	3.675	0.000
	居住地是否为户口所在地	-0.054	0.055	-0.989	0.323

第二，在经济地位因素方面，收入状况满意度、住房情况满意度以及主观感受生活水平在本地所属的层次是主观受尊重程度评价的影响因素。具体来看，受访者对收入状况满意度及住房情况的满意度均与其受尊重程度的主

观感受评价呈正相关的关系，即受访者的受尊重程度的主观感受评价会随着其对收入状况满意度和住房情况满意度的提升而升高。与此同时，受访者对自己的生活水平在本地所属层次的判断越高，其主观受尊重程度评价也会相应提升。相比之下，受访者的个人月收入和对其生活水平较五年前相比的变化情况的判断不是影响受尊重程度评价的主要因素。

第三，在社会支持因素方面，受访者对所在城市的归属感和与朋友、同事或同学的关系会对受访者主观受尊重评价造成显著影响。对所在城市的归属感越强，主观受尊重程度评价越高；与朋友的关系越好，主观受尊重程度评价越高；与同事或同学的关系越好，主观受尊重程度评价也会越高。城市归属感和与朋友、同事或同学的关系都可以归结为人们被社会认同程度的主观评价。而相比之下，与家人的关系好坏对受访者主观受尊重程度评价的影响非常有限。由此我们可以推断，人们的主观受尊重程度受到社会认同程度的影响要大于来自家庭的。另外，受访者的居住地是否为户口所在地对其主观受尊重程度评价的影响不显著。

四　研究小结

（一）我国居民个人收支、身体情况、住房情况与社会保障情况

就个人月收入基本情况而言，收入分布呈现“两头高、中间凸起”的趋势，近半数（49.7%）的受访者月收入处于1001～5000元区间；部分受访者将收入视为隐私，不愿意透露。就受访者日常消费支出而言，在主副食品方面，近半数受访者（48.5%）月消费支出在501～1500元。在教育费用方面，剔除无教育消费支出的受访者，受访者教育年支出依次为：5000元及以下占31.4%，5001～10000元占23.2%，10001～15000元占17.0%，15001～20000元占8.8%，20000元以上占19.7%。超过五成的受访者完全能够承担或可以承担教育费用支出，非农业户口受访者对教育费用支出的承受能力高于农业户口受访者。在医疗费用方面，受访者年支出以3000元以

内居多；受访者年龄越大，医疗费用支出也就越多；超半数受访者表示医疗费用年支出“可以承受，比较轻松”或“完全能承受，很轻松”。

在受访者身体状况评估方面，受访者身体状况普遍良好，农村户口受访者自我评价较高；受访者年纪越大，对身体状况的自我评估越差；男性受访者对身体状况的自我评估优于女性。

在受访者住房情况方面，农业户口受访者以自建、租赁住房为主；近半数非农业户口受访者购买了商品房。进一步分析租赁房屋的受访者发现，以年龄为20～44岁、收入在2001～3000元区间、农业户口的受访者为多；半数以上受访者自有住房面积在61～120平方米，高学历受访者住房面积普遍较大；一线城市受访者租房比例高于非一线城市，自建住房比例低于非一线城市；大部分受访者对目前的住房情况比较满意。

在受访者社会保障方面，超七成受访者有参保，医疗保险、养老保险的参保比例最高；受访者认为，医疗保险对于缓解家庭医疗费用压力具有积极意义；党政企事业单位负责人参保比例最高，无业人员参保比例最低；非农业户口受访者的参保比例高于农业户口受访者。

（二）我国居民生活水平提高，物价上涨成为主要的生活压力；居民对工作与收入满意度高

通过调查发现，与5年前相比，针对2014年居民对自身生活水平评价，有62.7%的受访者认为自己的生活水平上升。不同年龄、不同收入受访者的评价分布存在显著的差异性。在20～29岁受访者中，认为生活水平较前5年下降的占比最大，为15.7%；在收入高于4000元的受访者中，认为自己生活水平下降的人数占比较其他收入水平受访者低。横向比较而言，有50.9%的受访者认为自己处于“中层”，其中，逾五成女性认为自己处于“中层”，其比例高过男性；同时，职业与社会地位关系密切，不同职业受访者的社会地位评价存在差异。此外，受访者收入水平越高，其对自身社会地位的评价亦越高。

在居民生活压力来源方面，受访者生活压力的最主要来源是物价上涨。

近五成（47.7%）的受访者表示其最主要的生活压力来源为物价上涨，其次为家庭收入。此外，子女升学压力、住房、赡养老人负担过重、人情支出大等方面的问题也成为受访者一定比例上的生活压力来源。同时，受访者的生活压力来源还受到年龄、收入、职业、受教育程度、户口等诸多因素的影响。在家庭融洽度方面，我国居民家庭融洽度均分为4.44分，属于比较融洽的水平，可见大多数受访者家庭较为和谐，与家人关系融洽。

此次民生调查结果显示，受访者对工作（或学习）和收入的满意度都很高。对工作（或学习）、收入为“比较满意”和“非常满意”的受访者占比都在68%以上。就工作满意度而言，收入为2000元以内的受访者对工作满意度最高；30～44岁的受访者对工作满意度最低；学历为研究生及以上的受访者对工作满意度最低。就收入满意度而言，受访者收入越高，对收入的满意度越低；个体经营人员对收入的满意度最低，无业人员对收入的满意度最高；社会地位为上层的受访者对收入的满意度最高。此外，受访者自我受尊重程度评价较高，超过七成受访者认为自我受尊重程度处于较高水平。

五　对策建议

（一）积极进行宏观调控，稳定物价，保证民生和谐

近年来，在国际国内大的宏观背景下，市场流动性加快，通货膨胀预期加强，导致食品等方面的物价快速上涨。物价的快速上涨直接影响着宏观经济的发展，加大了低收入人群的生活压力。本次调查数据结果显示，物价上涨成为当今我国居民最主要的生活压力来源，这一问题加重了城乡居民的生活负担，在一定程度上增加了社会的不稳定因素。因此，稳定物价成为解决当今我国民生问题的首要任务。

具体而言，保持物价稳定，有利于保证市场价格体系的正常化运行，从宏观层面拉动经济增长“三驾马车”稳定运行；而从微观角度来看，我国

居民生活的诸多方面都与物价水平息息相关，这将直接影响居民的生活质量与生活水平。因此，积极进行物价调控，可以有效增强我国居民特别是低收入居民、弱势群体的生活水平，提升他们的消费信心与消费热情，进而加大消费需求，确保民生的和谐与稳定。物价问题事关我国经济稳定发展。妥善处理好市场经济调控，稳定物价，既是我国经济稳定发展的需要，又是保障与改善民生的首要工作。也就是说，只有稳定物价，才能稳定居民心态，才能促进经济稳步发展。因此，稳定物价是一项综合治理的系统工程，应从生产、流通、监管与预警等各个组成要素着手，平衡各方利弊，打好事关百姓生活的“持久战”。

（二）调控房价，保障基本民生

房价过高问题是当前我国社会的一大民生问题，关系着千家万户的基本民生，尤其是北京、上海、广州等一线城市的高房价对大部分民众而言都带来了不小的压力。当然，近年来政府对于房价问题也是重点关注，相继出台了一些政策，来加大对房地产行业的宏观调控，取得了一些成效。未来政府应继续稳定房价，抑制房地产行业的泡沫，对不同地区结合实际采取不同措施，力求把房价控制在民众可以接受的范围以内，与居民收入水平相适应。此外，为了满足低收入者人群的住房需求，政府要不断加大社会保障房的建设，使民众安居乐业。

（三）推动社会保障制度改革，加快完善社会保障体系

社会保障制度是关系国家民生的重要经济制度，对保障社会安定、和谐具有重要作用，同时也是衡量社会文明进步程度的重要指标。党在十八届三中全会就提出了“建立更加公平可持续的社会保障制度”的改革目标。

本次调查结果显示，我国民众参加医疗保险和养老保险的比例较大，并且医疗保险参保者表示医疗保险对于缓解家庭医疗费用压力具有积极意义。此外，调查发现，党政企业事业单位负责人参保比例最高，而无业人员参保比例最低；非农业户口受访者的参保比例要高于农业户口受访者。因此在低

收入群体中扩大参保群体以及缩小城乡之间、企事业单位之间社保制度的差异，是当前社会保障制度改革方面亟须解决的问题。

针对在调查中发现的问题，我们对社会保障制度的改革提出以下建议：第一，扩大社会保障覆盖范围，尤其是要建立完善广大农村地区的社会保障体系，对于务工务农人员及低收入或无业群体要重点关注，把最需要得到社会保障的民众纳入社会保障体系之中。第二，打破城乡户籍壁垒，缩小区域差距，建立系统化、多元化、一体化的社会保障体系，使社会每个成员都能享受到国家经济发展的成果。第三，对于养老保险双轨制的改革要坚定不移地实施和深化，逐渐实现党政机关、事业单位和企业之间养老保险制度的统一化，践行社会公平原则，促进社会稳定。第四，加强社会保险资金的管理与监督。推进养老保险资金的市场化改革是大势所趋，也符合广大民众的根本利益。如何优化对数额庞大的社会保险资金的管理并实现增值，是管理者需要考虑的问题，当然，这一过程必须在阳光下运行，接受群众监督。

B.2

2014年幸福感调查报告

上海交通大学舆情研究实验室社会调查中心*

摘　要：幸福是一个古老而又常新的话题。为了全面了解当今中国社会居民的幸福感现状及其影响因素，上海交通大学舆情研究实验室社会调查中心延续上年的研究思路，并将调查范围扩展至全国36个城市，对1080名居民展开电话调查。调查结果显示，受访者对自己幸福感评价的平均分为7.00分。整体而言，我国居民的主观幸福感较强；家庭和睦是我国居民幸福的主要支撑要素，而身体健康、朋友关系、个人收入对于居民幸福感也具有重要意义。根据马斯洛需求层次理论，生理需求、安全需求、社交需求、尊重需求和自我实现需求均显著影响居民的幸福感知。

关键词：主观幸福感　影响因素　马斯洛需求层次理论　电话调查

一　研究介绍

幸福是一个古老的话题，随着时间环境的迁移，被赋予了不同的内涵。正如达林·麦马翁（Darrin M. McMahon）在其所著的《幸福的历史》一书中总结道："在荷马时代，幸福等同于幸运；在古希腊哲学家所处的时代，

* 课题负责人：谢耘耕；执笔人：乔睿、于倩倩、李静、刘璐、程雨姣；统计分析：李静、张旭阳、乔睿。

幸福等同于智慧和德行；在中世纪，幸福等同于天堂；在启蒙时代，幸福等同于及时行乐。”为了全面了解当今中国社会居民的幸福感现状及影响因素，本次调查在延续上年的研究思路的基础上扩大了调查范围，覆盖了我国36个主要城市（包括4个直辖市、27个省会城市、5个计划单列市），在地理范围上囊括了我国各个行政区域，调查的有效样本量共计1080个。在调查样本中，受访者以男性居多，占总样本量的51.1%，女性占48.9%；就年龄结构而言，30～44岁的受访者占比最高（30.8%），其次为45～59岁的受访者（24.1%），20～29岁的受访者占总样本的20.7%，占比较小的群体是20岁以下的受访者（9.0%）及75岁及以上的受访者（3.4%）；就受教育程度来看，学历为高中及中专、大学本科的受访者占比较高，分别为25.4%、25.2%，初中、大专学历的受访者分别占总样本量的18.8%、16.6%，学历为小学及以下、研究生及以上的受访者占比较小，分别为9.8%、4.2%；就职业来看，专业技术人员的占比最高，为16.2%，商业、服务人员占总体的14.6%，离退休人员和学生分别占12.4%和11.1%，党政企事业单位负责人，办事人员和有关人员，农、林、牧、渔、水利业生产人员，生产、运输工人和有关人员，个体经营人员分别占总样本量的6.6%、7.6%、6.7%、7.7%、5.6%，自由职业者、军人、无业人员分别占3.9%、0.3%、6.7%；就户口类型来说，非农业户口的受访者占比较高，为60.5%，农业户口的受访者占39.5%；就个人月收入来看，无收入的受访者占17.0%，收入在1～1000元、1001～2000元、2001～3000元、3001～4000元的受访者分别占总样本量的3.4%、11.6%、16.3%、14.8%，收入在4001～5000元、5001～6000元、6001～7000元、7001～8000元的受访者分别占总样本量的12.1%、6.7%、3.6%、2.4%，收入在8001～9000元、9001～10000元、10001元及以上的受访者占比分别为1.7%、1.7%、8.8%。

本次调查内容分为三大部分：①主观幸福感（包括整体幸福感评价及幸福感要素评价）；②马斯洛五大基本需求（包括生理需求、安全需求、社交需求、尊重需求、自我实现需求）在所居住城市的满足情况；③人口学变量信息（包括性别、年龄、受教育程度）。

1. 主观幸福感测量

主观幸福感量表包含6个项目，其中5个项目需要受访者对一些相关的陈述选择赞同程度，从“很不赞同”到“很赞同”共有5级；第六个项目是邀请受访者对自己的主观幸福感直接打分，范围在0~10分。对主观幸福感量表的信度检验结果显示，Cronbach’s Alpha 系数达到0.785，量表一致性良好，可以采用。受访者的主观幸福感得分为6个项目的总分，取值范围在0~30分，其中，在第六个11级项目的预处理上，采用线性转换方式，将得分转换为0~5分。

2. 马斯洛五大需求测量

根据马斯洛5种需求的定义，本调查问卷将测试受访者对5种需求在所在城市满足情况作为量表的5个维度进行测量，将影响城市生活的多种因素归入马斯洛需求模型。具体测量维度及相关问题如下：

——生理需求满足情况，包括住房情况、身心状况、环境质量；

——安全需求满足情况，包括收入状况满意度、生活水平层次感知、生活压力、公共服务满意度；

——社交需求满足情况，包括休闲娱乐情况、人际关系、城市接纳度；

——尊重需求满足情况，包括自我受尊重程度、职业受尊重程度、对他人的重要程度；

——自我实现需求满足情况，包括工作学习满意度及他人认同度、事业学业成就感、人生价值实现状况满意度、个人发展机会。

3. 人口学变量

除了对主观幸福感、马斯洛五大需求等核心变量进行测量，本调查还对受访者的人口学特征进行测量，作为控制变量引入模型。具体包括：①性别，设置为哑变量，男性取值为1，女性取值为0；②年龄，设置为定序变量，分别取值1~6；③受教育程度，设置为定序变量，分别取值1~6。

二　主观幸福感调查

（一）居民整体幸福感评价

对幸福感整体打分的调查结果显示，受访者对自己幸福感评价的平均分为7.00分。有24.2%的受访者选择8分，占比最高。其次为给自己幸福感打7分的人群，占总样本数的21.6%。总体来看，有八成以上的受访者对自己的幸福程度的打分在6分及以上，仅有19.2%的受访者幸福感分值为5分及以下（见图1）。整体而言，我国居民认为自己较幸福。

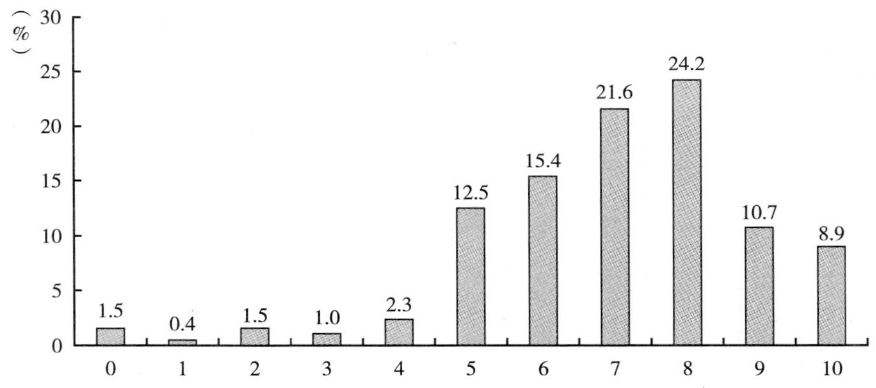

图1　受访者主观幸福感分布情况

比较不同受访者的主观幸福感均值可以发现，在0.05的显著性水平下，不同性别、年龄、职业、受教育程度、收入水平、户口性质的受访者平均幸福感存在显著差异。具体结果如下：女性的幸福感（均值为7.12分）略高于男性（均值为6.89分）；20岁以下的受访者的平均主观幸福感最高（均值为7.63分），紧接着为75岁及以上的受访者（均值为7.38分）。按照职业划分，学生（均值为7.78分）的主观幸福感平均水平最高。办事人员和有关人员（均值为7.20分）、个体经营人员（均值为7.24分）、离退休人员（均值为7.35分）的主观幸福感较高；而农、林、牧、渔、水利业生产人员（均值为6.39分），无业人员（均值为6.24分），自由职业（均值为6.06分）的主观幸福感平均水平偏低。受教育程度与主观幸福感呈线性关系，学历越高，主观幸福感均值越高（见图2）。小学及以下的受访者的主观幸福感均值最低（均值为6.24分），研究生及以上学历的受访者主观幸福感均值最高（均值为7.50分）。个人月收入与主观幸福感平均水平呈现波动变化。个人月收入在9001～10000元时，主观幸福感最高（均值为7.46分）。而无收入受访者、个人月收入为6001～7000元以及10001元及以上受访者也呈现较高的主观幸福感，月收入为1～1000元的受访者平均主观幸福感最低。另外，非农业户口的受访者的主观幸福感（均值为7.10分）略高于农业户口的受访者（均值为6.82分）。

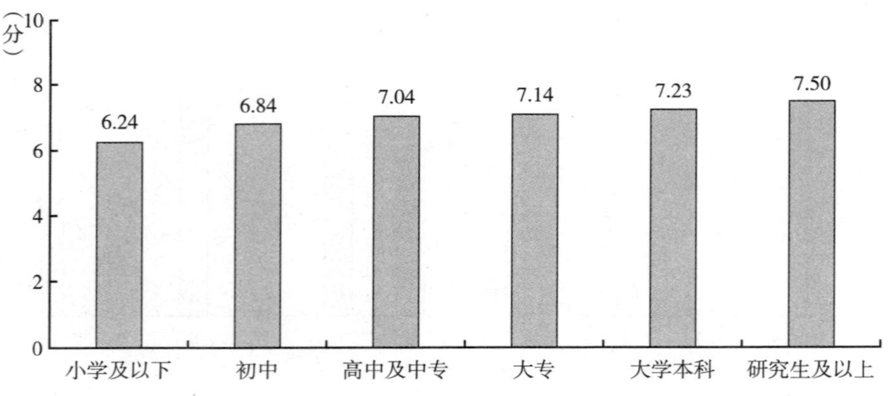

图2　不同受教育程度的受访者的主观幸福感均值

比较受访者对5种幸福感相关陈述的认同情况，我们以1～5分对选项“很不同意”到“非常同意”进行5分制赋值。结果显示，受访者对于“对未来充满信心”这种说法的认同度最高，均分为4.08分。其次是“生活是美好的”（4.04分）。受访者对“目前生活与所期望的大致相符”和“对自己的生活感到满意”这两种说法比较认同，两者均分分别为3.31分和3.46分。另外，对于“目前的生活条件特别好”这一观点，受访者则以不太同意者居多，均分仅为2.76分（见图3）。

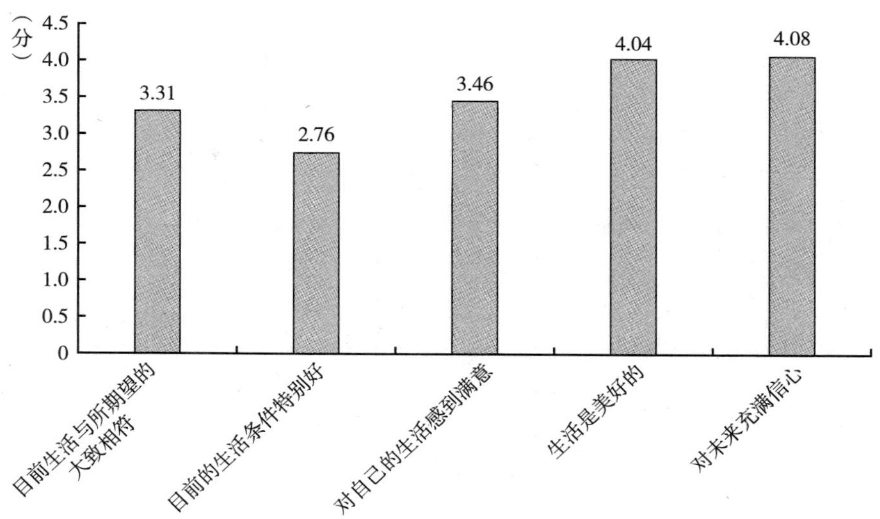

图 3　受访者对幸福感相关陈述的认同度均值

（二）居民对幸福感影响要素的认知

本次调查设立了 7 项幸福感相关要素，考察居民对幸福感影响要素的认知。调查结果显示，有 85% 的受访者选择“家庭和睦”成为影响幸福感的首要因素，其次有 74% 的受访者选择“身体健康”。同时，超过五成的人认为影响幸福感的要素是“朋友关系”，还有 49.4% 的人认为是“个人收入”（见图 4）。总体来看，家庭和睦是我国居民幸福感的主要支撑，“身体健康”“朋友关系”“个人收入”对于居民幸福感也具有重要意义。

卡方检验结果显示，在 0.05 的显著性水平下，不同性别、年龄、文化程度、职业、收入水平的受访者对幸福感要素的选择存在显著差异。

1. 女性选择幸福感要素的比例普遍高于男性，“居住条件”的占比相差最大

“家庭和睦”对于男性和女性受访者来讲都是影响幸福感的最主要因素，占比均超过八成。其次是“身体健康”，在女性受访者中，占比为 77.2%，在男性受访者中占比为 71.1%。同时，选择“朋友关系”“个人收入”“居住条件”“工作环境”“社会地位及成就感”作为影响幸福感的因

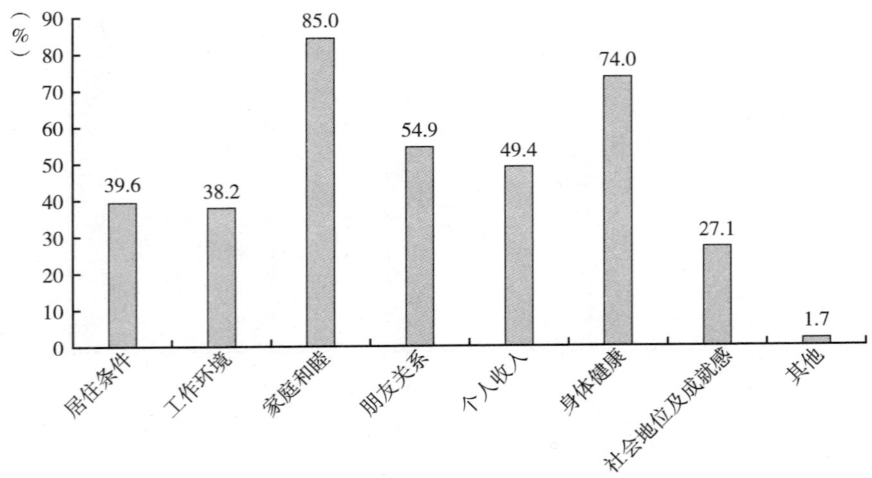

图 4　受访者对幸福感影响要素的选择情况

素的女性受访者比例均高于男性受访者。其中，选择“居住条件”的比例相差最大，女性显著高于男性（见表 1）。

表 1　不同性别受访者对影响幸福感主要因素的选择情况

单位：%

幸福感影响因素	女	男
居住条件	44. 4	35. 0
工作环境	42. 1	34. 5
家庭和睦	89. 4	80. 6
朋友关系	58. 9	51. 2
个人收入	53. 5	45. 5
身体健康	77. 2	71. 1
社会地位及成就感	28. 6	25. 7
其他	1. 6	1. 7

2. 74岁及以下的受访者，年龄越大，选择“朋友关系”作为幸福感主要影响因素的比例越低；75岁及以上的受访者选择“身体健康”的比重超过九成，远高于其他年龄段受访者；20 ~29岁的受访者选择“家庭和睦”“个人收入”“工作环境”“社会地位及成就感”的比例均高于其他年龄段受访者

在 6 个年龄段的受访者中，选择“家庭和睦”作为幸福感主要影响因素的皆占较高比重，占比均超过八成。在74岁及以下的受访者中，选择“朋友关系”作为幸福感因素的比例随着年龄增长呈现下降趋势。20岁以下的受访者选择“朋友关系”的比重最高，为80.5%；60～74岁的受访者选择“朋友关系”的比重最低，为46.2%；但是，这一要素在75岁及以上的受访者中的选择比例有所回升，为52.1%。另外，在75岁及以上的受访者中，选择比例最高的为“身体健康”，占比超过九成，远高于其他年龄段的受访者。20～29岁的受访者选择“家庭和睦”“个人收入”“工作环境”“社会地位及成就感”作为影响幸福感主要因素的比例均高于其他年龄段的受访者。45～59岁的受访者对于“居住条件”的要求高于其他年龄段的受访者（见表2）。

表2　不同年龄受访者对影响幸福感主要因素的选择情况

单位：%

幸福感影响因素	20岁以下	20～29岁	30～44岁	45～59岁	60～74岁	75岁及以上
居住条件	29.6	38.7	41.9	42.9	38.8	29.4
工作环境	35.0	47.5	43.7	35.8	15.7	38.7
家庭和睦	88.2	91.7	85.1	80.8	80.4	81.5
朋友关系	80.5	60.8	53.4	47.3	46.2	52.1
个人收入	32.8	57.1	54.0	49.5	35.0	52.1
身体健康	75.5	70.1	73.0	74.6	77.9	90.8
社会地位及成就感	30.0	31.0	27.3	25.8	21.9	29.4
其他	2.7	1.8	1.6	1.6	0.9	0.0

3. 文化程度越高，选择“家庭和睦”为幸福感主要影响因素的比例越高。研究生及以上学历的受访者选择“家庭和睦”的比例高达98.1%，且该群体选择“工作环境”“朋友关系”“居住条件”“社会地位及成就感”的比例皆高于其他文化程度的受访者

在不同文化程度的受访者中，选择“家庭和睦”为幸福感主要影响因素的比例皆为最高，均超过八成；文化程度越高，这一选择所占的比重越高。研究生及以上学历的受访者选择“家庭和睦”作为幸福感主要影响因素的比例高达98.1%。位居其次的“身体健康”因素也在不同文化程度受访者中占据较大比重，也是影响幸福感的重要因素，大学本科学历的受访者选择该因素的比例最高。另外，研究生及以上学历的受访者选择“工作环境”“朋友关系”“居住条件”“社会地位及成就感”作为影响幸福感的主要因素的比例皆高于其他文化程度的受访者（见表3）。

表3　不同文化程度受访者对影响幸福感主要因素的选择情况

单位：%

幸福感影响因素	小学及以下	初中	高中及中专	大专	大学本科	研究生及以上
居住条件	39.2	32.5	37.6	35.7	46.3	52.3
工作环境	31.8	23.7	38.1	36.2	49.1	62.1
家庭和睦	80.2	81.9	81.9	86.5	89.0	98.1
朋友关系	46.1	47.7	60.0	51.9	59.5	60.3
个人收入	44.9	36.3	50.7	51.4	57.6	53.2
身体健康	74.8	70.6	74.7	74.0	76.7	76.1
社会地位及成就感	27.6	19.7	25.8	24.0	33.6	41.8
其他	6.4	1.5	0.3	0.5	2.3	0.9

4. 学生选择“朋友关系”作为主要影响幸福感的因素比重高于其他职业群体，专业技术人员更看重“身体健康”对幸福感的影响

“家庭和睦”与“身体健康”占据不同职业的受访者选择影响幸福感要素中的绝大比例。在离退休人员与无业人员中，选择“身体健康”的比例最高，其余群体选择“家庭和睦”的比例最高。另外，就“朋友关系”这一因素，学生受访者的选择比例高于其他职业群体，接近八成。办事人员和有关人员较为看重个人收入对幸福感的影响，在选择“个人收入”的群体中，占据最高比重（60.2%）。专业技术人员选择“身体健康”的比重（82.4%）也高于其他职业群体选择该因素的所占比重。个体经营人员对“社会地位及成就感”的选择近四成，高于其他职业群体对该因素的选择比例（见表4）。

表 4　不同职业受访者对影响幸福感主要因素的选择情况

单位：%

幸福感影响因素	党政企事业单位负责人	专业技术人员	商业、服务人员	办事人员和有关人员	农、林、牧、渔、水利业生产人员	生产、运输工人和有关人员	个体经营人员	学生	离退休人员	无业人员	自由职业者	其他
居住条件	36.7	47.5	34.3	43.6	37.5	32.2	43.9	37.2	37.4	50.8	31.1	27.5
工作环境	34.0	46.7	39.5	46.6	25.0	27.1	49.0	45.2	26.7	33.7	39.9	54.4
家庭和睦	77.7	88.8	82.0	92.5	85.3	84.3	96.5	91.8	77.6	76.0	77.5	74.9
朋友关系	46.7	59.1	52.8	41.3	41.3	46.0	61.5	78.8	53.6	51.4	57.2	61.9
个人收入	55.2	51.6	50.4	60.2	43.9	47.0	53.8	37.5	42.7	54.9	58.6	53.5
身体健康	74.1	82.4	69.5	67.3	73.0	70.1	73.7	73.7	79.4	76.4	64.8	61.9
社会地位及成就感	30.3	26.6	22.9	24.0	29.2	21.4	37.1	34.8	24.8	32.9	18.5	18.3
其他	1.6	2.2	0.0	1.7	3.6	2.7	2.3	3.4	0.0	1.7	1.0	0.0

5. 个人月收入水平在8001 ~9000元的受访者选择“家庭和睦”作为幸福感主要影响因素的比例显著高于其他收入水平的受访者，占比为95.8%

根据统计结果，无收入群体在影响幸福感主要因素的选择上，对“朋友关系”（67.0%）与“社会地位及成就感”（36.9%）的选择比重均高于其他收入水平的受访者。就“身体健康”这一因素，月收入为 1 ~ 1000 元的受访者的选择占比最高，达到 84.5%。月收入为 6001 ~ 7000 元的受访者选择“居住条件”“工作环境”“个人收入”作为影响幸福感主要因素的占比均高于其他收入水平的受访者。月收入为 8001 ~ 9000 元的受访者，更看重“家庭和睦”对幸福感的影响，选择该因素的比例高于其他收入水平的受访者，占比为 95.8%（见表 5）。

表 5　不同个人月收入受访者对影响幸福感主要因素的选择情况

单位：%

个人月收入水平	居住条件	工作环境	家庭和睦	朋友关系	个人收入	身体健康	社会地位及成就感	其他
无收入	43.4	34.7	81.9	67.0	44.3	77.9	36.9	2.1
1～1000 元	39.2	34.1	89.2	36.2	54.8	84.5	16.1	8.7
1001～2000 元	43.4	41.5	87.7	62.2	49.7	69.2	22.9	3.4
2001～3000 元	39.2	31.3	79.9	48.7	51.3	78.1	23.2	1.1
3001～4000 元	37.6	38.9	80.3	50.4	47.9	73.0	26.6	0.9
4001～5000 元	36.7	39.9	91.3	47.6	46.0	74.1	28.7	0.0
5001～6000 元	37.0	36.5	82.3	49.9	48.1	69.9	23.7	0.0
6001～7000 元	53.0	47.7	84.0	44.9	62.3	68.4	25.9	0.0
7001～8000 元	28.6	37.3	90.4	56.6	57.5	63.1	18.5	0.0
8001～9000 元	29.9	30.7	95.8	40.9	42.8	61.6	18.2	0.0
9001～10000 元	22.7	33.7	79.2	50.6	36.6	72.6	16.4	0.0
10001 元及以上	36.9	41.2	87.4	51.6	49.8	76.2	32.4	1.3

（三）主观幸福感城市对比研究

本次研究将城市等级划分为“一线城市”和“非一线城市”。“一线城市”指北京、上海、广州、深圳。除这 4 座城市以外，剩余调研城市为“非一线城市”。

1. 一线城市受访者的平均幸福感水平略低于非一线城市受访者；在非一线城市受访者中，亲密的朋友关系是其幸福感重要来源之一

在本研究中，将主观幸福感要素类别界定为“居住条件”“工作环境”“家庭和睦”“朋友关系”“个人收入”“身体健康”“社会地位及成就感”“其他”。研究结果表明，一线城市受访者的幸福感（均值为 17.5 分）略低于非一线城市受访者（均值为 17.7 分）。其中，一线城市受访者排在前三位的幸福感要素依次为：“家庭和睦”（88.4%）、“身体健康”（71.7%）、“个人收入”（51.0%）；非一线城市受访者排在前三位的幸福感要素依次为：“家庭和睦”（84.6%）、“身体健康”（74.3%）、“朋友关系”

(55.9%)。由此可见,在非一线城市受访者中,亲密的朋友关系是其幸福感重要来源之一(见表6)。

表6 不同城市受访者的幸福感要素选择占比

幸福感影响因素	一线城市		非一线城市	
	占比(%)	数量(人)	占比(%)	数量(人)
居住条件	31.8	36	40.5	392
工作环境	34.9	39	38.6	374
家庭和睦	88.4	99	84.6	818
朋友关系	46.6	52	55.9	541
个人收入	51.0	57	49.2	476
身体健康	71.7	81	74.3	719
社会地位及成就感	22.7	26	27.6	267
其他	0.0	0	1.8	18

2. 一线城市受访者中高收入群体的占比显著高于非一线城市;相比于非一线城市,一线城市的公共服务质量更优,受访者对公共服务的平均满意度更高

对受访者所在的一线、非一线城市与个人月收入分布进行卡方检验,结果显示二者存在显著差异($\chi^2=12.335$,$p=0.000<0.05$)。相比于一线城市的受访者,非一线城市的受访者个人月收入为0~2000元的比例(33.1%)显著高于一线城市(22.1%);2001~3000元月收入的非一线城市受访者占比为17.0%,同样高于一线城市10.1%的占比;非一线城市受访者个人月收入为3001~4000元占比为15.1%,略高于一线城市12.1%的占比(见表7)。由此可见,在以上3段个人月收入中,随着个人月收入的上升,一线城市与非一线城市的收入占比逐渐接近。在个人月收入为4001~6000元的受访者中,一线城市的占比(19.8%)略高于非一线城市的占比(18.6%);但在个人月收入为6001元及以上的受访者中,一线城市占比(36.0%)显著高于非一线城市(16.1%)。由此可见,一线城市受访者中高收入群体的占比显著高于非一线城市,一线城市受访者的收入水平更高。

通过分析结果可见,在社会保障、医疗服务、教育质量、公共交通、物价、社会治安服务满意度方面,一线城市受访者的满意度平均分均高于非一

线城市受访者，一线城市受访者对城市公共服务的满意度较高（见表8）。由此可见，相比于非一线城市，总体来看一线城市的公共服务质量更优，受访者对公共服务的平均满意度更高。

表7　不同城市受访者月收入情况

个人月收入水平	一线城市		非一线城市	
	数量（人）	占比（%）	数量（人）	占比（%）
0～2000元	22	22.1	291	33.1
2001～3000元	10	10.1	150	17.0
3001～4000元	12	12.1	133	15.1
4001～6000元	20	19.8	163	18.6
6001元及以上	36	36.0	141	16.1

表8　不同城市受访者对各项公共服务满意度的均值比较

类别		均值（分）	标准差	均值的标准误	p值
社会保障	一线城市	3.13	1.079	0.102	0.685
	非一线城市	3.09	1.007	0.032	
医疗服务	一线城市	3.23	1.040	0.098	0.008
	非一线城市	2.95	1.069	0.034	
教育质量	一线城市	3.42	1.027	0.097	0.002
	非一线城市	3.12	0.971	0.031	
公共交通	一线城市	3.26	1.085	0.102	0.053
	非一线城市	3.04	1.154	0.037	
物价	一线城市	2.63	1.125	0.106	0.339
	非一线城市	2.53	1.048	0.034	
社会治安	一线城市	3.60	0.976	0.092	0.059
	非一线城市	3.41	1.023	0.033	

三　五大需求满足情况

根据马斯洛需求层次理论，本研究通过多个李克特（Likert）五级量表来测量不同层次的需求满足程度，每个量表由3个或3个以上项目组成。①生理需求量表的内容包括居民对于身体健康状况、心理健康状况的评价，以及对于空气质量、饮用水质量和住房情况的满意度评价；②安全需求量表的内容包括居民对于食品安全的放心程度，对于自身收入状况、生活水平层次、生活压力的评价，以及对当地公共服务满意度的评价；③社交需求量表的内容包括居民对于休闲娱乐时间充裕度和休闲娱乐生活满意度的评价，对于自己和家人、朋友、同事或同学的人际关系的评价，对于所在城市接纳度的评价；④尊重需求量表的内容包括居民对于自身受尊重程度、自己所从事职业的受尊重程度、自身对他人重要程度的自我评价；⑤自我实现需求量表的内容包括居民对于自身工作学习的满意度、他人对自身工作学习能力认同度、事业学业成就感、与同龄人相比事业学业成就感、人生价值实现状况满意度、个人发展机会的自我评价。各量表的信度检验结果如表 9 所示，一致性度量结果 Cronbach's alpha 系数均达到 0.6 或以上。我们通过计算量表内项目得分的平均值，获得不同层次的需求满足程度得分。

表 9　马斯洛需求层次理论指标设计

一级指标	二级指标	Cronbach's alpha
生理需求	身体健康情况 心理健康情况 空气质量满意度 饮用水质量满意度 住房情况满意度	0.6
安全需求	食品安全放心程度 收入状况满意度 生活水平层次 生活压力 公共服务满意度	0.8
社交需求	休闲娱乐时间充裕度 休闲娱乐生活满意度 与家人关系 与朋友关系 与同事同学关系 城市接纳度	0.6

续表

一级指标	二级指标	Cronbach's alpha
尊重需求	自我受尊重程度 职业受尊重程度 对他人的重要程度	0.6
自我实现需求	工作学习满意度 他人对工作学习能力认同度 事业学业成就感 与同龄人相比事业学业成就感 人生价值实现状况满意度 个人发展机会	0.7

（一）生理需求满足情况

我们对不同性别的受访者的生理需求满足程度进行均值比较，发现男性的生理需求满足程度（均值为3.51分）显著高于女性（均值为3.41分）（$t = 2.481$，$p < 0.05$）。

方差分析的结果显示，不同年龄的居民生理需求满足程度均值存在显著差异（$F = 5.287$，$p < 0.05$）。从图5可以看出，20岁以下居民的生理需求满足程度最高（均值为3.64分），30～44岁、60岁及以上居民的生理需求满足程度最低（均值为3.40分）。从相关性的角度来看，生理需求满足程度与年龄呈负相关（$r = -0.105$，$p < 0.05$）。

方差分析的结果显示，不同受教育程度者的生理需求满足程度均值不存在显著差异（$F = 0.839$，$p > 0.05$）。从相关性的角度来看，生理需求满足程度与受教育程度无关（$r = 0.053$，$p > 0.05$）。

方差分析的结果显示，不同收入水平居民的生理需求满足程度均值存在显著差异（$F = 3.108$，$p < 0.05$）。从图6可以看出，个人月收入在9001～10000元的群体的生理需求满足程度最高（均值为3.74分），个人月收入在1～1000元的群体的生理需求满足程度最低（均值为3.22分）。从相关性的角度来看，生理需求满足程度与个人月收入呈正相关（$r = 0.106$，$p < 0.05$）。整体而言，收入水平越高，受访者生理需求满足程度越高。

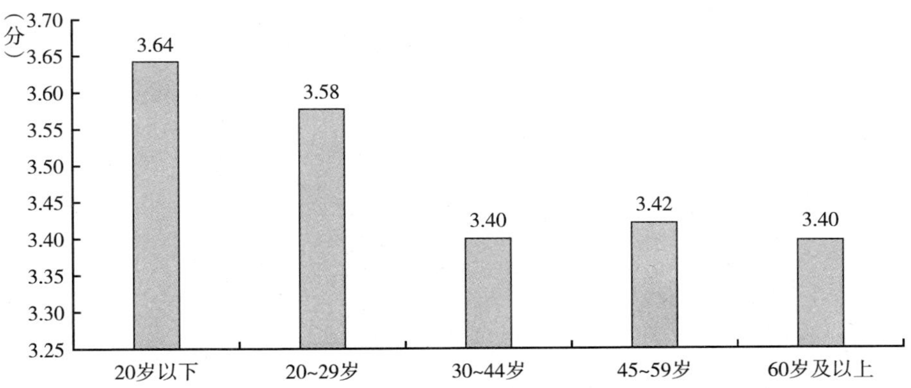

图 5　不同年龄居民的生理需求满足程度均值

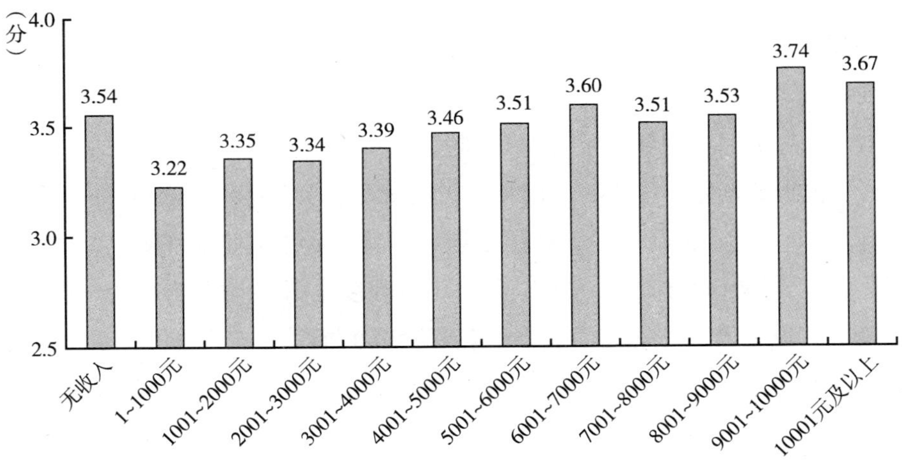

图 6　不同收入水平居民的生理需求满足程度均值

方差分析的结果显示，不同职业居民的生理需求满足程度均值存在显著差异（$F=2.443$，$p<0.05$）。从图 7 可以看出，学生群体的生理需求满足程度最高（均值为 3.65 分），无业人员的生理需求满足程度最低（均值为 3.25 分）。

我们对不同户口类型的受访者的生理需求满足程度进行均值比较，发现农业户口居民的生理需求满足程度（均值为 3.51 分）显著高于非农业户口居民（均值为 3.42 分）（$t=2.231$，$p<0.05$）。

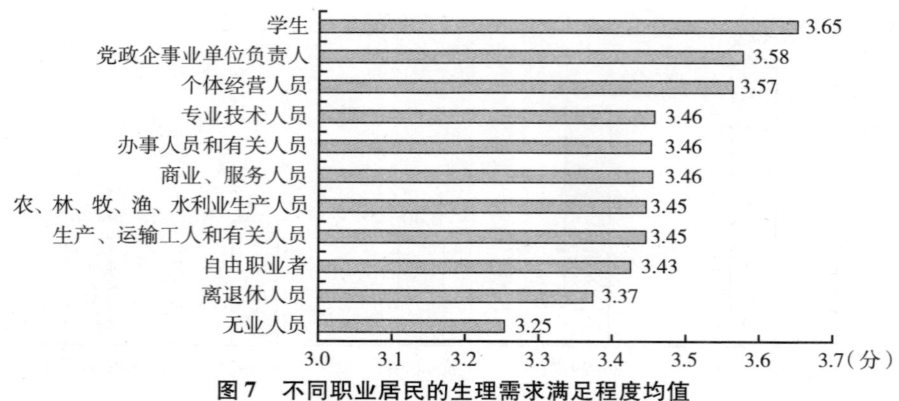

图 7　不同职业居民的生理需求满足程度均值

（二）安全需求满足情况

我们对不同性别的受访者的安全需求满足程度进行均值比较，发现男性的安全需求满足程度均值（2.99 分）与女性的安全需求满足程度均值（2.96 分）不存在显著差异（$t=0.750$，$p>0.05$）。

方差分析的结果显示，不同年龄居民安全需求满足程度均值存在显著差异（$F=21.778$，$p<0.05$），整体呈现“两头高、中间低”的特点。从图 8 可以看出，30～44 岁居民的安全需求满足程度最低（均值为 2.81 分），20 岁以下、60 岁及以上居民的安全需求满足程度较高。

方差分析的结果显示，不同受教育程度、不同收入水平居民的安全需求满足程度均值不存在显著差异（$F=2.074$，$p>0.05$；$F=1.673$，$p>0.05$）。从相关性的角度来看，安全需求满足程度与受教育程度无关（$r=0.001$，$p>0.05$），与收入水平也无关（$r=0.049$，$p>0.05$）。

方差分析的结果显示，不同职业居民的安全需求满足程度均值存在显著差异（$F=5.355$，$p<0.05$）。从图 9 可以看出，学生群体的安全需求满足程度最高（均值为 3.28 分），无业人员的安全需求满足程度最低（均值为 2.77 分）。

我们对不同户口类型受访者的安全需求满足程度进行均值比较，发现农业户口居民（均值为 2.93 分）与非农业户口居民（均值为 3.00 分）的安全需求满足程度均值没有显著差异（$t=-1.608$，$p>0.05$）。

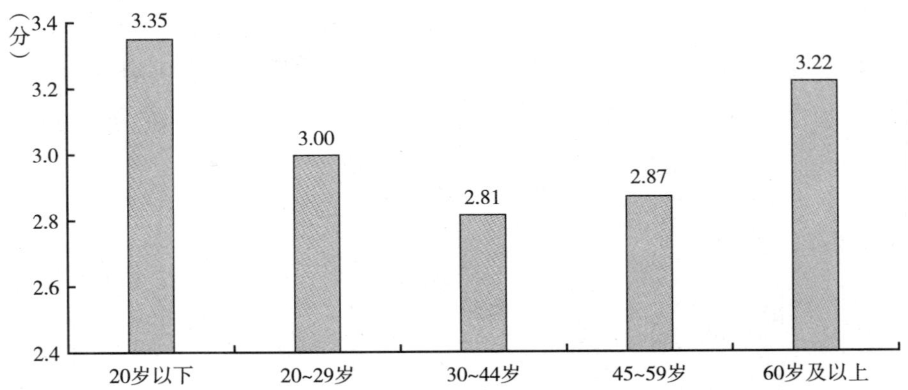

图8　不同年龄居民的安全需求满足程度均值

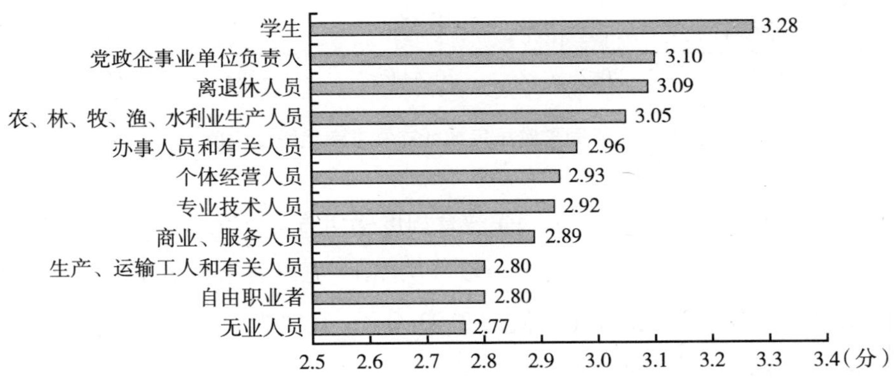

图9　不同职业居民的安全需求满足程度均值

（三）社交需求满足情况

我们对不同性别受访者的社交需求满足程度进行均值比较，发现男性的社交需求满足程度均值（3.78分）与女性的社交需求满足程度均值（3.81分）不存在显著差异（$t=0.954$，$p>0.05$）。

方差分析的结果显示，不同年龄居民社交需求满足程度均值存在显著差异（$F=17.993$，$p<0.05$），与受访者安全需求的情况类似，受访者社

交需求满足程度随着年龄增长，也呈现“两头高、中间低”的特点。从图 10 可以看出，45 ~ 59 岁居民的社交需求满足程度最低（均值为 3. 65 分），20 岁以下居民的社交需求满足程度最高（均值为 4. 06 分），60 岁及以上居民的社交需求满足程度也较高（均值为 3. 97 分）。

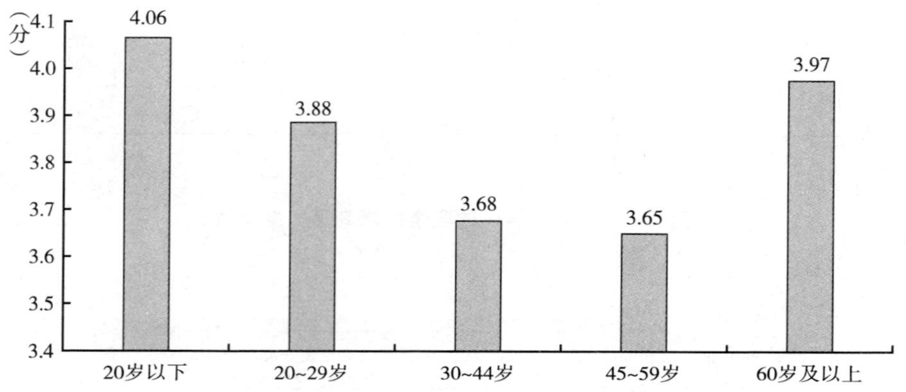

图 10　不同年龄居民的社交需求满足程度均值

方差分析的结果显示，不同受教育程度受访者的社交需求满足程度均值存在显著差异（$F = 5.522$，$p < 0.05$）。从图 11 可以看出，大学本科学历者的社交需求满足程度最高（均值为 3. 93 分），其次为研究生及以上学历者（均值为 3. 89 分）。从相关性的角度来看，社交需求满足程度与受教育程度呈正相关（$r = 0.149$，$p < 0.05$）。

方差分析的结果显示，不同收入水平居民的社交需求满足程度均值存在显著差异（$F = 3.006$，$p < 0.05$）。从图 12 可以看出，高收入群体和无收入群体（主要由学生构成）的社会需求满足程度较高。

方差分析的结果显示，不同职业居民的社交需求满足程度均值存在显著差异（$F = 14.374$，$p < 0.05$）。从图 13 可以看出，学生群体的社交需求满足程度最高（均值为 4. 12 分），生产、运输工人和有关人员的社交需求满足程度最低（均值为 3. 39 分）。

我们对不同户口类型的受访者的社交需求满足程度进行均值比较，发现

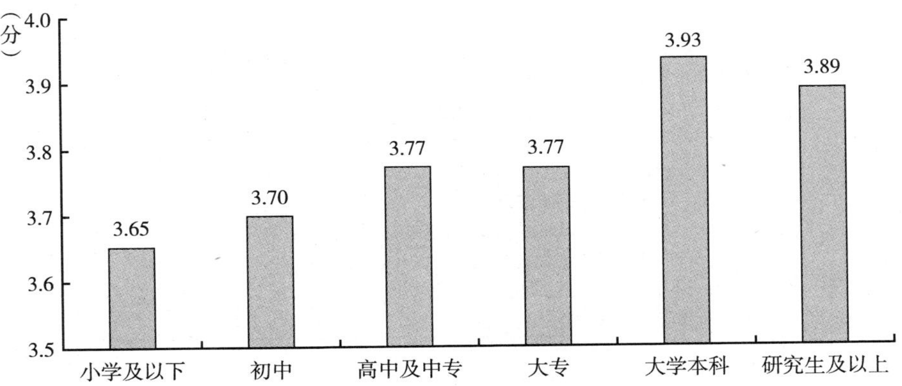

图 11　不同受教育程度居民的社交需求满足程度均值

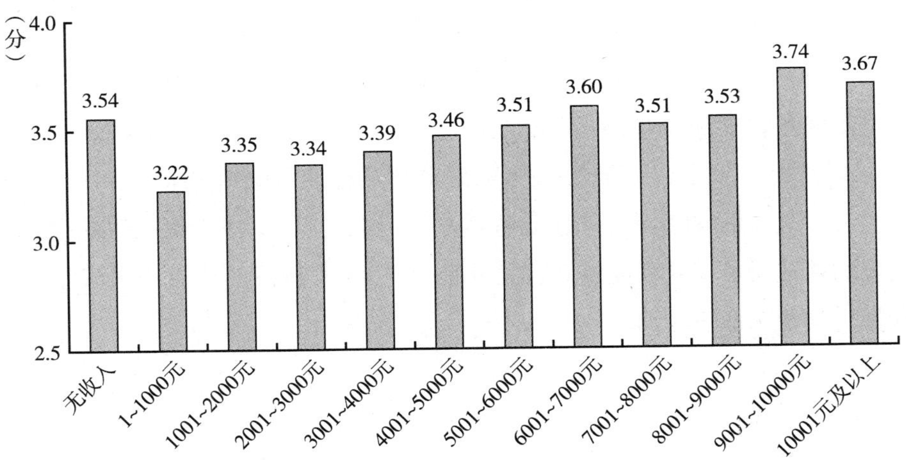

图 12　不同收入水平居民的社交需求满足程度均值

农业户口居民的社交需求满足程度均值（3.70 分）显著低于非农业户口居民（均值为 3.83 分）（$t = -3.445$，$p < 0.05$）。

（四）尊重需求的满足程度

我们对不同性别受访者的尊重需求满足程度进行均值比较，发现男性的尊重需求满足程度均值（3.78 分）显著低于女性（均值为 3.88 分）（$t =$

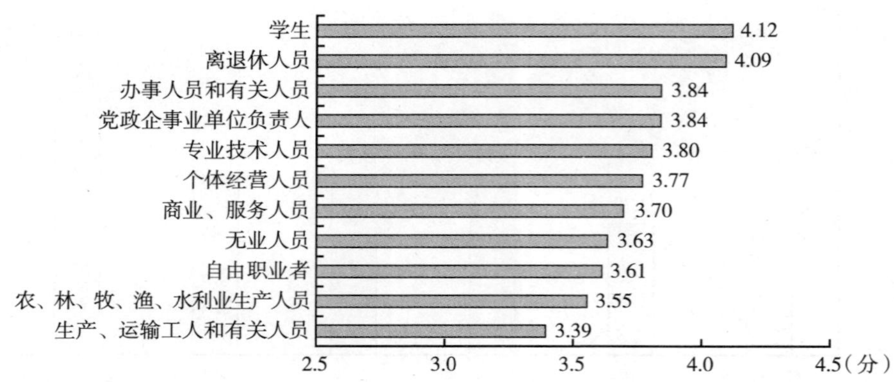

图 13　不同职业居民的社交需求满足程度均值

-2.367，$p<0.05$）。

方差分析的结果显示，不同年龄居民尊重需求满足程度均值存在显著差异（$F=6.770$，$p<0.05$），与安全需求、社交需求的情况类似，受访者尊重需求满足程度随着年龄增长，也呈现“两头高、中间低”的特点。从图14可以看出，20岁以下居民的尊重需求满足程度最高（均值为4.07分），60岁及以上居民的尊重需求满足程度次之（均值为3.95分），而20~59岁居民的尊重需求满足程度较低，尤其是30~44岁居民的尊重需求满足程度最低（均值为3.74分）。

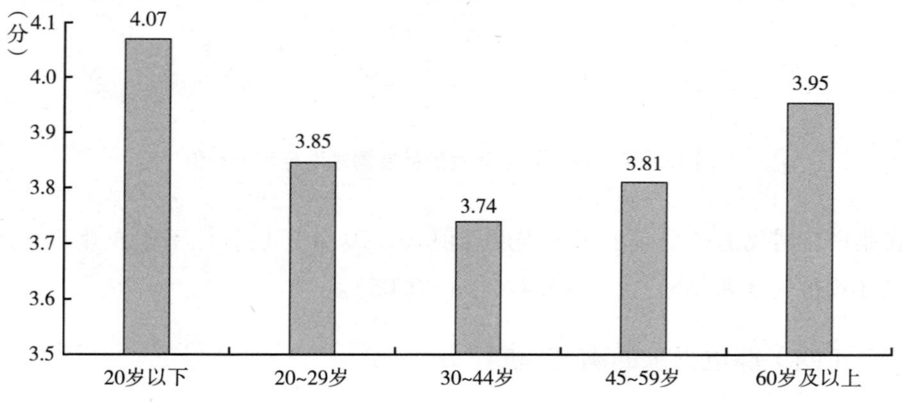

图 14　不同年龄居民的尊重需求满足程度均值

方差分析的结果显示，不同受教育程度受访者的尊重需求满足程度均值不存在显著差异（$F=1.741$，$p>0.05$）。从相关性的角度来看，尊重需求满足程度与受教育程度无关（$r=-0.034$，$p>0.05$）。

方差分析的结果显示，不同收入水平居民的尊重需求满足程度均值存在显著差异（$F=2.267$，$p<0.05$）。从图 15 可以看出，高收入群体和无收入群体（主要由学生构成）的尊重需求满足程度较高。

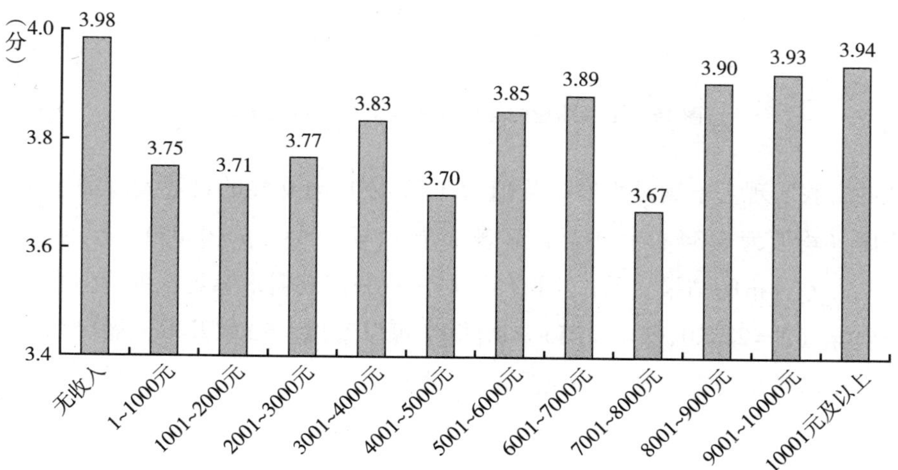

图 15　不同收入水平居民的尊重需求满足程度均值

方差分析的结果显示，不同职业居民的尊重需求满足程度均值存在显著差异（$F=2.906$，$p<0.05$）。从图 16 可以看出，学生群体的尊重需求满足程度最高（均值为 4.05 分），生产、运输工人和有关人员的尊重需求满足程度最低（均值为 3.61 分）。

我们对不同户口类型的受访者的尊重需求满足程度进行均值比较，发现农业户口居民（均值为 3.82 分）与非农业户口居民（均值为 3.84 分）的尊重需求满足程度均值没有显著差异（$t=-0.639$，$p>0.05$）。

（五）自我实现需求的满足情况

我们对不同性别受访者的自我实现需求满足程度进行均值比较，发现男

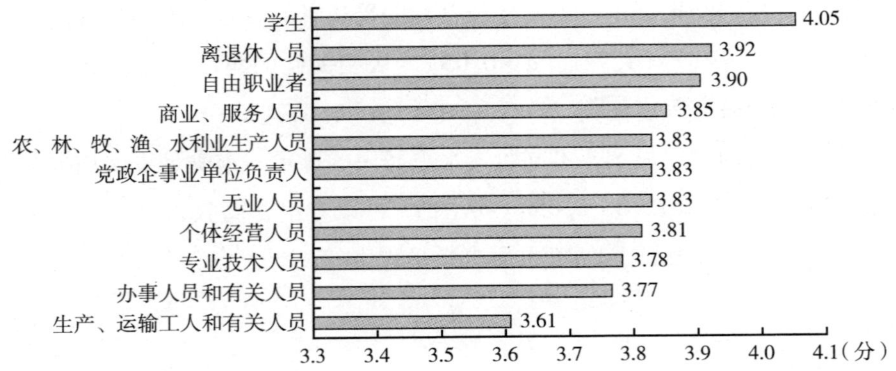

图 16　不同职业的居民的尊重需求满足程度均值

性的自我实现需求满足程度（均值为 3. 37 分）与女性的自我实现需求满足程度（均值为 3. 34 分）不存在显著差异（$t = 0.968$，$p > 0.05$）。

方差分析的结果显示，不同年龄居民自我实现需求满足程度均值存在显著差异（$F = 2.720$，$p < 0.05$）。从图 17 可以看出，60 岁及以上居民的自我实现需求满足程度最高（均值为 3. 48 分）。

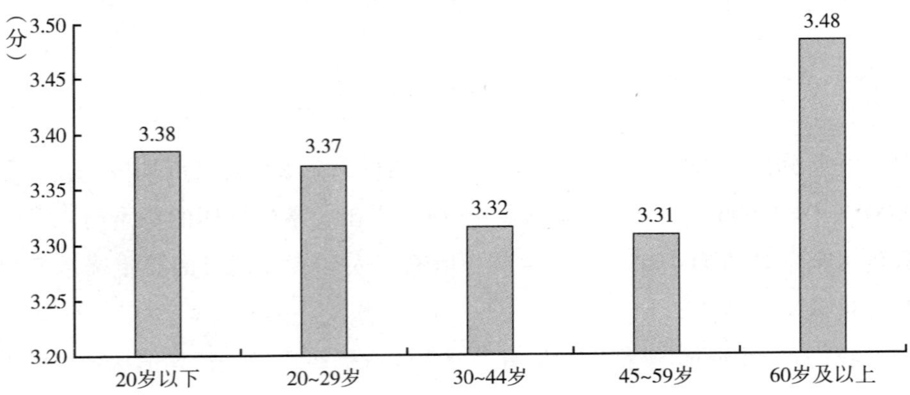

图 17　不同年龄居民的自我实现需求满足程度均值

方差分析的结果显示，不同受教育程度受访者的自我实现需求满足程度均值存在显著差异（$F = 2.837$，$p < 0.05$）。从相关性的角度来看，自我实

现需求满足程度与受教育程度呈正相关（$r=0.103$，$p<0.05$）。具体如图18所示。

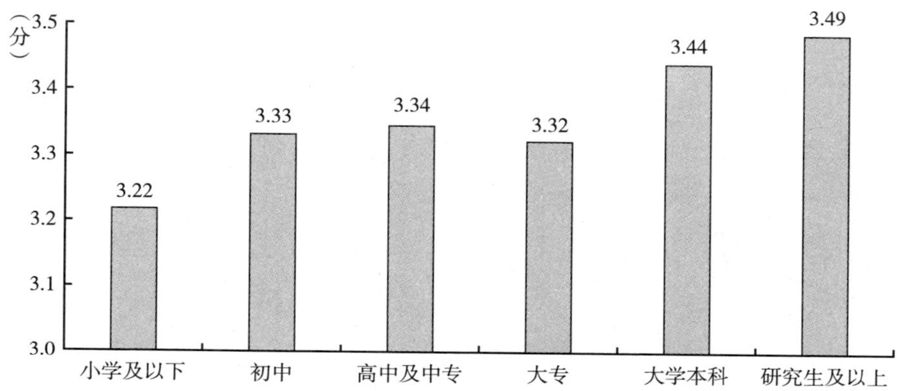

图18　不同受教育程度居民的自我实现需求满足程度均值

方差分析的结果显示，不同收入水平居民的自我实现需求满足程度均值存在显著差异（$F=5.487$，$p<0.05$）。从图19可以看出，个人月收入在10001元及以上的群体的自我实现需求满足程度最高（均值为3.66分），个人月收入在1～1000元的群体的自我实现需求满足程度最低（均值为3.17分）。从相关性的角度来看，自我实现需求满足程度与个人月收入呈正相关（$r=0.231$，$p<0.05$），整体而言，受访者收入水平越高，自我实现需求满足程度越高。

方差分析的结果显示，不同职业居民的自我实现需求满足程度均值存在显著差异（$F=8.146$，$p<0.05$）。从图20可以看出，个体经营人员的自我实现需求满足程度最高（均值为3.54分），无业人员的自我实现需求满足程度最低（均值为2.88分）。

我们对不同户口类型受访者的自我实现需求满足程度进行均值比较，发现农业户口居民（均值为3.31分）与非农业户口居民（均值为3.38分）的自我实现需求满足程度均值没有显著差异（$t=-1.839$，$p>0.05$）。

综上所述，性别、年龄、受教育程度、收入、职业、户口类型等人口学

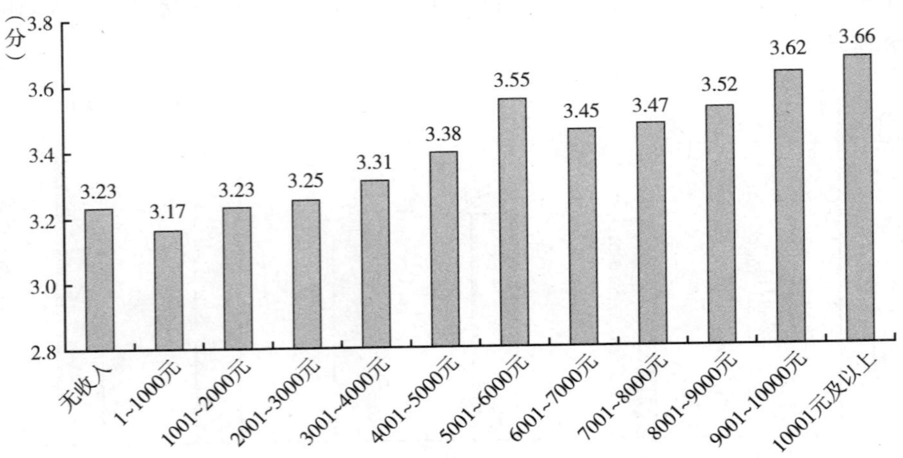

图 19　不同收入水平居民的自我实现需求满足程度均值

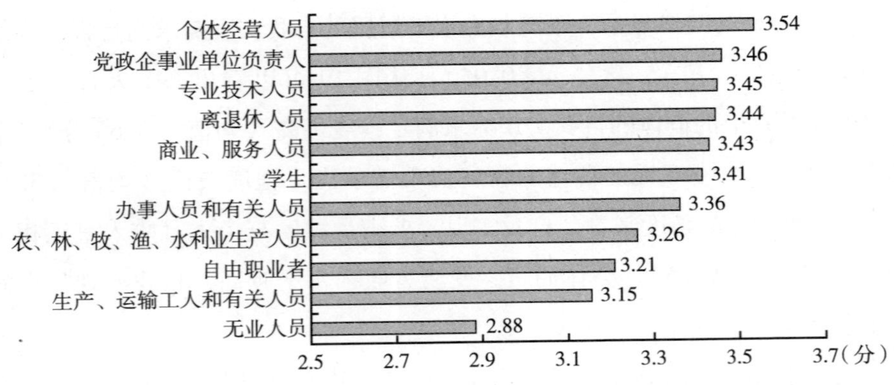

图 20　不同职业居民的自我实现需求满足程度均值

变量对于不同层次的需求满足情况产生了不同作用。通过上述交叉分析可以发现以下几点：①男性在生理需求上的满足程度更高，女性在尊重需求上的满足程度更高；②年龄与生理需求的满足程度呈现负相关，即随着年龄增长，居民生理需求满足程度降低，但年龄与安全需求、社交需求、尊重需求、自我实现需求的关系更加复杂，呈现“两头高、中间低”的特征，即年轻人和老年人的上述需求满足程度要高于中年人群体；③受教育程度对于社交需求、自我实现需求的满足程度存在正向的促进作用，而与其他3种需求的满足情况无关；④收入水平与生理需求、社交需求、尊重需求和自我实现需求的满足程度有关，高收入者的上述需求满足程度更高；⑤职业与各层次需求满足程度有关，学生群体在生理需求、安全需求、社交需求、尊重需求方面的满足程度均为最高，而无业人员、生产运输工人在各类需求满足程度方面都偏低。

四　幸福感影响因素模型构建

这一部分主要根据马斯洛需求理论对幸福感的影响因子进行整合，以建立我国居民幸福感影响因素模型。根据马斯洛需求层次理论，5种需求对居民的幸福感产生影响且影响力不同。我们规定因变量为幸福感，自变量则包括两个方面：一是性别、年龄、文化程度等人口学因素；二是5个层次的需求，分别为生理需求、安全需求、社交需求、尊重需求、自我实现需求。

（一）幸福感与五大需求满足情况的相关性分析

我们对5种需求与幸福感分别进行相关分析。结果表明，整合后的5种需求均会对居民幸福感造成正向影响，居民的幸福感与生理需求（$r=0.470$，$p<0.01$）、安全需求（$r=0.495$，$p<0.01$）、社交需求（$r=0.468$，$p<0.01$）、尊重需求（$r=0.401$，$p<0.01$）、自我实现需求（$r=0.580$，$p<0.01$）均显著正相关。

（二）五大需求对幸福感的影响程度

我们对幸福感及其潜在影响因素建立多元线性回归模型，依次加入人口学因素和生理需求、安全需求、社交需求、尊重需求和自我实现需求指标。方差分析结果显示，各层回归模型整体均是显著的，拟合优度不断在显著增加，说明随着各层需求指标的加入，模型解释力不断提高。模型估计结果如表10所示。

（1）从回归系数的显著性和正负可以看出，性别、年龄、文化程度、所在城市均是幸福感的显著影响因素。平均而言，在0.05显著性水平下，女性的幸福感显著高于男性（$\beta = -0.0.061$，$p < 0.05$）；年龄越大，幸福感评价越高（$\beta = 0.086$，$p < 0.05$）；文化程度越高，幸福感评价越高（$\beta = 0.091$，$p < 0.05$）；非一线城市受访者的幸福感显著高于一线城市受访者（$\beta = -0.057$，$p < 0.05$）。

表10　5大需求对幸福感影响模型

幸福感影响因素	模型1	模型2	模型3	模型4	模型5	模型6
性别	-0.505 *	-0.313 ***	-0.748 ***	-0.668 **	-0.534 **	-0.669 ***
年龄	0.159	0.205 **	0.236 **	0.241 **	0.255 **	0.154 *
文化程度	0.247 **	0.201 *	0.211 **	0.126	0.183 *	0.076
生理需求		3.223 ***	2.052 ***	1.675 ***	1.555 ***	1.295 ***
安全需求			2.331 ***	1.863 ***	1.727 ***	1.281 ***
社交需求				1.549 ***	1.128 ***	0.693 ***
尊重需求					1.409 ***	0.790 ***
自我实现需求						2.350 ***
F	3.892 **	89.684 ***	105.458 ***	103.057 ***	104.328 ***	123.931 ***
ΔR^2	0.011	0.244	0.080	0.037	0.040	0.076

注：表格内为标准系数；*** $p < 0.001$，** $p < 0.01$，* $p < 0.05$。

（2）在控制人口学变量的基础上，我们对模型2至模型5依次加入了马斯洛五层需求变量，各模型均通过了F检验且拟合优度显著增加，生理需求、安全需求、社交需求、尊重需求和自我实现需求的回归系数均显著为正，说明五层需求对幸福感均产生了正向提升效果，且这种效果层层递进，高一层的需求对幸福感产生了更强的提升效果，该结果与需求层次理论相符。

五　研究小结

整体而言，我国居民的幸福感较强。调查结果显示，受访者对于自己幸福感评价的平均分为7.00分，八成以上的受访者对自己的幸福程度的打分都在“及格线”（6 分）之上。此外，不同城市的居民对于幸福的感知有差异，一线城市受访者的平均幸福感水平略低于非一线城市受访者。在影响幸福感的诸多因素中，“家庭和睦”是我国居民幸福感的主要支撑要素，“身体健康”“朋友关系”“个人收入”对于居民幸福感也具有重要意义。

本研究基于我国 36 个城市的居民调查数据，验证了马斯洛需求层次理论，发现生理需求、安全需求、社交需求、尊重需求及自我实现需求的满足程度对受访者的主观幸福感均会产生显著的正向影响。其中，生理需求的满足是保证居民幸福感的最基本要素；在生理需求的基础上，居民的安全需求满足程度越高，幸福感越强；社交需求在马斯洛的需求理论中位于中间层，是居民主观幸福感的显著影响因素；尊重程度是居民幸福感的重要影响因素，尊重程度越高，居民越幸福；对于自我实现状况的满意度属于自我价值需求，在马斯洛的需求理论中处于最高层次，这一需求建立在生理需求、安全需求、社交需求、尊重需求得以实现的基础之上。

分类报告

Reports on Different Issues

B.3

2014年居民社会信任度调查报告

上海交通大学舆情研究实验室社会调查中心*

摘　要：信任是社会团结的润滑剂。建构与中国社会主义市场经济相契合的现代社会信任体系，对于维系社会稳定和良性运行具有重要的战略意义。上海交通大学舆情研究实验室社会调查中心采用电话调查的方法，在我国35个城市开展了居民社会信任情况调查。主要调查结果如下：在职业群体被信任度方面，农民工、教师的被信任度最高，政府官员和企业家被信任度最低；女性比男性更信任法官、警察、政府官员等社会地位较高的职业群体，男性比女性更信任农民工等社会地位较低的职业群体。在熟人社会被信任度方面，熟人社会圈群体被信任度从高到低依次为：家人、亲戚、朋友、同学、

* 课题负责人：谢耘耕；执笔人：万旋傲、刘璐、潘玉、付翔；统计分析：张旭阳、李静。

同事、单位领导和邻居；60 岁及以上群体最信任亲戚和邻居，20 岁以下群体最信任朋友和同学；相比于东部和西部地区的受访者，中部地区的居民对同学、邻居和家人的信任度更高。在信息来源被信任度方面，居民对媒体报道、官方声明的信息信任程度较高。在新闻媒体被信任度方面，年龄越大的受访者对于电视的信任度越高，对手机新闻客户端、微信与身边人的议论的信任度越低。

关键词：人际信任　社会信任　媒体信任　政府信任

社会信任关乎社会稳定与和谐。伴随着市场经济的腾飞，中国社会由传统的熟人社会向陌生人社会转型，相对封闭和稳定的社会环境受到冲击，依托于血缘、地缘构建起的传统社会关系网络逐渐弱化。人们的社会交往愈发复杂，社会地域和阶层之间的人口流动加快，导致社会信任面临前所未有的挑战和不确定性。中国社会结构体系和观念的愈发多元，推动社会信任不断渗透至经济、社会活动等多重领域。有社会学研究者指出，社会信任主要涉及人与人之间的社会交往事实和心理情绪体验，其程度高低反映了社会关系的质量好坏和社会情绪的正负取向。① 社会信任有两种内涵：第一，信任发生在个体的人际关系之中，是社会关系构建与维持的重要因素，信任关系是感情亲疏远近的重要标志。第二，信任代表了一种心理状态，这种心理状态就是“放心”“认同”“靠得住”“信得过”，用巴伯尔的信任理论来解释的话就是预期对方不会伤害自己。② 社会信任作为维系良好社会关系的助推器，能够有效降低社会交往风险，增进良性人群关系，推动契约社会的生成与法治社会建设，是社会稳定与经济发展的重要保障。作为文化价值的重要

① 郭庆：《农民工的社会信任与城市融合研究》，华东师范大学博士学位论文，2013，第 2 页。

② 郭庆：《农民工的社会信任与城市融合研究》，华东师范大学博士学位论文，2013，第 6 页。

载体、凝聚社会力量的重要机制，培植社会信任的历程就是探寻我国社会建设的“心灵”之旅，对于社会的全面建设与可持续发展具有重要的战略意义。

上海交通大学舆情研究实验室社会调查中心在此背景下开展了一项覆盖我国36个城市的社会信任度调查，调查内容涉及职业群体被信任度、熟人社会被信任度、信息来源被信任度、新闻媒体被信任度和政府被信任度等，旨在全方位呈现我国居民的社会信任度水平和现状，探究导致社会信任问题的本源，为重建和提升中国社会信任水平建言献策。

一　受访者信息概述

在本次调查中，受访者性别占比分布较为均衡。其中，男性受访者占总样本量的50.7%，女性占49.3%，男性略高于女性。从年龄结构来看，30～44岁的受访者最多，占30.8%；45～59岁的受访者占24.1%，20～29岁的受访者占20.7%，20岁以下和60岁及以上的受访者占比较低，分别为9.0%、15.4%。

从受访者的受教育程度来看，大学本科的受访者占28.5%，居于首位；高中及中专文化程度的受访者紧随其后，占27.8%；受教育程度为大专和初中的受访者占比相差不多，各占总数的15.9%和14.5%；小学及以下文化程度的受访者占8.7%，研究生及以上文化程度的受访者较少，仅占4.7%。

受访者的职业分布涵盖各职业人群。其中，专业技术人员受访者占总数的18.2%，居第一位；紧随其后为学生，占12.7%；商业、服务人员和离退休人员占比较为接近，各占总数的10.6%和10.0%；办事人员和有关人员受访者占总数的9.7%，党政企事业单位负责人占8.3%，个体经营人员占7.1%，生产、运输工人和有关人员占比紧随其后，为6.9%；农、林、牧、渔、水利业生产人员占5.8%，自由职业者占5.0%，无业人员占总数的4.5%，军人占比最低，仅占0.1%。

从受访者的月收入情况来看，有18.8%的受访者月收入在3001～4000元，位居第一；月收入在2001～3000元的受访者占14.4%，位居第二；有11.0%

的受访者月收入在1001～2000元，位居第三；紧随其后的是月收入在4001～5000元之间的受访者，占10.5%；月收入在10001元及以上和5001～6000元的受访者分别占8.7%、8.0%；月收入在1～1000元以及6001～10000元的各分段中，都不超过4%；此外，受访者中无收入者占比较高，为16.9%。

从受访者户口来看，农业户口受访者占39.7%，非农业户口受访者占60.3%。从受访者婚姻状况来看，已婚受访者占68.0%，未婚受访者占28.4%，离婚受访者占1.4%，丧偶受访者占2.2%。在受访者中，有子女的受访者占65.3%，无子女的受访者占34.7%。

二　不同职业群体的被信任度

1. 农民工、教师的被信任度最高，政府官员和企业家的被信任度最低

数据显示，受访者对农民工职业群体的信任度均值最高（3.83分），居于首位；职业群体被信任度均值居于第二位的是教师（3.66分）。职业群体被信任度均值较低的是企业家（3.12分）和政府官员（2.82分），其中，受访者对政府官员职业群体的信任度均值最低，官员成为唯一低于一般检验值（3分）的职业群体（$t=-5.678$，$df=938$，$p<0.01$）。具体情况如图1所示。

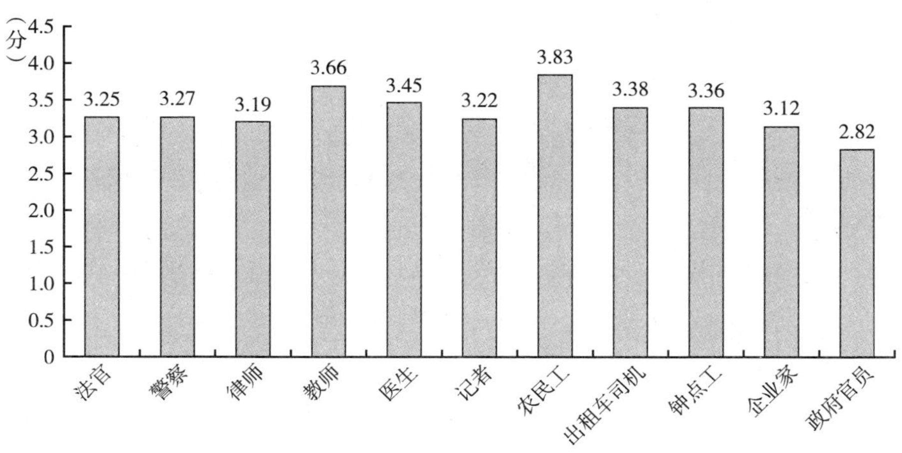

图1　不同职业群体信任度均值

根据国家统计局抽样调查结果，2014年全国农民工总量为27395万人，比上年增加501万人，增长1.9%。[①] 大量涌入城市、流动性较强的农民工群体已经成为城市化建设的重要力量，也成为影响现代化进程的关键一环。农民工被信任度均值最高，体现出我国农民工城市融合水平有所提升，城市边缘化和弱势地位的状况有所改善。在户籍制度和劳动力市场分割的现状下，较高的信任度和契合度为农民工进一步适应与融合城市提供了良好的条件，有助于推动我国的城市化与现代化建设进程。

随着市场经济的繁荣，人际信任正面临前所未有的挑战。伴随着官员贪腐现象的不断曝光和企业剥削论的不断传播，当前社会上“仇官”和“仇富”的态度泛滥，导致政府官员和企业家的信任度受到影响并不断下降。综观全球对政府和企业家的信任现状，2013年达沃斯世界经济论坛发布的《埃德尔曼信任度调查报告》（*Edelman Trust Barometer*）指出，在26个国家的3.1万名受访者中，有50%的人表示，他们相信企业会做对的事情，但只有18%的人相信在企业处于困境时企业领导人会说实话；与此类似，有41%的人表示相信政府，但只有13%的人相信政治领导人会说实话。[②] 正如报告负责人所说，当今全球已然陷入一场“领导力危机”。在本次调查中，透过受访者对各职业群体的信任度均值可以看出，当下居民对企业家和政府官员的信任度均值最低，并且对政府官员的信任度均值已经低于一般水平，政府官员也成为各职业群体中被信任度均值唯一低于检验值的职业群体。

2. 不同文化程度的受访者对法官、记者、农民工、钟点工的职业信任度存在显著差异

对比不同文化程度的受访者对各职业群体的信任度可以发现，不同文化程度受访者对法官（$F=13.836$，$p<0.05$）、记者（$F=50.914$，$p<0.01$）、

---

① 《2014年全国农民工监测调查报告》，国家统计局，http://www.stats.gov.cn/tjsj/zxfb/201504/t20150429_797821.html，最后访问日期：2015年9月20日。

② 《企业家和政治家公众信任度低　美国政府不受信任》，新华网，http://news.xinhuanet.com/world/2013-01/23/c_124266759.htm，最后访问日期：2015年9月20日。

农民工（$F=28.389$，$p<0.01$）和钟点工（$F=17.235$，$p<0.05$）的职业群体信任度均值存在显著差异。

由表1可以看出，大学本科学历者（3.38分）和高中及中专学历（3.37分）对法官的职业信任度均值较高，小学及以下学历者对法官的职业信任度均值最低（2.98分）。关于记者，初中学历者对其职业信任度均值最高（3.61分），研究生及以上学历者对其职业信任度均值最低（3.03分）。随着受访者文化程度的升高，对农民工的信任度均值呈现逐渐下降的趋势，仅在大学本科的受访者略有回升；总体来看，不同文化程度的受访者对农民工的信任度均值普遍偏高。在教育程度为小学及以下至大专的受访者中，对钟点工的信任度随着教育程度的升高而降低；在教育程度为大专至研究生及以上的受访者中，对钟点工的信任度随着教育程度的升高而提升；总体来看，随着教育程度的提升，对钟点工的信任度均值呈现“U形”的走势。此外，不同文化程度受访者对政府官员的信任度均值普遍低于一般水平（检验值=3分，$p<0.01$）。

表1　不同文化程度受访者的职业群体信任度均值

单位：分

职业群体	小学及以下	初中	高中及中专	大专	大学本科	研究生及以上
法官	2.98	3.05	3.37	3.15	3.38	3.19
警察	3.25	3.16	3.31	3.21	3.31	3.28
律师	3.19	3.05	3.23	3.29	3.19	3.08
教师	3.82	3.69	3.67	3.62	3.62	3.58
医生	3.34	3.57	3.51	3.35	3.40	3.46
记者	3.58	3.61	3.07	3.12	3.16	3.03
农民工	4.21	3.93	3.79	3.75	3.78	3.73
出租车司机	3.28	3.50	3.34	3.27	3.42	3.51
钟点工	3.61	3.48	3.32	3.13	3.40	3.37
企业家	3.02	3.15	3.02	3.14	3.16	3.23
政府官员	2.94	2.67	2.82	2.83	2.82	2.93

3. 女性比男性更信任法官、警察、政府官员等社会地位较高的职业群体，男性比女性更信任农民工、钟点工等社会地位较低的职业群体

独立样本 T 检验结果表明，不同性别的受访者对法官（$t=-4.552$，$df=861.470$，$p<0.01$）、警察（$t=-5.403$，$df=949.172$，$p<0.01$）、律师（$t=-2.035$，$df=847.714$，$p<0.01$）农民工（$t=4.434$，$df=934.849$，$p<0.01$）、钟点工（$t=3.320$，$df=846.036$，$p<0.01$）、企业家（$t=-2.006$，$df=855.928$，$p<0.05$）和政府官员（$t=-3.693$，$df=934.475$，$p<0.01$）的职业群体信任度均值存在显著差异。女性相比于男性，对法官、警察、律师、企业家、政府官员的职业信任度更高，男性比女性更信任农民工群体、钟点工（见图2）。同时，男性和女性对教师、医生、记者、出租车司机等职业的信任度没有显著差别。总体来说，女性比男性更信任的职业群体社会地位均较高，而男性比女性更信任的职业群体的社会地位相对较低。

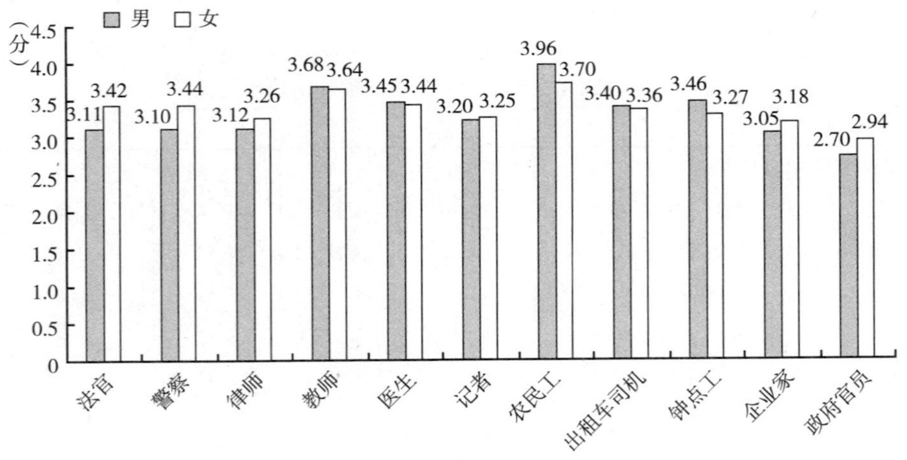

图2　不同性别受访者的职业群体信任度均值

4. 相比于东、西部地区，中部地区居民对记者和出租车司机的信任度更低，对钟点工的信任度更高

对比不同地域居民对各职业群体的信任度可以发现，东、中、西部地

区居民对记者（$F = 8.235$，$p < 0.05$），出租车司机（$F = 7.451$，$p < 0.05$）和钟点工（$F = 6.385$，$p < 0.05$）3 种职业群体信任度均值存在显著差异，但 3 类地区居民对法官、警察、律师、教师、医生、农民工、企业家、政府官员的信任度均没有显著差别。这说明尽管中国地域经济发展水平呈现一定程度的不均衡，但由于我国的人口地域流动水平较强，文化交流较为频繁，地域社会体制基本一致，造成不同地域对大多数职业群体的信任程度没有显著的差别。但是，不同地域仍然不可避免地存在一定的文化区隔，有些职业在不同地域的信任度有所差异。数据显示，东部地区对记者、出租车司机、钟点工的信任度均值分别为 3.28 分、3.45 分、3.37 分，中部地区对这 3 类职业群体的信任度均值分别为 3.11 分、3.20 分、3.45 分，西部为 3.24 分、3.40 分、3.29 分，相比于东、西部地区，中部地区居民对记者和出租车司机的信任度更低，对钟点工的信任度更高（见表 2）。

表 2　不同地区受访者的职业群体信任度均值

单位：分

职业群体	东部	中部	西部
法官	3.25	3.31	3.22
警察	3.28	3.22	3.27
律师	3.22	3.16	3.16
教师	3.71	3.55	3.66
医生	3.42	3.41	3.51
记者	3.28	3.11	3.24
农民工	3.79	3.87	3.87
出租车司机	3.45	3.20	3.40
钟点工	3.37	3.45	3.29
企业家	3.06	3.16	3.16
政府官员	2.85	2.77	2.81

三　熟人社会的被信任度

1. 熟人社会群体被信任度从高到低依次为：家人、亲戚、朋友、同学、同事、单位领导和邻居

数据显示，受访者对家人的社会信任度均值最高（4.77 分），对亲戚的社会信任度居于第二位（4.15 分），随后依次为朋友（4.00 分）、同学（3.65 分）、同事（3.54 分）、单位领导（3.29 分）和邻居（3.28 分）。社会学家费孝通曾指出："人与人之间的关系，是以亲属关系为主轴的网络关系，是一种差序格局。在差序格局下，每个人都以自己为中心结成网络。这就像把一块石头扔到湖水里，以这个石头（个人）为中心点，在四周形成一圈一圈的波纹，波纹的远近可以标示社会关系的亲疏。"[①] 在有关熟人社会信任度的调查中，家人、亲属的信任度均值最高，正反映出社会中人的关系是以亲属关系为主轴的网络关系。随着熟人关系的疏远，信任度均值有所递减，其差序格局的分布如图 3 所示。

2. 60岁及以上受访者最信任亲戚和邻居，20岁以下受访者最信任朋友和同学

方差分析的结果表明，不同年龄受访者对同学（$F = 14.274$，$p < 0.05$）、邻居（$F = 36.668$，$p < 0.01$）、朋友（$F = 21.195$，$p < 0.01$）和亲戚（$F = 44.165$，$p < 0.01$）的熟人社会信任度均值存在显著差异。年长者随着年龄的增长，虽然其社会经验会随之提高，但受到身体状况的影响，其社会交往范围和交往深度会受到限制，导致不同年龄段的受访者的熟人社会信任度存在较为显著的差异。在本次调查中发现，60 岁及以上受访者对亲戚的社会信任度最高（均值为 4.52 分），且其均值显著高于一般水平（检验值 =3 分）；对邻居社会信任度最高的同为 60 岁及以上的受访者（均值为

① 费孝通：《乡土中国》，北京大学出版社，2012，第 2 ~5 页。

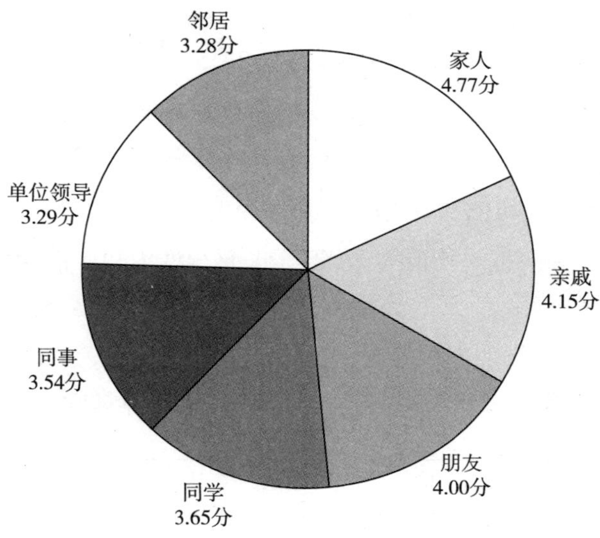

图 3　熟人社会信任度均值

3.68 分)。20 岁以下受访者对朋友（均值为 4.18 分）和同学（均值为 3.79 分）的社会信任度最高（见表 3）。

表 3　不同年龄受访者的熟人社会信任度均值

单位：分

熟人关系	20 岁以下	20～29 岁	30～44 岁	45～59 岁	60 岁及以上
同事	3.51	3.58	3.53	3.59	3.46
单位领导	3.45	3.19	3.32	3.39	3.11
同学	3.79	3.66	3.72	3.62	3.34
邻居	3.11	3.09	3.21	3.37	3.62
朋友	4.18	4.09	4.04	3.80	3.96
家人	4.85	4.77	4.78	4.74	4.73
亲戚	4.31	4.04	4.06	4.11	4.52

3. 相比于其他学历的居民，大学本科学历受访者更信任家人、亲戚和同学，大专学历受访者更信任朋友和同事，初中学历受访者更信任邻居

方差分析的结果表明，不同文化程度的受访者对同事（$F = 22.247$,

$p<0.01$）、同学（$F=56.313$，$p<0.01$）、邻居（$F=19.958$，$p<0.05$）、朋友（$F=52.892$，$p<0.01$）、家人（$F=22.511$，$p<0.01$）和亲戚（$F=18.480$，$p<0.05$）的熟人社会信任度均值存在显著差异。由表4可见，文化程度为大学本科的受访者更信任家人（均值为4.85分）、亲戚（均值为4.33分）和朋友（均值为3.87），文化程度为大专的受访者更信任朋友（均值为4.20）和同事（均值为3.72），文化程度为初中的受访者更信任邻居（均值为3.51）。

表4 不同文化程度受访者的熟人社会信任度均值

单位：分

熟人关系	小学及以下	初中	高中及中专	大专	大学本科	研究生及以上
同事	3.36	3.52	3.42	3.72	3.60	3.65
单位领导	3.08	3.4	3.26	3.24	3.33	3.39
同学	3.24	3.27	3.64	3.66	3.87	3.77
邻居	3.46	3.51	3.23	3.23	3.22	2.98
朋友	3.68	3.81	3.84	4.20	4.17	4.11
家人	4.61	4.72	4.73	4.83	4.85	4.78
亲戚	3.91	4.09	4.16	4.08	4.33	3.97

4. 不同婚姻状况的受访者对同事、同学、邻居、朋友和亲戚的信任程度差别显著，对家人和单位领导的信任程度差别不显著

方差分析的结果表明，不同婚姻状况的受访者对同事（$F=12.194$，$p<0.05$）、同学（$F=11.019$，$p<0.05$）、邻居（$F=16.748$，$p<0.05$）、朋友（$F=22.264$，$p<0.001$）和亲戚（$F=29.100$，$p<0.001$）的熟人社会信任度均值存在显著差异。由表5可见，对同事信任程度最高的受访者婚姻状况为已婚（均值为3.56分），最信任同学的受访者婚姻状况为离异（均值为3.74分），最信任朋友的受访者婚姻状况为丧偶（均值为4.71分）。但是，不同婚姻状况的受访者对家人的信任程度整体较高，均值在4.68~4.84分，对单位领导的信任度相对较低，均值在3.29~3.51分，差别不显著。

表 5　不同婚姻状况受访者的熟人社会信任度均值

单位：分

熟人关系	已婚	未婚	离异	丧偶
同事	3.56	3.55	3.20	3.00
单位领导	3.29	3.26	3.24	3.51
同学	3.63	3.71	3.74	3.00
邻居	3.36	3.10	3.04	3.00
朋友	3.92	4.13	3.96	4.71
家人	4.76	4.78	4.84	4.68
亲戚	4.19	4.11	3.14	4.79

5. 相比于东部和西部地区的受访者，中部地区的居民对同学、邻居和家人的信任度更高

方差分析的结果表明，不同地区的受访者对同学（$F=7.629$，$p<0.05$）、邻居（$F=8.906$，$p<0.05$）和家人（$F=8.876$，$p<0.05$）的熟人社会信任度均值存在显著差异。从表 6 可见，相比于东部和西部地区的受访者，中部地区的居民对同学（均值为 3.72 分）、邻居（均值为 3.41 分）和家人（均值为 4.86 分）的信任度更高。但不同地域的受访者对同事、单位领导、朋友、亲戚等熟人群体的信任度均值没有显著差别。

表 6　不同地区受访者的熟人社会信任度均值

单位：分

熟人关系	东部	中部	西部
同事	3.52	3.62	3.53
单位领导	3.30	3.30	3.26
同学	3.61	3.72	3.66
邻居	3.29	3.41	3.17
朋友	3.96	4.05	4.02
家人	4.73	4.86	4.76
亲戚	4.12	4.27	4.12

6. 相比于一线城市和三线城市的居民，二线城市的居民对邻居、家人和亲戚的社会信任度更高

方差分析的结果表明，不同发展程度的城市受访者对邻居（$F = 8.737$，$p < 0.05$）、家人（$F = 17.730$，$p < 0.001$）和亲戚（$F = 15.271$，$p < 0.001$）的熟人社会信任度均值存在显著差异。由表7可见，相比于一线城市和三线城市的居民，二线城市的居民对邻居（均值为3.33分）、家人（均值为4.80分）和亲戚（均值为4.20分）的社会信任度更高。

表7　不同城市受访者的熟人社会信任度均值

单位：分

熟人关系	一线城市	二线城市	三线城市
同事	3.55	3.55	3.51
单位领导	3.33	3.31	3.21
同学	3.67	3.65	3.64
邻居	3.10	3.33	3.21
朋友	3.97	4.00	4.01
家人	4.55	4.80	4.76
亲戚	3.85	4.20	4.17

四　各种信息来源的被信任度

本次调查针对媒体报道、官方声明、专家意见、意见领袖、普通网民、当事人、身边人等不同信息来源的被信任程度进行了统计分析，将受访者对信息来源的信任度评价采用1～5分计值，分别代表“根本不信”到“非常相信”，剔除“不清楚或不适用”选项，求得不同信息来源的被信任度评价均值，具体结果如下。

1. 居民对媒体报道、官方声明的信息信任程度较高

关于居民对当前不同信息来源的信任度评价，分析统计结果显示，居民对媒体报道与官方声明这两个信息来源的被信任度较高，均值分别为3.55分与3.52分（见图4），居民对当事人这一信息来源的信任度次之，均值为

3.45 分。普通网民这一信息来源的信任度最低，均值为 2.41 分。数据结果显示，居民对于权威性机构的信任度高，而普通网民这一群体，由于其具有身份不明、群体构成复杂等特征，其作为信息来源的被信任程度相对较低。

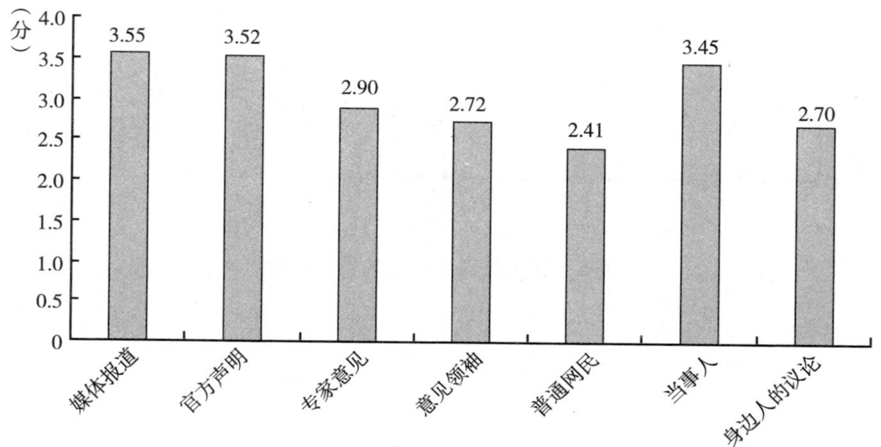

图 4　居民对各种信息来源的信任度

（1）超过六成的居民对媒体报道比较信任或非常信任。我们剔除 61 个“不清楚或不适用”缺失选项，统计分析了居民对媒体报道的信任程度。如图 5 所示，有 52.6% 的受访者对媒体报道的信息比较相信，有 10.3% 的受访者非常信任媒体报道这一信息来源。低于四成受访者对媒体报道的信息没感觉或是不相信。

（2）超过六成的居民对官方声明比较信任或非常信任。我们剔除 89 个“不清楚或不适用”缺失选项，统计分析了居民对官方声明的信任程度。如图 6 所示，有 47.6% 的受访者对官方声明的信息比较相信，有 15.3% 的受访者非常相信官方声明这一信息来源。

（3）近四成居民对专家意见的信任程度较高。我们剔除 106 个“不清楚或不适用”缺失选项，统计分析了居民对专家意见的信任程度。如图 7 所示，有 33.2% 的受访者比较相信专家意见，有 4.5% 的受访者非常相信这一信息来源。但是，相比于媒体报道与官方声明，居民对专家意见的信任程

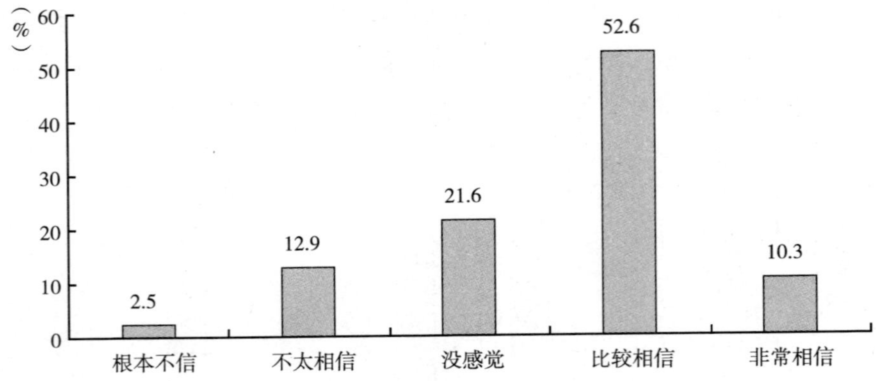

图5　居民对媒体报道的信任程度

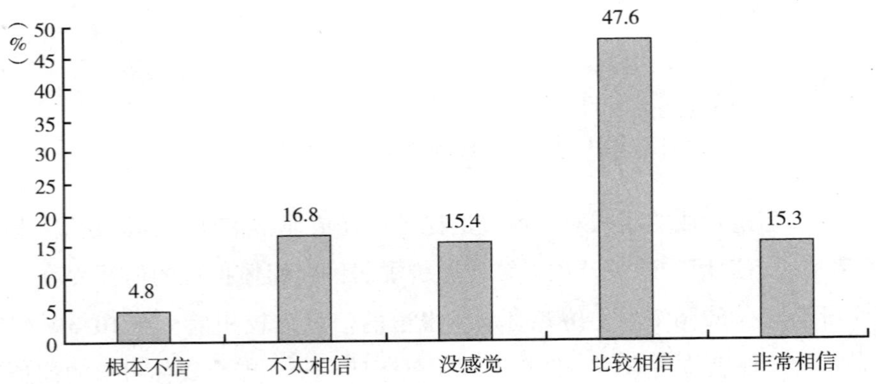

图6　居民对官方声明的信任程度

度相对较低，近五成的受访者认为他们不太相信（27.2%）或对专家意见的信任度没感觉（22.6%）。

（4）接近一半居民不太相信意见领袖这一信息来源。我们剔除129个“不清楚或不适用”缺失选项，统计分析了居民对意见领袖的信任程度。如图8所示，有30.2%的受访者不太相信意见领袖这一信息来源，有16.7%的受访者选择根本不信，相比于上述3个信息来源，居民对其信任度较低，只有4.6%的受访者非常相信意见领袖传播的信息。

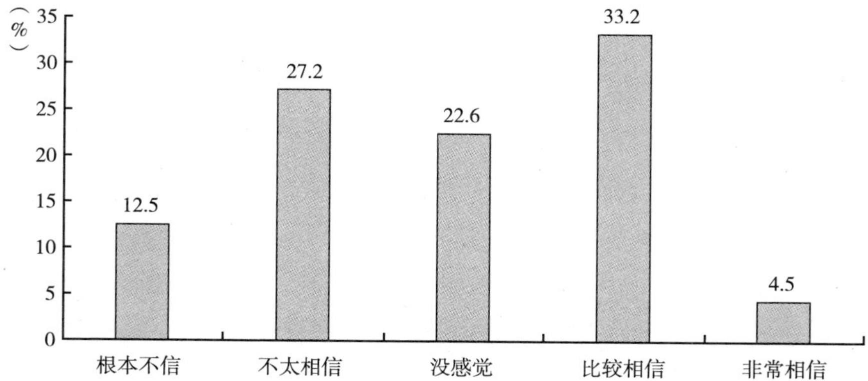

图7　居民对专家意见的信任程度

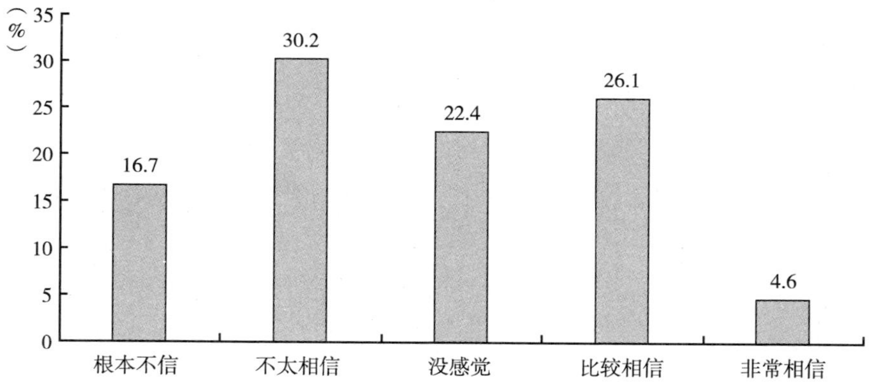

图8　居民对意见领袖的信任程度

（5）一半以上居民不相信普通网民这一信息来源。我们剔除 172 个“不清楚或不适用”缺失选项，统计分析了居民对普通网民的信任程度。如图 9 所示，有 37.6% 的受访者不太相信普通网民这一信息来源，有 19.7% 的受访者对于普通网民传播的信息根本不信，可以反映出相比于其他信息来源，居民对普通网民这一信息来源的信任度较低，只有 1.4% 的受访者非常相信这一信息来源。

（6）近六成的受访居民愿意相信当事人这一信息来源。我们剔除 105

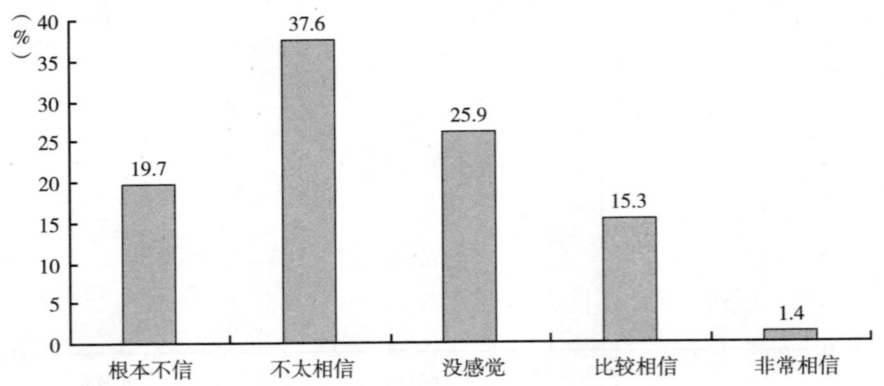

图9　居民对普通网民的信任程度

个“不清楚或不适用”缺失选项，统计分析了居民对当事人的信任程度。如图10所示，有46.4%的受访者比较相信当事人的说法，有12.4%的受访居民对于当事人传播的信息非常相信。当事人作为新闻事件的参与者，亲身经历事件发生过程，因此居民对其的信任程度较高。有20.0%的受访者不太相信当事人这一信息来源，只有3.1%的受访者对当事人的说法根本不信。

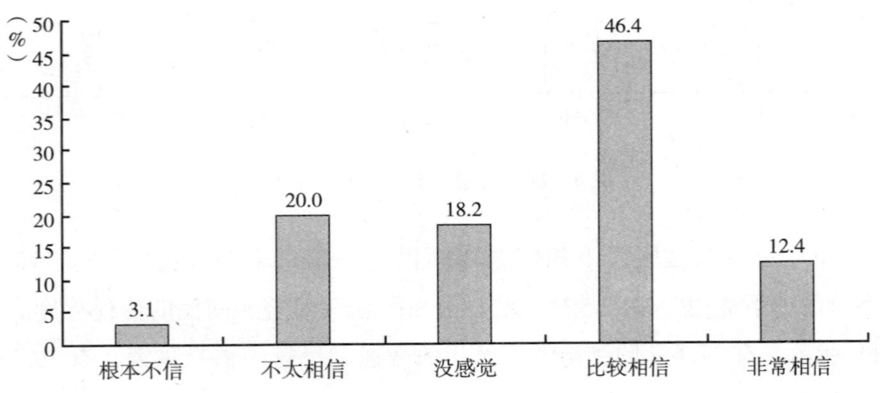

图10　居民对当事人的信任程度

（7）仅有26.0%的受访者愿意相信身边人的议论。我们剔除133个“不清楚或不适用”缺失选项，统计分析了居民对当事人的信任程度。如图

11 所示，有 22.8% 的受访者比较相信身边人的议论，仅有 3.2% 的受访者对于身边人的议论非常相信。超过七成的受访者对于身边人的言论没感觉或不相信。

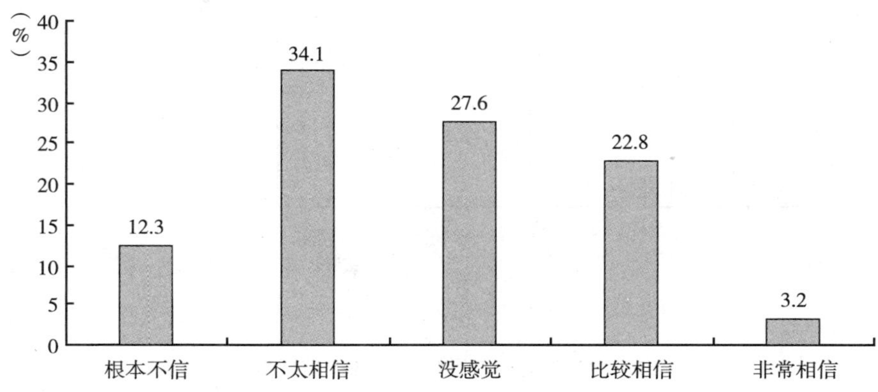

图 11　居民对身边人的议论的信任程度

2. 男、女受访者对于媒体报道、官方声明、专家意见与身边人的议论的信任度评价差异显著

通过对比男、女受访者对信息来源的信任度评价，独立样本 T 检验结果显示，男、女受访者对于媒体报道（$t = 10.176$，$p < 0.01$）、官方声明（$t = 9.484$，$p < 0.01$）、专家意见（$t = 51.907$，$p < 0.01$）与身边人的议论（$t = 8.571$，$p < 0.01$）的信任度存在显著差异。数据显示，女性受访者对信息来源信任度评价均高于男性受访者。由图 12 可知，对于媒体报道的信任度评价最高，女性受访者均值显著高于男性受访者，官方声明得分次之。同时，男、女受访者对于意见领袖、普通网民、当事人的信任度没有显著差别，意见领袖和普通网民的被信任度比其他信息来源得分更低。

3. 老年群体比中青年群体对媒体报道、官方声明、专家意见的信息信任度更高，青年群体比老年群体对意见领袖、普通网民、当事人、身边人的议论的信任度更高

数据检验结果显示，不同年龄受访者对媒体报道（$F = 7.285$，$p <$

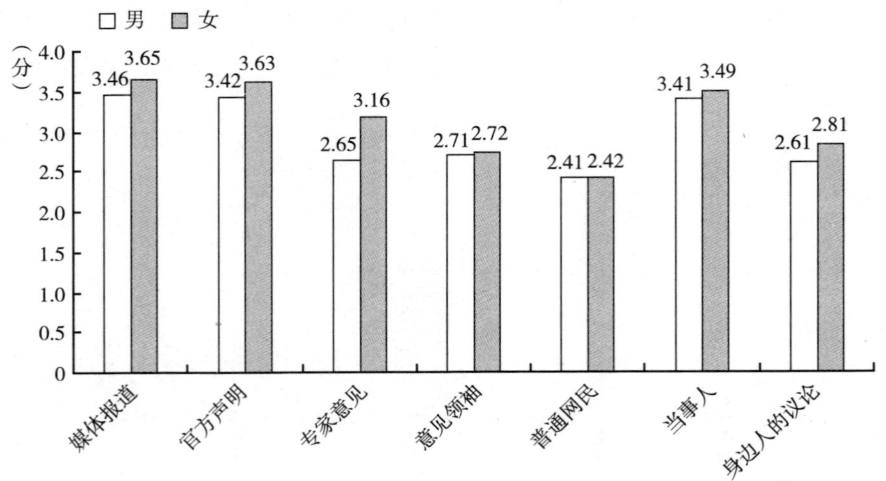

图 12　男、女受访者对各种信息来源的信任度评价均值

0.01)、官方声明（$F=3.01$，$p<0.05$）、专家意见（$F=2.898$，$p<0.05$）、意见领袖（$F=8.665$，$p<0.05$）、普通网民（$F=9.602$，$p<0.05$）、当事人（$F=2.760$，$p<0.05$）、身边人的议论（$F=5.969$，$p<0.05$）7 大信息来源的信任度评价均有显著差异。从表 8 可以看出，60 岁及以上的老年群体对媒体报道（均值为 3.83 分）、官方声明（均值为 3.65 分）、专家意见（均值为 3.14 分）的信任度相对其他年龄群体更高；20 岁以下的青年群体

表 8　不同年龄受访者对各种信息来源的信任度评价均值

单位：分

信息来源	20 岁以下	20～29 岁	30～44 岁	45～59 岁	60 岁及以上
媒体报道	3.50	3.43	3.42	3.67	3.83
官方声明	3.60	3.45	3.38	3.66	3.65
专家意见	2.96	2.84	2.77	2.96	3.14
意见领袖	3.01	2.99	2.74	2.41	2.57
普通网民	2.54	2.53	2.57	2.18	2.01
当事人	3.75	3.44	3.34	3.45	3.50
身边人的议论	2.83	2.86	2.78	2.64	2.36

对意见领袖（均值为3.01分）、当事人（均值为3.75分）的信任度相对其他群体更高。其中，20岁以下、20～29岁、30～44岁群体对普通网民的信任度分别为2.54分、2.53分、2.57分，相差不大，明显高于45～59岁（均值为2.18分）、60岁及以上（均值为2.01分）群体。

4. 不同收入群体在媒体报道、官方声明、专家意见、意见领袖与当事人的信任度评价上有显著差异

通过对比不同月收入受访者对于信息来源的信任度评价，检验结果显示，不同月收入受访者在媒体报道、官方声明、专家意见、意见领袖与当事人的信任度评价上存在显著差异（$F = 5.421$，$p < 0.01$；$F = 5.518$，$p < 0.01$；$F = 9.635$，$p < 0.01$；$F = 2.623$，$p < 0.05$；$F = 3.134$，$p < 0.05$）。从表9可以看出，除0～2000元个人月收入受访者以外，不同个人月收入的受访者对于媒体报道的信任度评价最高，其中个人月收入在2001～3000元的受访者对于媒体报道的信任度评价最高，均值为3.79分，并与官方声明的信任度评价均值相同。其次为个人月收入4001～6000元的受访者群体，评价均值为3.61分。同时，对于普通网民传播的信息，不同月收入的受访者对其信任度评价相对较低，其中0～2000元月收入受访者对评价最低，均值为2.34分。但是，不同收入群体对普通网民、意见领袖的信任度没有显著差别。

表9　不同月收入受访者对各种信息来源的信任度评价均值

单位：分

信息来源	0～2000元	2001～3000元	3001～4000元	4001～6000元	6001元及以上
媒体报道	3.59	3.79	3.42	3.61	3.35
官方声明	3.63	3.79	3.42	3.45	3.26
专家意见	3.10	3.06	2.93	2.64	2.52
意见领袖	2.91	2.68	2.64	2.60	2.64
普通网民	2.34	2.42	2.38	2.43	2.42
当事人	3.56	3.35	3.38	3.58	3.26
身边人的议论	2.74	2.60	2.77	2.75	2.65

5. 非农业户口居民对官方声明信任度评价显著高于农业户口居民，农业户口居民对意见领袖的信任度评价显著高于非农业户口居民

通过对比农业户口与非农业户口受访者对于信息来源的信任度评价，检验结果显示，不同户口受访者对官方声明与意见领袖的信任度评价存在显著差异（$F=9.148$，$p<0.01$；$F=6.411$，$p<0.05$）。由图 13 可见，农业户口受访者对媒体报道的信任度评价最高，均值为 3.52 分；非农业户口受访者对官方声明的信息更加信任，其均值为 3.61 分，并显著高于农业户口受访者得分（均值为 3.39 分）。但是，在对意见领袖的信任度评价中，农业户口受访者（均值为 2.83 分）的评价显著高于非农业户口受访者（均值为 2.64 分）。此外，不同户口受访者对普通网民的信任度评价最低（均值为 2.42 分、2.39 分）。

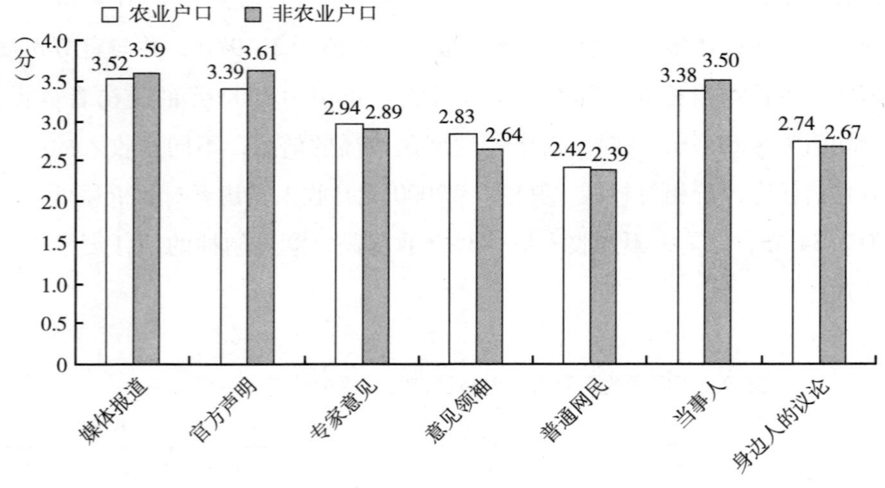

图 13 农业户口与非农业户口受访者对各种信息来源的信任度评价均值

6. 东、中、西部居民对当事人与身边人的议论的信任度评价有显著差异

通过对比不同地区受访者对信息来源的信任度评价，检验结果显示，东、中、西部受访者对于当事人与身边人的议论的信任度评价有显著差异（$F=4.850$，$p<0.01$；$F=4.638$，$p<0.05$）。由图 14 可知，东部与中部地

区受访者对于媒体报道的信任度评价最高，均值分别为3.56分与3.64分，西部地区受访者则更加相信官方声明这一信息来源。在对当事人的信任度评价中，中部地区受访者评价均值（3.64分）显著高于东部地区（均值为3.38分）与西部地区（均值为3.41分）的受访者，并与媒体报道信任度评价得分相同。同时，东部地区受访者对于身边人的言论的信任程度显著高于其他两个地区（均值分别为2.59分和2.63分）的受访者，其评价均值为2.82分。

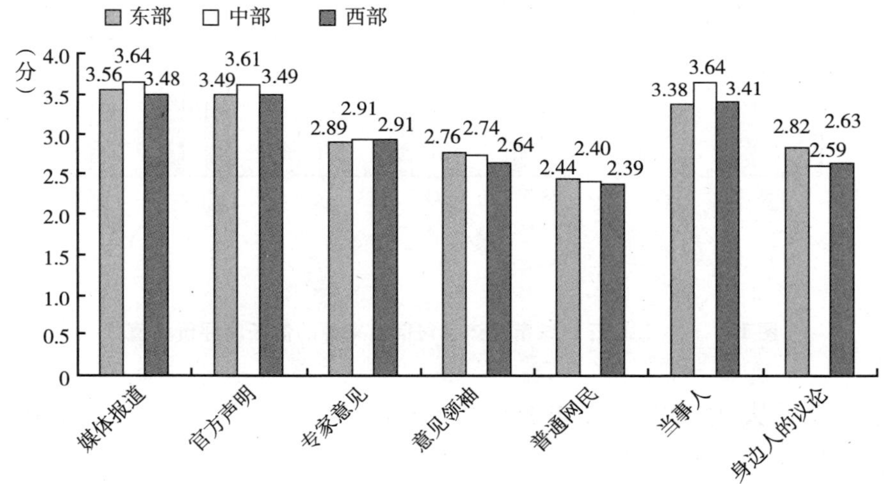

图14 东、中、西部受访者对信息来源的信任度评价均值

7. 一、二、三线居民对专家意见、意见领袖与当事人的信任度评价有显著差异

对比一、二、三线城市受访者对于信息来源的信任度评价，检验结果显示，一、二、三线城市受访者对专家意见、意见领袖与当事人的信任度评价存在显著差异（$F=4.749$，$p<0.01$；$F=3.608$，$p<0.05$；$F=3.340$，$p<0.05$）。由图15可以看出，一、二、三线城市受访者对于媒体报道的信任度评价最高，均值分别为3.63分、3.58分与3.44分。根据单因素方差分析结果，二线城市对专家意见与当事人的信任度评价（均值为2.98分、3.50

分）显著高于一线城市（均值为 2.70 分、3.26 分）与三线城市（均值为 2.75 分、3.35 分）；而对意见领袖的信任度评价，一线城市的得分（均值为 2.79 分）显著高于二、三线城市受访者（均值为 2.77 分、2.53 分）。

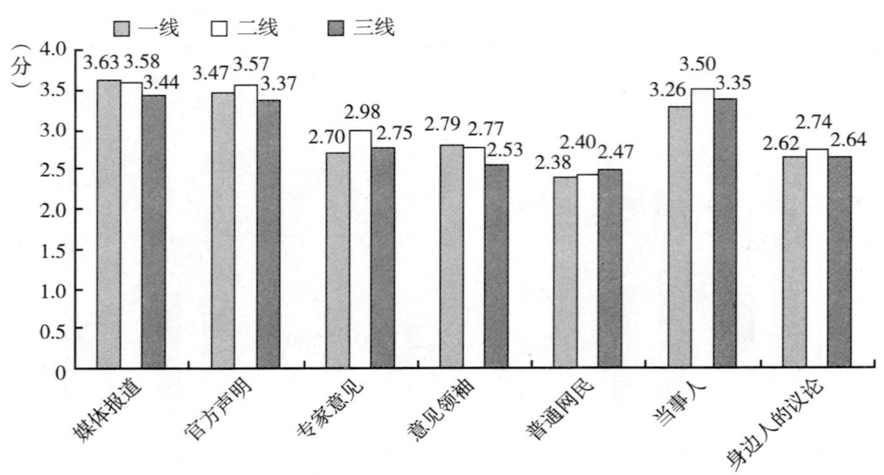

图 15　一、二、三线城市受访者对信息来源的信任度评价均值

8. 婚姻状况为离婚的受访者对媒体报道的信任度评价最高，对专家意见的信任度评价显著低于其他婚姻状况的受访者

通过对比不同婚姻状况受访者对于信息来源的信任度评价，单因素方差分析结果显示，不同婚姻状况受访者对媒体报道、专家意见与意见领袖的信任度评价存在显著差异（$F=5.326$，$p<0.01$；$F=5.179$，$p<0.01$；$F=7.788$，$p<0.01$）。从表 10 可以看出，除未婚受访者以外，其他受访者对于媒体报道的信任度评价均值最高，其中离婚状况的受访者评价最高，均值高达 4.40 分，显著高于其他婚姻状况的受访者，其次为丧偶这一群体的受访者，均值为 3.86 分。同时，在专家意见的信任度评价中，离婚的受访者评价（均值为 2.67 分）显著低于其他受访者的评价，而对意见领袖的信任度评价，婚姻状况为丧偶的受访者（均值为 1.96 分）对其评价显著低于其他婚姻状况受访者。

表 10　不同婚姻状况受访者对各种信息来源的信任度评价均值

单位：分

信息来源	已婚	未婚	离婚	丧偶
媒体报道	3. 55	3. 49	4. 40	3. 86
官方声明	3. 51	3. 51	3. 34	3. 83
专家意见	2. 90	2. 88	2. 67	3. 86
意见领袖	2. 64	2. 95	2. 42	1. 96
普通网民	2. 36	2. 52	2. 03	2. 16
当事人	3. 43	3. 52	3. 05	3. 04
身边人的议论	2. 65	2. 82	2. 61	2. 42

9. 不同教育背景受访者对专家意见与普通网民的信任度评价有显著差异

对比不同教育背景受访者对于信息来源的信任度评价，检验结果显示，不同教育背景受访者对专家意见与普通网民的信任度评价存在显著差异（$F=4.405$，$p<0.01$；$F=5.239$，$p<0.01$）。从表 11 可以看出，小学及以下与高中及中专受访者对于官方声明的信任度评价最高，均值分别为 3. 60 分与 3. 55 分。初中与大学本科受访者对于媒体报道更加信任，均值分别为 3. 77 分与 3. 54 分。大专与研究生及以上的受访者对当事人的信任度评价最高，均值分别为 3. 52 分与 3. 70 分。从单因素方差分析检验结果来看，高中及中专受访者对于专家意见的信任度评价（均值为 3. 10 分）显著高于其他

表 11　不同教育背景受访者对各种信息来源的信任度评价均值

单位：分

信息来源	小学及以下	初中	高中及中专	大专	大学本科	研究生及以上
媒体报道	3. 48	3. 77	3. 53	3. 48	3. 54	3. 53
官方声明	3. 60	3. 60	3. 55	3. 38	3. 50	3. 56
专家意见	2. 90	3. 03	3. 10	2. 61	2. 84	2. 73
意见领袖	2. 70	2. 74	2. 70	2. 60	2. 75	3. 00
普通网民	2. 01	2. 14	2. 47	2. 59	2. 49	2. 22
当事人	3. 37	3. 40	3. 43	3. 52	3. 45	3. 70
身边人的议论	2. 49	2. 63	2. 73	2. 87	2. 71	2. 59

教育背景的受访者，大专受访者对于普通网民的信任度评价（均值为 2.59 分）显著高于其他教育背景的受访者。

五　新闻媒体被信任度

（一）对不同媒介新闻报道的信任度

1. 超过半数受访者最信任电视的新闻报道，新闻网站和报纸的新闻被信任度也较高

随着网络技术的快速发展，各种媒介形式不断涌现。不论是以报纸、广播、电视为主的传统媒体，还是以新闻网站、微博、微信等为主的新兴媒体，都给公众的工作与生活带来了深刻的变化，也改变着人们获取信息的形式。公众在众多信息资源中会有自己的信任度评价。本次调查针对不同媒介新闻报道的信任度进行评价，共设置了报纸、广播、电视、杂志、新闻网站、手机新闻客户端、微信、微博、身边人的议论、都不相信、其他等多个选项（可多选）。根据数据统计分析结果可知（见图 16），受访者对电视这一媒介新闻报道的信任度最高，占比为 52.7%，所占比例远远超过排在第二位的新闻网站这一媒介。有 27.4% 的受访者对新闻网站表现出信任度，同时有 24.8% 的受访者最信任报纸这一媒介的新闻报道，居于第三位。数据显示，杂志中的新闻报道被选择率最低，占比仅为 4.1%。

2. 女性受访者对电视、报纸的信任度显著高于男性，男性受访者对新闻网站的信任度显著高于女性

我们对比男性受访者与女性受访者对不同媒介新闻报道的信任程度，卡方检验结果表明，在 95% 的置信水平下，不同性别受访者在不同媒介新闻报道信任度评价上存在显著差异（$\chi^2 = 57.716$，$p < 0.05$）。从图 17 可以看出，男性受访者与女性受访者均认为电视是其最信任的新闻报道媒介，其中女性受访者（60.0%）对电视的信任度显著高于男性（45.6%）。近三成（29.9%）的男性受访者对新闻网站的信任程度最高，居于第二位，所占比例

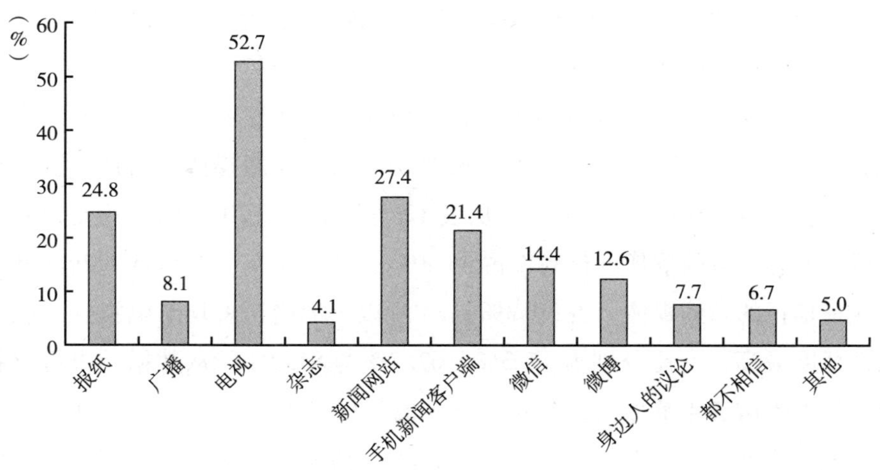

图 16　居民对不同媒介新闻报道的信任程度

显著高于女性受访者（24.8%）。有27.5%的女性受访者对报纸的信任程度最高，排在女性受访群体对不同媒介新闻报道信任度的第二位，占比显著高于男性（22.2%）。此外，男、女受访者均对杂志的信任度最低，占比分别为2.9%与5.4%。

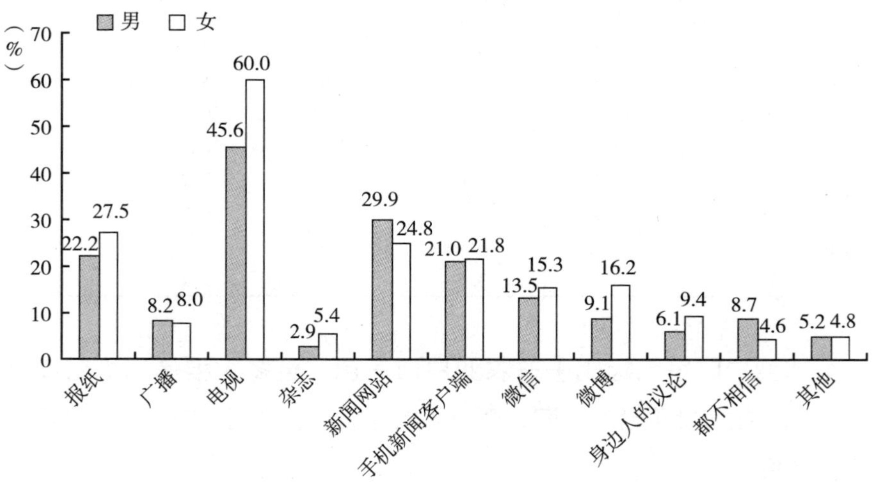

图 17　不同性别居民对不同媒介新闻报道的信任程度

3. 年龄越大，受访者对于电视的信任度越高，对手机新闻客户端、微信与身边人的议论的信任度越低

对比不同年龄居民对不同媒介新闻报道的信任程度，卡方检验结果表明，在95%的置信水平下，不同年龄受访者对于新闻媒体的信任程度差异显著（$\chi^2=444.629$，$p<0.01$）。从表12可以看出，20岁以下的受访者对手机新闻客户端的信任度最高，占43.3%；20~29岁受访者认为新闻网站是其最信任的新闻媒体，占39.3%；30岁以上的受访者均对电视这一媒介的信任度最高，占比分别为47.3%、67.7%与81.2%。从数据结果可以看出，随着受访者年龄增大，其对于电视的信任程度越高。其中，20岁以下受访者占比最低，为25.9%，60岁及以上受访者占比最高，为81.2%；而年龄越大，受访者对手机新闻客户端、微信与身边人的议论的信任度越低。

表12　不同年龄居民对不同媒介新闻报道的信任程度

单位：%

媒介类别	20岁以下	20~29岁	30~44岁	45~59岁	60岁及以上
报纸	23.0	23.6	23.7	29.8	22.1
广播	6.2	7.7	8.8	10.3	5.1
电视	25.9	33.9	47.3	67.7	81.2
杂志	6.3	6.4	4.4	3.7	0.0
新闻网站	27.3	39.3	35.8	18.5	8.5
手机新闻客户端	43.3	33.4	25.7	10.0	1.7
微信	20.6	20.2	17.7	12.0	0.0
微博	17.9	21.0	15.5	7.7	0.0
身边人的议论	13.0	10.0	7.1	6.9	4.2
都不相信	3.4	6.6	6.4	8.3	6.8
其他	2.8	3.5	3.0	9.2	5.9

4. 农业户口居民相比于非农业户口居民，更多人相信手机新闻客户端、微信、微博等平台的新闻，更少人相信报纸、广播、电视、新闻网站等平台的新闻

通过对比农业户口受访者与非农业户口受访者对不同媒介的信任程度，卡方检验结果表明，在95%的置信水平下，农业户口受访者与非农业户口

受访者在不同媒介新闻报道信任度评价上存在显著差异（$\chi^2=29.919$，$p<0.01$）。从图 18 可以看出，在对不同新闻媒介的信任度评价中，农业户口受访者与非农业户口受访者对于电视这一媒介的信任度最高，分别占 48.1% 与 55.9%，其中非农业户口受访者信任程度显著高于农业户口受访者。有 30.3% 的非农业户口受访者对新闻网站有较高的信任度，居于第二位，对报纸的信任度居于第三位，占 27.6%；有 23.7% 的农业户口受访者对手机新闻客户端的信任度较高，位居第二，对新闻网站的信任度排在第三位，占 23.1%。整体而言，农业户口居民相比于非农业户口居民，更多人相信手机客户端（23.7%、20.0%）、微信（15.9%、13.4%）、微博（13.1%、12.3%）等平台的新闻，更少人相信报纸（19.3%、27.6%）、广播（7.6%、8.5%）、电视（48.1%、55.9%）、新闻网站（23.1%、30.3%）等平台的新闻。

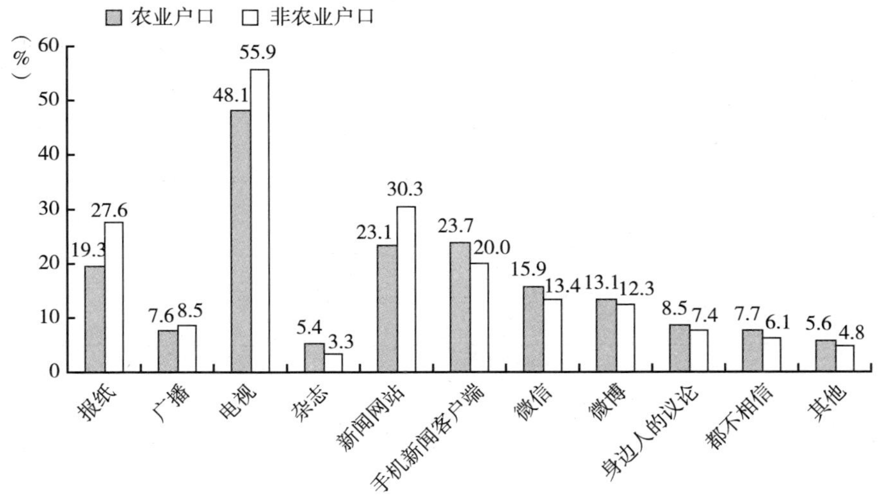

图 18　农业户口与非农业户口居民对不同媒介新闻报道的信任程度

5. 相比于其他地区，东部地区居民对电视更信任，中部地区居民对报纸更信任，西部地区居民对广播、杂志、手机新闻客户端、微信、微博等媒介的信息更信任

对比东、中、西部地区受访者对不同新闻媒体的信任情况，统计结果显

示，相比于其他地区，东部地区居民对电视媒体更信任（54.1%），中部地区居民对报纸更信任（27.8%），西部地区居民对广播（11.0%）、杂志（5.4%）、手机新闻客户端（25.5%）、微信（16.2%）、微博（13.3%）等平台的新闻报道更信任。从不同媒介类型的被选择率来看，不同地区的受访者均对电视这一媒介的信任度最高，其中东部地区受访者占比高于其他两个地区的受访者，为54.1%。不同地区的受访者均对杂志的信任度评价最低，东、中、西部占比分别为3.7%、3.4%与5.4%（见表13）。

表13　东、中、西部居民对不同媒介新闻报道的信任情况

单位：%

媒介类别	东部	中部	西部
报纸	25.5	27.8	21.7
广播	6.6	7.2	11.0
电视	54.1	53.8	50.1
杂志	3.7	3.4	5.4
新闻网站	27.6	25.0	28.7
手机新闻客户端	20.9	16.6	25.5
微信	13.1	14.5	16.2
微博	11.9	12.9	13.3
身边人的议论	7.6	5.4	9.6
都不相信	6.8	5.4	7.5
其他	3.8	5.4	6.5

6. 一、二、三线城市受访者均对电视的信任度评价最高，三线城市受访者对新闻网站的信任度评价显著高于一、二线城市受访者，二线城市受访者对报纸的信任度评价显著高于一、三线城市受访者

通过对比一、二、三线城市受访者对不同媒介信任情况的评价，卡方检验结果表明，在95%的置信水平下，一、二、三线城市受访者对不同媒介新闻报道的信任评价存在显著差异（$\chi^2 = 47.357$，$p < 0.01$）。从表14可以看出，一、二、三线城市的受访者均对电视这一媒体的信任度评价最高，所占比例分别为48.8%、54.5%与49.0%。同时，三线城市受访者（32.8%）

对新闻网站的信任度评价显著高于一线城市（27.4%）、二线城市（25.7%）的受访者；二线城市受访者对报纸的信任度评价显著高于一线、三线城市受访者，占26.7%。此外，不同级别城市受访者均对杂志的信任度最低，所占比例分别为2.6%、4.0%与5.3%。

表14　一、二、三线城市居民对不同媒介新闻报道的信任程度

单位：%

媒介类别	一线城市	二线城市	三线城市
报纸	22.0	26.7	20.2
广播	11.5	6.2	12.7
电视	48.8	54.5	49.0
杂志	2.6	4.0	5.3
新闻网站	27.4	25.7	32.8
手机新闻客户端	23.1	19.3	27.5
微信	14.0	13.0	19.3
微博	13.1	11.7	15.4
身边人的议论	7.4	8.0	7.0
都不相信	9.0	5.8	8.5
其他	7.9	4.2	6.4

7. 总体而言，高学历受访者更信任新闻网站的新闻，低学历受访者更信任电视的新闻

通过对比不同教育背景受访者对不同媒介的信任程度，卡方检验结果表明，在95%的置信水平下，不同教育背景的受访者在不同媒介新闻报道信任度评价上存在显著差异（$\chi^2=270.181$，$p<0.01$）。数据显示，大学本科及以下教育背景的受访者对电视媒体的信任度最高，其中小学及以下学历受访者占比显著高于其他教育背景受访者，为64.7%；而研究生及以上学历受访者认为新闻网站的信任度最高，有36.4%的研究生及以上的受访者选择其为信任度最高的媒介。同时，数据统计结果反映出，学历层次越高的受访者对电视的信任度越低，而对新闻网站的信任度相对更高。此外，不同教

育背景的受访者对于杂志的信任度均为最低，其中小学及以下受访者对其的信任度为0.0%（见表15）。

表15　不同教育背景居民对不同媒介新闻报道的信任程度

单位：%

媒介类别	小学及以下	初中	高中及中专	大专	大学本科	研究生及以上
报纸	14.9	24.0	22.7	24.8	30.0	28.7
广播	3.0	4.1	5.7	12.2	11.7	8.9
电视	64.7	62.7	58.5	44.6	46.6	29.8
杂志	0.0	1.3	6.1	3.4	5.7	2.1
新闻网站	9.8	11.9	21.8	38.6	38.6	36.4
手机新闻客户端	3.9	11.8	21.8	30.2	25.8	25.6
微信	3.3	8.9	13.6	19.1	19.5	10.9
微博	1.8	8.3	12.8	13.6	17.3	13.7
身边人的议论	0.0	5.4	10.1	7.5	9.3	6.7
都不相信	11.6	5.2	8.8	2.0	5.0	15.2
其他	11.8	3.6	4.8	2.0	5.1	8.2

8. 不同职业受访者对新闻媒体的信任度评价有显著差异

对不同媒介的信任程度与职业进行交叉分析，卡方检验结果表明，在99%的置信水平下，不同职业的受访者对不同媒介新闻报道信任度评价上存在显著差异（$\chi^2 = 505.526$，$p < 0.01$）。数据结果显示，除学生群体之外，不同职业受访者对电视这一媒介的信任程度最高，其中离退休人员占比最高，为83.2%。由于离退休人员相对年长，接触网络等其他媒介的机会较少，同时有更多的空余时间来观看电视这一媒介所传播的新闻信息，因此占比较高，而他们对微博、微信等新兴传播媒介的信任程度极低，均为0.0%。同时，离退休人员对报纸的信任度评价也显著高于其他职业的受访者，为33.4%。而作为一个特殊的群体，学生群体更容易接受新兴事物，因此对新兴媒介的接触较为广泛。学生这一受访群体对手机新闻客户端的信任程度最高，并显著高于其他职业的受访者，占39.2%（见表16）。

表 16　不同职业居民对不同媒介新闻报道的信任程度

单位：%

媒介类别	党政企事业单位负责人	专业技术人员	商业、服务人员	办事人员和有关人员	农、林、牧、渔、水利业生产人员	生产、运输工人和有关人员
报纸	28.4	28.6	27.7	17.9	13.2	24.3
广播	17.8	14.3	8.4	2.2	4.7	8.5
电视	69.3	47.8	45.1	47.8	63.9	55.1
杂志	7.4	5.8	3.2	2.3	1.2	6.0
新闻网站	34.0	28.8	36.8	24.2	0.0	25.1
手机新闻客户端	12.9	23.1	26.2	35.6	2.3	17.2
微信	13.0	17.7	14.3	26.3	7.1	7.0
微博	17.4	10.6	17.3	21.6	1.7	4.7
身边人的议论	6.7	8.9	12.0	8.6	3.6	5.7
都不相信	12.3	6.7	1.8	7.5	19.3	6.1
其他	10.0	6.7	6.1	4.6	3.6	2.8

媒介类别	个体经营人员	学生	离退休人员	无业人员	自由职业者	其他
报纸	23.0	26.9	33.4	2.0	29.4	10.7
广播	6.2	5.8	2.7	1.3	8.2	5.2
电视	47.9	29.9	83.2	66.7	46.6	55.4
杂志	7.1	5.9	0.0	2.0	0.6	7.8
新闻网站	42.4	36.9	5.3	20.2	37.6	5.2
手机新闻客户端	19.9	39.2	2.7	11.5	24.3	13.0
微信	17.5	21.7	0.0	9.9	9.2	24.8
微博	18.4	22.6	0.0	6.9	8.4	5.2
身边人的议论	6.5	10.2	6.5	2.8	6.9	2.6
都不相信	2.6	4.6	2.7	12.9	1.3	25.1
其他	5.7	2.4	2.7	0.0	9.8	5.5

（二）对网络新闻的信任度

1. 居民对腾讯网的信任度评价最高，央视网次之

随着网络的深入普及和各种媒体形式的不断涌现，公众的信息阅读方式在逐渐发生改变。对于网络媒体而言，凭借便捷的网络技术的支持与电脑、

手机等终端的普及，人们获取信息变得更加便捷。为了解居民对网络新闻的信任度，本次调查设置了“您更信任哪些网站的新闻报道?”（可多选）这一问题，对目前我国一些重要的新闻网站的信任度进行评价。统计结果显示，受访者对于各大新闻网站的信任度较为均衡，占比在10%～30%，其中对腾讯网这一网站的信任度最高，所占比例达26.5%；其次为央视网，占22.5%；居于第三位的为凤凰网，占21.4%（见图19）。数据结果直观反映出，受访者接触新闻网站较为多元，对于网站的使用偏好不尽相同，各网络新闻平台的被选择率均不超过三成。

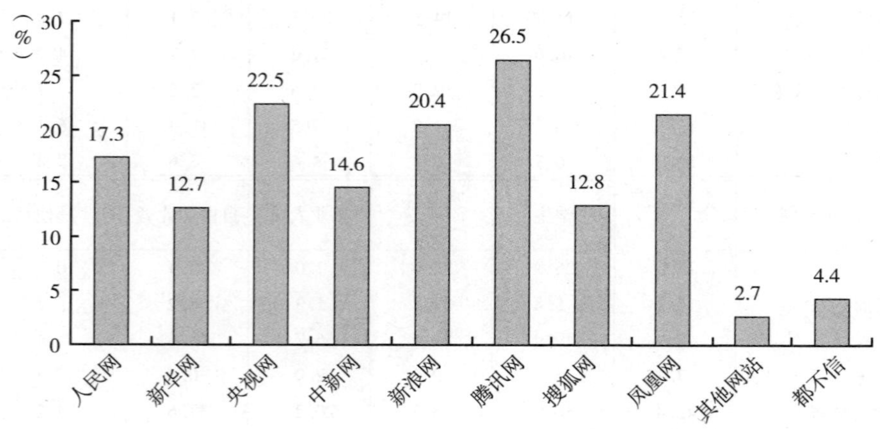

图19　居民对新闻网站的信任度分布

2. 女性受访者对央视网的信任度显著高于男性，男性受访者对凤凰网的信任度显著高于女性

对比男、女受访者对不同新闻网站的信任程度，卡方检验结果表明，在95%的置信水平下，男性受访者与女性受访者在对不同新闻网站的信任度评价上存在显著差异（$\chi^2=53.485$，$p<0.05$）。数据显示，男性受访者与女性受访者最信任的新闻网站均为腾讯网，占比分别为24.1%与28.9%，女性占比显著高于男性。女性最信任的新闻网站居于第二位的是央视网，占26.0%，所占比例显著高于男性受访者（19.0%）；而男性最

信任的新闻网站居于第二位的是凤凰网，所占比例显著高于女性受访者，为23.9%。同时，除其他网站和“都不信”以外，男性受访者对新华网的信任度最低，为11.1%；女性受访者对搜狐网的信任度最低，占12.6%（见图20）。

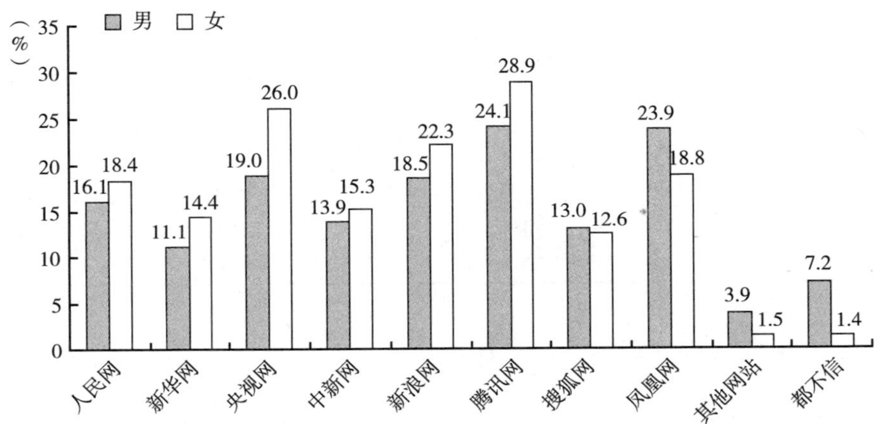

图20　不同性别居民对新闻网站的信任度分布

3. 总体而言，年龄越大，受访者对各大新闻网站的信任度越低

对比不同年龄受访者对新闻网站的信任度评价，卡方检验结果显示，在95%的置信水平下，不同年龄受访者在对新闻网站的信任度评价上存在显著的差异性（$\chi^2=514.062$，$p<0.05$）。20岁以下的受访者对央视网的信任度显著高于其他年龄层次的受访者，占39.3%；而20岁以上的受访者对腾讯网的信任度均很高，占比分别为38.2%、29.4%、18.6%与11.0%。总体而言，年龄越大的受访者，对各大新闻网站的信任度越低，45岁以上受访者对各大新闻网站的信任度占比均低于20%（见表17）。

4. 农业户口受访者对腾讯网的信任度更高，非农业户口受访者对凤凰网的信任度更高

通过对比农业户口受访者与非农业户口受访者对不同新闻网站的信任程度，卡方检验结果表明，在95%的置信水平下，农业户口受访者与非农业

表 17　不同年龄居民对新闻网站的信任度分布

单位：%

网站名称	20 岁以下	20～29 岁	30～44 岁	45～59 岁	60 岁及以上
人民网	26.7	22.9	16.8	14.6	9.3
新华网	11.1	16.3	14.4	12.6	5.9
央视网	39.3	30.7	21.4	16.6	12.7
中新网	18.2	16.2	16.2	14.3	7.6
新浪网	28.9	27.7	25.9	13.2	5.9
腾讯网	37.0	38.2	29.4	18.6	11.0
搜狐网	14.3	15.5	16.7	12.0	1.7
凤凰网	19.5	26.0	28.8	19.1	5.1
其他网站	2.4	3.4	3.5	0.8	3.4
都不信	1.0	2.8	4.0	4.8	8.5

户口受访者在不同新闻网站的信任度评价上存在显著差异（$\chi^2 = 40.683$，$p < 0.01$）。数据显示，农业户口受访者对腾讯网的信任度最高，占比显著高于非农业户口受访者，为 30.5%；央视网占比次之，为 23.5%；新浪网与凤凰网占比均为 17.0%。非农业户口受访者对凤凰网的信任度最高，为 24.8%；腾讯网占比次之（24.3%），央视网的信任度占比居于第三位，为 22.3%。从统计结果可以看出，农业户口受访者对腾讯网的信任度更高，非农业户口受访者对凤凰网的信任度更高（见图 21）。

5. 东部地区受访者对各新闻网站的信任评价整体低于中、西部地区居民

对比东、中、西部地区受访者对不同新闻网站的信任度评价，统计结果发现，不同地区的受访者对腾讯网的信任度高于其他新闻网站，其中西部地区受访者占比最高，为 28.0%，中部地区占比为 25.9%，东部地区占比为 25.7%。东部地区对新闻网站的信任度评价居于第二位的是新浪网，占比为 21.9%；而中部地区与西部地区信任度排名第二的均是央视网，所占比例分别为 24.8% 与 25.8%。除其他网站和“都不信”以外，东部地区受访者对新华网的信任度评价最低，占比为 11.2%，而中部地区与西部地区的受访者均对搜狐网的信任度评价最低，占比分别为 13.4% 与 11.5%（见表 18）。

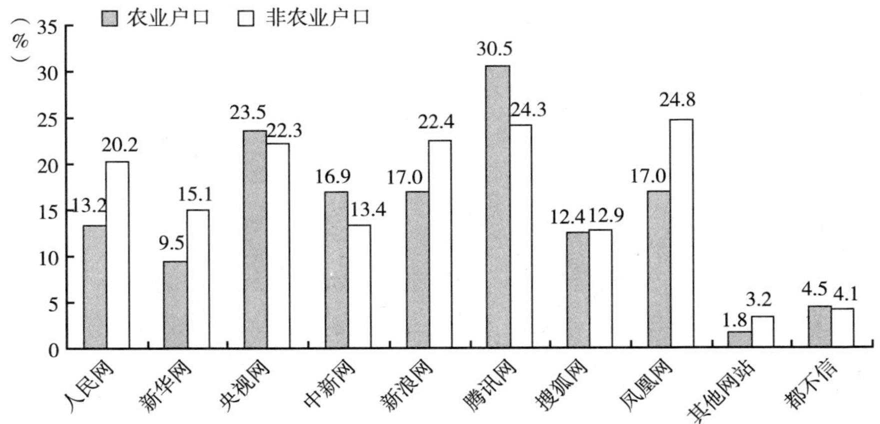

图 21　农业户口居民与非农业户口居民对新闻网站的信任度

从地域之间的比较而言，相较于其他地区，东部地区受访者除对搜狐网（13.4%）的选择率与中部地区并列，且对新浪网的选择率高于西部地区之外，对其他各新闻网站的选择率均未超过中西部地区；中部地区选择信任新浪网（25.1%）、凤凰网（23.7%）、中新网（16.3%）的受访者比东、西部地区更多；西部地区选择信任人民网（18.7%）、新华网（14.0%）、央视网（25.8%）、腾讯网（28.0%）的受访者比东、中部地区更多。

6. 一线、二线城市受访者更信任腾讯网，三线城市受访者则对央视网的信任度评价最高

卡方检验结果表明，一、二、三线城市的受访者对于不同新闻网站的信任程度评价差异显著（$\chi^2=44.754$，$p<0.01$）。从表 19 可以看出，一线城市与二线城市的受访者对腾讯网的信任度评价最高，占比分别为 32.1% 与 25.8%（见表 18）。其中，一线城市受访者对腾讯网的信任度评价占比显著高于其他级别城市的受访者；而三线城市的受访者则更加信任央视网这一新闻网站，占比为 27.2%。在对各大新闻网站信任度评价占比第二位排名中，一线城市受访者较信任凤凰网，并且其占比显著高于其他类型城市的受访者，为 28.9%；二线城市受访者对央视网的信任度评价占比为 21.6%；而三线城市受访者对腾讯网的信任度评价居于第二位，占比为 25.7%。此外，

表 18　不同地区居民对新闻网站的信任度

单位：%

网站名称	东部	中部	西部
人民网	16.0	17.6	18.7
新华网	11.2	13.9	14.0
央视网	19.0	24.8	25.8
中新网	13.6	16.3	14.8
新浪网	21.9	25.1	14.9
腾讯网	25.7	25.9	28.0
搜狐网	13.4	13.4	11.5
凤凰网	21.0	23.7	20.4
其他网站	3.4	2.5	2.0
都不信	4.2	3.2	5.5

一线城市与三线城市受访者对搜狐网的信任度评价最低，为 8.9% 与 13.4%，而二线城市受访者对新华网的信任度评价最低，占比为 12.4%（见表 19）。从数据结果可以看出，一、二、三线城市受访者在新闻网站的信任度评价中有显著的差异性，一线、二线城市受访者更信任腾讯网，三线城市受访者则对央视网的信任度评价最高。

表 19　一、二、三线居民对新闻网站的信任度

单位：%

网站名称	一线城市	二线城市	三线城市
人民网	10.2	16.9	22.1
新华网	9.1	12.4	15.6
央视网	19.0	21.6	27.2
中新网	8.2	15.2	16.0
新浪网	23.7	20.8	17.3
腾讯网	32.1	25.8	25.7
搜狐网	8.9	13.2	13.4
凤凰网	28.9	20.2	21.5
其他网站	2.0	3.0	2.2
都不信	8.0	3.0	7.1

（三）对中央或地方新闻媒体信任度

1. 超半数的受访居民更相信中央新闻媒体

为了解人们对中央新闻媒体或地方新闻媒体新闻报道的信任度是否具有差别，本调查设置了“更相信中央新闻媒体”“更相信地方新闻媒体”“都相信”“都不信”“不清楚或不适用”5个选项。统计发现，超半数的受访居民“更相信中央新闻媒体”，占比为59.6%；选择“更相信地方新闻媒体”的受访者，占比14.4%；选择两种新闻媒体“都相信”的受访居民占比为19.5%，仅有6.5%的受访对象选择“都不信”。可见，居民对中央新闻媒体的信任度相对较高（见图22）。

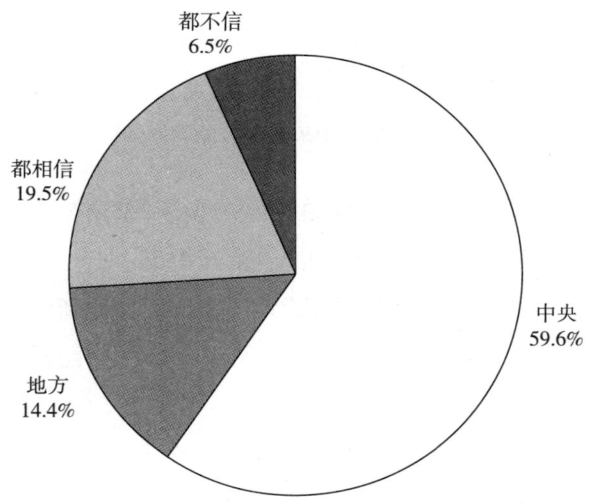

图22　居民对中央或地方新闻媒体信任度占比

2. 超六成男性更相信中央媒体报道，占比略高于女性

将性别与受访者更信任的新闻报道进行交叉分析，发现不同性别居民对中央和地方新闻媒体的信任评价存在显著差异（$\chi^2 = 15.744$，$p < 0.01$）。从图23可以看出，超六成的男性居民更相信中央新闻媒体（60.7%），所占比例略高于女性（58.4%）；男性居民更相信地方新闻媒体的比例同样高于

女性（15.5% >13.2%）；选择两种新闻媒体都相信的女性（23.8%）占比高于男性（15.3%）。而选择两种新闻媒体都不信的男性（8.5%）占比高于女性（4.5%）。

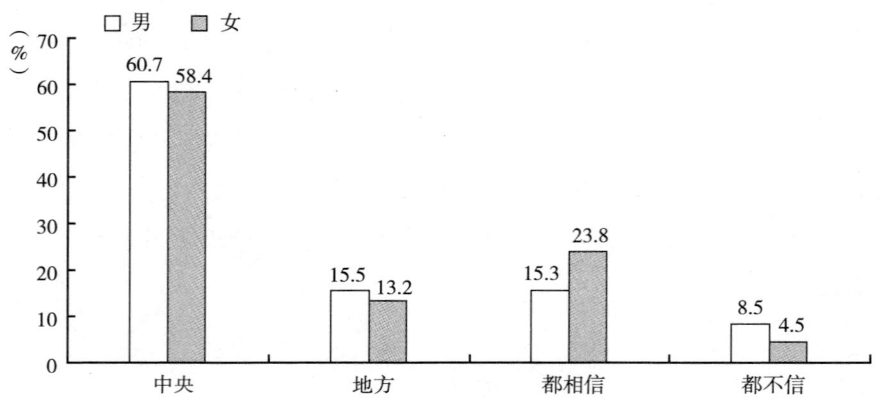

图 23　不同性别居民对中央或地方新闻媒体信任度占比

3. 随着居民年龄的增长，选择更相信中央新闻媒体报道的比例逐渐降低，选择两种新闻媒体报道都相信的比例逐渐提高

数据显示，不同年龄居民对中央或地方新闻媒体的新闻报道的信任评价存在显著差异（$\chi^2 = 56.825$，$p < 0.05$）。从图 24 可以看出，年龄在 20 岁以下的受访居民选择更相信中央媒体报道的比例（73.7%）最高，剩下选择更相信中央新闻媒体报道的年龄区间排序依次为 20 ~ 29 岁、30 ~ 44 岁、45 ~ 59 岁、60 岁及以上（60.9% >59.1% >59.1% >50.1%）；除 20 岁以下（12.2%）的受访居民以外，随年龄的增长，选择两种新闻媒体报道都相信的比例逐渐提高（12.1% <15.7% <27.5% <30.2%）。此外，年龄区间在 20 ~ 29 岁的受访居民选择更相信地方新闻媒体报道的比例（20.9%）最高，60 岁及以上的比例最低（8.8%）。

4. 个人月收入区间在4001 ~6000元的居民更相信中央新闻媒体报道的比例最高，而6000元以上更相信地方新闻媒体报道的比例最高

将个人月收入与对中央或地方新闻媒体新闻报道的信任评价进行交叉分

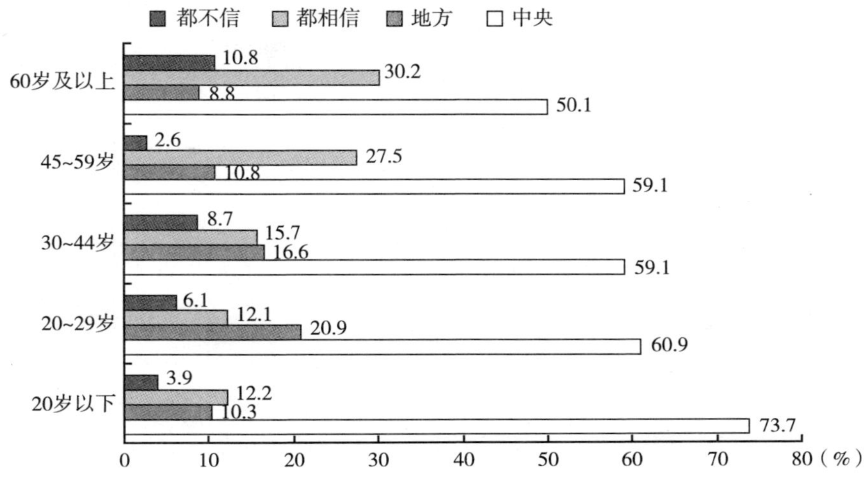

图24　不同年龄居民对中央或地方新闻媒体信任度占比

析，可以发现，不同月收入居民对中央或地方新闻媒体新闻报道的信任评价存在显著差异（$\chi^2=26.098$，$p<0.05$）。从图25可以看出，个人月收入区间在4001～6000元的居民更相信中央新闻媒体的比例最高（61.4%），剩下排序依次是0～2000元、3001～4000元、2001～3000元、6001元及以上收入水平的受访者（61.1%>60.9%>57.7%>52.4%）；6001元及以上更相信地方新闻媒体报道的占比20.6%，高于其他收入较低的群体。个人月收入区间在2001～3000元的居民中近三成（28.4%）选择两种新闻媒体都相信。

5. 中部居民更相信中央新闻媒体报道的比例最高，东部居民更相信地方新闻媒体报道的比例最高

将居民所属区域与对中央或地方新闻媒体新闻报道的信任评价进行交叉分析，结果显示，不同区域居民对中央或地方新闻媒体新闻报道的信任评价存在显著差异（$\chi^2=24.978$，$p<0.05$）。从图26可以看出，选择更相信中央新闻媒体报道的受访者比例中部最高（66.8%），西部高于东部（63.9%>53.0%）；选择更信任地方报道的依次为东部、西部、东部（19.3%>11.5%>8.4%）；东部和西部选择两种媒体都相信的比例均为20.3%；选

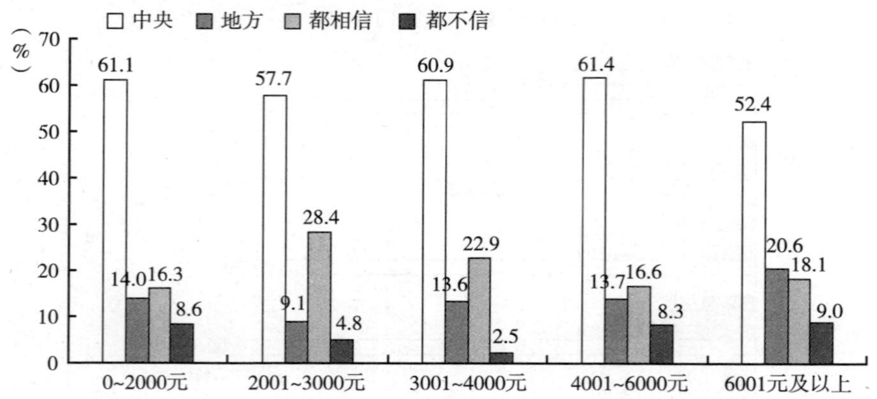

图 25　不同月收入区间居民对中央或地方新闻媒体信任度占比

择两种媒体都不相信的比例西部最低（4.3%）。反映了经济发达地区更信任地方新闻媒体的报道，经济欠发达地区更信任中央新闻媒体的报道。

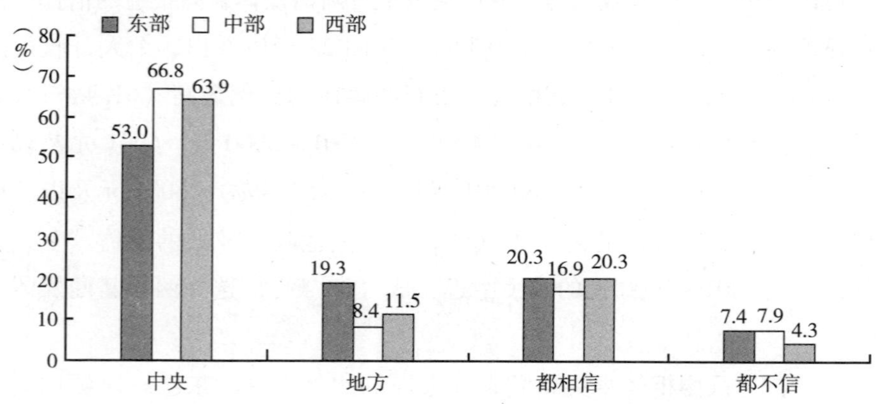

图 26　不同地区居民对中央/地方新闻媒体信任度占比

6. 研究生及以上学历选择两种媒体都不信的比例最高

将不同文化程度与对中央或地方新闻媒体新闻报道的信任评价进行交叉分析，可以发现，不同文化程度居民对中央或地方新闻媒体新闻报道的信任评价存在显著差异（$\chi^2 = 49.107$，$p < 0.05$）。从表 20 可以看出，文化程度在小学及以下和大学本科的受访者选择更相信中央新闻媒体报道的比例均在

六成以上，小学及以下略高于大学本科（68.9% >62.0%），初中文化程度的受访者比例最低（51.1%）；选择更相信地方媒体新闻报道的比例依次是初中、大专、大学本科、高中及中专、研究生及以上、小学及以下文化程度的受访者（23.7% >17.6% >15.4% >9.6% >8.6% >8.5%）。高中及中专文化程度的受访者选择都相信的比例最高，为24.9%，研究生及以上学历选择都不信的比例最高，为15.8%。

表20　不同文化程度受访者的职业群体信任度

单位：%

媒体类别	小学及以下	初中	高中及中专	大专	大学本科	研究生及以上
中央	68.9	51.1	59.7	59.7	62.0	54.1
地方	8.5	23.7	9.6	17.6	15.4	8.6
都相信	8.4	23.1	24.9	17.7	16.4	21.5
都不信	14.2	2.0	5.9	5.0	6.3	15.8

六　政府被信任度

政府信任，从广义上是指公民对一切政府行为的评估和判断。这种评估与判断在政府行为满足了公民的期望之后呈积极态势，当政府行为没能满足公民的期望，甚至是背离了公民的期望时，则呈现消极态势。从狭义上讲，政府信任是公民与政府在互动过程中建立起来的一种理性认同。[①] 我国在政治体制改革过程中，不断地分解和下放权力，这在激发社会活力的同时也在一定程度上造成了社会秩序的不稳定。作为当代社会信任中最为重要的一环，政治信任伴随社会民主的发展而发展。现代居民对政府传统的行政治理与社会管理模式提出了全新的要求。政府部门面临着各种各样的压力，居民对政府的信任度日益成为社会科学关注的重要问题。

国外爱德曼公关公司（Edelman Global Public Relations）展开过一项全

① 曾俊森：《政府信任论》，武汉大学博士学位论文，2013，第37页。

球性的信任度调查，其 2011 年年度报告中指出，中国公民对政府的信任度水平极高（88%）。而中国社会科学院社会学研究所对全国 28 个省份居民的随机抽样调查显示，中国民众对政府的信任存在明显的脱节现象：公众对中央政府信任度水平较高，而对地方政府的信任度水平则比较低。[①] 通过对我国政府信任度的调查，了解来自普通公众的意志，了解政府信任程度的变化，对稳定和凝聚公众与政府之间的关系有着积极意义。

1. 居民对政府的信任度整体较高，对中央政府的信任度显著高于对地方政府和司法机构的信任度

我们就居民对政府的信任度进行了评价，按 1～5 分为“非常不信任”至“非常信任”赋值。单样本 t 检验结果表明，居民对政府的信任度均高于一般水平（检验值 =3 分）。选择对地方政府信任程度“一般”的占比最高，达 39.0%，选择“比较信任”的占比居第二，达 28.4%。

居民对地方政府的信任度平均值为 3.18 分（见图 27）。单样本均值 t 检验结果（$t=5.744$，$df=996$，$p<0.01$）表明，居民对地方政府的信任程度显著高于一般水平；居民“比较信任”中央政府的占比最高，达 39.4%，选择“非常信任”的次之，占比为 24.6%。居民对中央政府的信任度平均值为 3.87 分，单样本均值 t 检验结果（$t=28.355$，$df=969$，$p<0.01$）表明，居民对中央政府的信任程度处于比较信任的水平。居民选择对司法机构信任程度“一般”的占比最高，达 33.9%，其次是选择“比较信任”的，占比为 27.6%。居民对司法机构的信任度平均值为 3.19 分。单样本均值 t 检验结果（$t=5.564$，$df=942$，$p<0.01$）表明，居民对司法机构的信任程度显著高于一般水平。

我们对居民的对地方政府信任度、中央政府信任度、司法机构信任度分别进行了两两配对检验。结果显示，居民对地方政府的信任度显著低于对中央政府的信任度（$t=-20.682$，$df=942$，$p<0.01$），居民对司法机构的信任度也显著低于对中央政府的信任度（$t=-18.573$，$df=898$，$p<0.01$），

① 曾俊森：《政府信任论》，武汉大学博士学位论文，2013，第 1 页。

居民对地方政府的信任度与对司法机构的信任度没有显著差别（$t=-0.521$，$df=918$，$p>0.05$）。

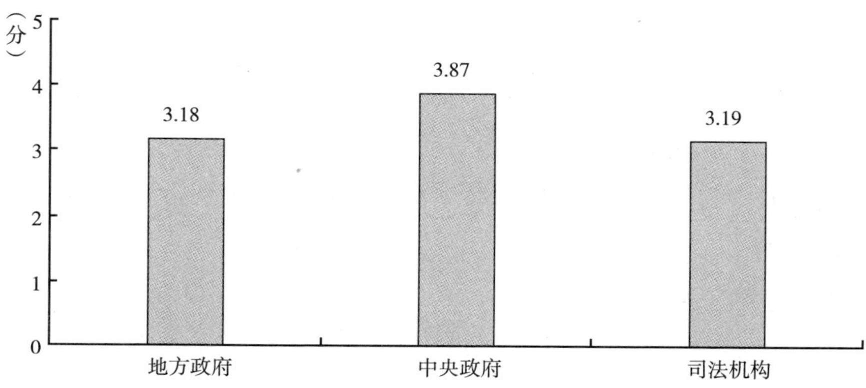

图 27　居民对政府信任度均值

2. 年龄在20岁以下和60岁及以上的居民对政府的信任度高于其他年龄段居民

从年龄来看，不同年龄居民的地方政府信任度、中央政府信任度、司法机构信任度均存在显著差异（$F=40.201$，$p<0.01$；$F=111.981$，$p<0.01$；$F=32.09$，$p<0.01$）。20 岁以下和 60 岁及以上对于地方政府的信任度较高（均值为3.42 分，均值为3.55 分）；除20 岁以下（均值为3.93 分）的受访居民外，年龄越大，受访居民对中央政府的信任度越高，从低到高依次为20～29岁、30～44 岁、45～59 岁、60 岁及以上；20 岁以下的受访居民对司法机构的信任度最高，60 岁及以上的受访居民次之，30～44 岁的受访居民最低（见表21）。

表 21　不同年龄居民的政府信任度均值

单位：分

类别	20 岁以下	20～29 岁	30～44 岁	45～59 岁	60 岁及以上
地方政府	3.42	3.07	3.01	3.18	3.55
中央政府	3.93	3.60	3.67	4.06	4.37
司法机构	3.58	3.30	3.03	3.07	3.38

3. 研究生及以上学历的居民对中央政府的信任度低于其他学历居民

从表22可以看出，不同学历的居民对中央政府信任度存在显著差异（$F=19.810$，$p<0.01$），而对地方政府信任度、司法机构信任度均不存在显著差异（$F=2.130$，$p>0.05$；$F=10.65$，$p>0.05$）。各学历的居民中，研究生及以上学历的居民对中央政府的信任度均值最低，为3.65分，小学及以下和初中学历的居民对中央政府的信任度最高，分别为4.01分、3.99分，高中及中专、大专、大学本科学历的居民均值分别为3.89分、3.72分、3.88分。

表22　不同学历居民的政府信任度均值

单位：分

类别	小学及以下	初中	高中及中专	大专	大学本科	研究生及以上
地方政府	3.24	3.11	3.18	3.24	3.19	3.07
中央政府	4.01	3.99	3.89	3.72	3.88	3.65
司法机构	3.33	3.01	3.18	3.11	3.31	3.17

4. 非农业户口居民对中央政府和地方政府的信任度均高于农业户口居民

独立样本t检验结果显示，农业户口居民与非农业户口居民对中央政府（$t=-2.084$，$df=737.226$，$p<0.05$）和地方政府（$t=-3.975$，$df=985$，$p<0.01$）的信任度均值比较结果显示（如图28所示），非农业户口居民对中央政府和地方政府的信任度均显著高于农业户口居民，但二者对司法机构的信任度不存在显著差异（$t=-1.334$，$df=729.756$，$p>0.05$）。进一步通过对居民地方政府和中央政府的信任度均值进行配对检验可以发现，农业户口与非农业户口的居民对中央政府的信任度都普遍显著高于对地方政府的信任度。

5. 居住地是户口所在地的居民对政府的信任度高于非户口所在地居民

独立样本t检验结果显示，居住地是户口所在地的居民与居住地为非户口所在地的居民对中央政府信任度（$t=2.840$，$df=968$，$p<0.01$）、地方政府信任度（$t=2.743$，$df=686.611$，$p<0.01$）存在显著差异，但对司法机构的信任度不存在显著差异（$t=-0.031$，$df=941$，$p>0.05$）。从图29

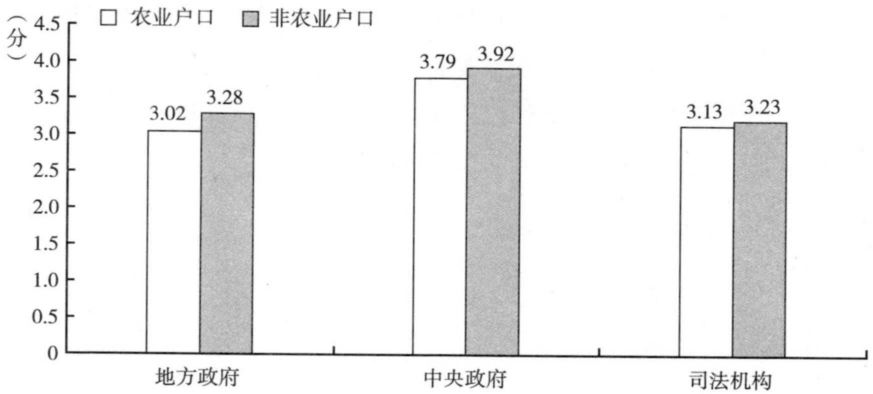

图 28　不同户口居民的政府信任度均值

可以看出，居住地是户口所在地的居民比居住地为非户口所在地的居民对中央政府的信任度更高，均值分别为 3.93 分、3.74 分，居住地是户口所在地的居民比居住地为非户口所在地的居民对地方政府的信任度也更高，均值分别为 3.24 分、3.06 分。

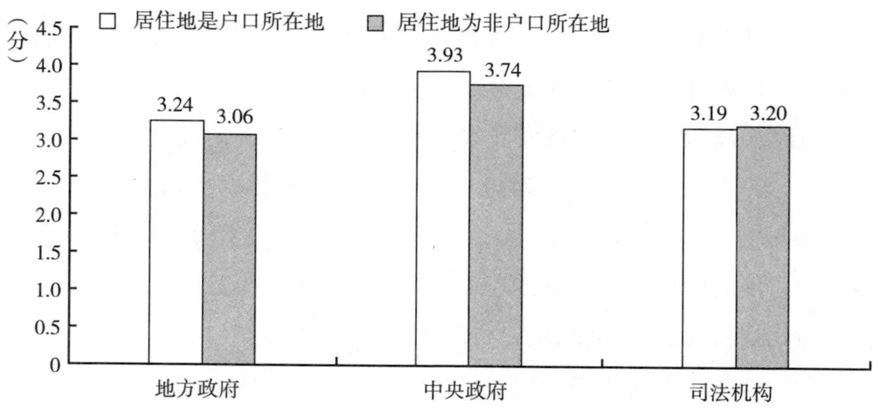

图 29　不同户口所在地居民的政府信任度均值

6. 女性对地方政府和司法机构的信任度要高于男性，而男性对中央政府的信任度高于女性

独立样本 t 检验结果显示，不同性别居民的对地方政府信任度（t =

-4.427，$df=995$，$p<0.01$）、中央政府信任度（$t=4.216$，$df=968$，$p<0.01$）和司法机构信任度均存在显著差异（$t=-4.197$，$df=929.725$，$p<0.01$）。从图30可以看出，女性比男性对地方政府信任度和司法机构的信任度更高，男性比女性对中央政府的信任度更高。

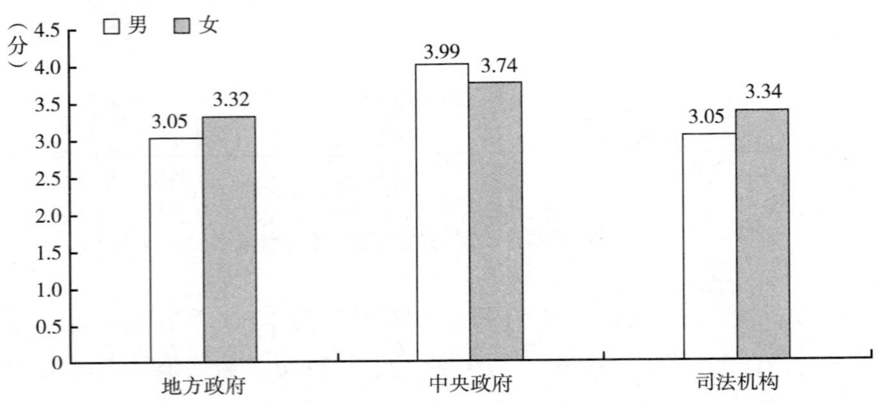

图30　不同性别居民的政府信任度均值

7. 相比于二、三线城市，一线城市的居民对中央政府和地方政府的信任度更低，对司法机构的信任度更高

数据结果显示，不同经济发展水平地区居民对中央政府信任度存在显著差异（$F=4.447$，$p<0.05$），对地方政府信任度和司法机构信任度均不存在显著差异（$F=0.943$，$p>0.05$；$F=2.411$，$p>0.05$）。由表23可见，一线城市居民对中央政府、地方政府的信任度低于二线城市居民及三线城市居民，对司法机构的信任度高于二、三线城市的居民。

8. 党政企事业单位负责人和离退休人员比较信任中央政府

从职业角度来看，经非参数检验，不同职业居民的地方政府信任度、中央政府信任度和司法机构信任度均存在显著差异（$\chi^2=70.49$，$p<0.01$；$\chi^2=70.45$，$p<0.01$；$\chi^2=61.82$，$p<0.01$）。办事人员和有关人员（均值为2.97分）、个体经营人员（均值为2.74分）、无业人员（均值为2.85分）、自由职业者（均值为2.87分）等职业的居民对地方政府的信任度均

表 23　不同经济发展水平地区居民对政府信任度均值

单位：分

类别	一线城市	二线城市	三线城市
地方政府	3.06	3.19	3.21
中央政府	3.61	3.89	3.94
司法机构	3.27	3.23	3.05

低于一般水平，离退休人员对地方政府的信任度均值最高（均值为 3.74 分）；党政企事业单位负责人和离退休人员比较信任中央政府，均值分别是 4.06 分和 4.43 分，生产、运输工人和有关人员的均值为 3.97 分，排在其后，剩下依次是农、林、牧、渔、水利业生产人员（均值为 3.87 分），学生（均值为 3.86 分），专业技术人员（均值为 3.85 分），无业人员（均值为 3.83 分），商业服务人员（均值为 3.75 分），办事人员和有关人员（均值为 3.67 分），其他（均值为 3.61 分），个体经营人员（均值为 3.57 分），自由职业者（均值为 3.55 分）；办事人员和有关人员（均值为 2.97 分），生产、运输工人和有关人员（均值为 2.83 分），个体经营人员（均值为 2.68 分），其他（均值为 2.27 分）等职业的居民对司法机构的信任度低于一般水平，学生对司法机构的信任度最高，均值为 3.62 分（见表 24）。

表 24　不同职业居民对政府信任度均值

单位：分

职业类别	地方政府	中央政府	司法机构
党政企事业单位负责人	3.35	4.06	3.39
专业技术人员	3.26	3.85	3.18
商业、服务人员	3.06	3.75	3.17
办事人员和有关人员	2.97	3.67	2.97
农、林、牧、渔、水利业生产人员	3.21	3.87	3.25
生产、运输工人和有关人员	3.16	3.97	2.83
个体经营人员	2.74	3.57	2.68
学生	3.33	3.86	3.62
离退休人员	3.74	4.43	3.37
无业人员	2.95	3.83	3.51
自由职业者	2.87	3.55	3.15
其他	2.27	3.61	2.27

七　结论

社会信任在很大程度上表征着我国的社会关系网络的稳定性和凝聚力。各种社会角色的被信任度不仅代表某一社会群体的被信任度，更表征着某一职业、行业或社会组成单位的社会功能强弱程度与稳定程度。上海交通大学舆情研究实验室社会调查中心在此背景下开展了一项覆盖我国 36 个城市的社会信任度调查，调查内容涉及职业群体被信任度、熟人社会被信任度、信息来源被信任度、新闻媒体被信任度和政府被信任度等，旨在全方位了解当前我国社会一些重要社会角色的被信任度状况。调查结果显示，不同社会角色的被信任度情况呈现一定的差异，同时，不同居民对同一社会角色的信任度也存在明显的差异性。

职业群体的被信任度调查结果表明，农民工、教师的被信任度最高，政府官员和企业家的被信任度最低；不同文化程度的受访者对法官、记者、农民工、钟点工的职业信任度存在显著差异；女性比男性更信任法官、警察、政府官员等社会地位较高的职业群体；男性比女性更信任农民工、钟点工等社会地位较低的职业群体；相比于东、西部地区，中部地区居民对记者和出租车司机的信任度更低，对钟点工信任度更高。

熟人社会被信任度结果显示，熟人社会圈群体被信任度从高到低依次为家人、亲戚、朋友、同学、同事、单位领导和邻居；60 岁及以上受访者最信任亲戚和邻居，20 岁以下受访者最信任朋友和同学；相比于其他学历的居民，本科学历受访者更信任家人、亲戚和同学，大专学历受访者更信任朋友和同事，初中学历受访者更信任邻居；不同婚姻状况的受访者对同事、同学、邻居、朋友和亲戚的信任程度差别显著，对家人和单位领导的信任程度差别不显著；相比于东部和西部地区的受访者，中部地区的居民对同学、邻居和家人的信任度更高；相比于一线城市和三线城市居民，二线城市居民对邻居、家人和亲戚的社会信任度更高。

不同信息来源的被信任度情况不一，居民对媒体报道、官方声明的信息信任程度较高；男、女受访者对于媒体报道、官方声明、专家意见与身边人议论的信任度评价差异显著；老年群体比中青年群体对媒体报道、官方声明、专家意见的信息信任度更高，青年群体比老年群体对意见领袖、普通网民、当事人、身边人的议论的信任度更高；不同收入群体在媒体报道、官方声明、专家意见、意见领袖与当事人的信任度评价上有显著差异；非农业户口居民对官方声明信任度评价显著高于农业户口居民；农业户口居民对意见领袖的信任度评价显著高于非农业户口居民；东、中、西部居民对当事人与身边人的议论的信任度评价有显著差异；一、二、三线城市居民对专家意见、意见领袖与当事人的信任度评价有显著差异；婚姻状况为离婚的受访者对媒体报道的信任度评价最高，对专家意见的信任度评价显著低于其他婚姻状况的受访者；不同教育背景受访者对专家意见与普通网民的信任度评价有显著差异。

不同媒介新闻报道的被信任度结果显示，超过半数受访者最信任电视的新闻报道，新闻网站和报纸的新闻被信任度也较高；女性受访者对电视、报纸的信任度显著高于男性，男性受访者对新闻网站的信任度显著高于女性；年龄越大，受访者对电视的信任度越高，对手机新闻客户端、微信与身边人的议论的信任度越低；农业户口居民相比于非农业户口居民，更多人相信手机客户端、微信、微博等平台的新闻，更少人相信报纸、广播、电视、新闻网站等平台的新闻；相比于其他地区，东部地区居民对电视更信任，中部地区居民对报纸更信任，西部地区对广播、杂志、手机新闻客户端、微信、微博等媒介的新闻更信任；一、二、三线城市受访者均对电视的信任度评价最高，三线城市受访者对新闻网站的信任度评价显著高于一线、二线城市受访者，二线城市受访者对报纸的信任度评价显著高于一线、三线城市受访者；高学历受访者更信任新闻网站的新闻，低学历受访者更信任电视媒体的新闻；不同职业受访者对新闻媒体的信任度评价有显著差异。

不同网络新闻媒体的被信任度结果显示，居民对腾讯网的信任度评价最高，央视网次之；女性受访者对央视网的信任度显著高于男性，男性受访者对凤凰网的信任度显著高于女性；年龄越大，受访者对各大新闻网站的信任度越低；农业户口受访者对腾讯网的信任度更高，非农业户口受访者对凤凰网的信任度更高；东部地区受访者对各种新闻网站的信任评价整体低于中、西部地区居民；一线、二线城市受访者更信任腾讯网，三线城市受访者则对央视网的信任度评价最高。

中央或地方新闻媒体的被信任度比较结果如下：超半数的受访居民更信任中央新闻媒体；超六成男性更相信中央新闻媒体，占比略高于女性；随着居民年龄的增长，选择更相信中央新闻媒体报道的比例逐渐降低，选择两种新闻媒体报道“都相信”的比例逐渐提高；个人月收入区间在4001～6000元的居民更相信中央新闻媒体报道的比例最高，而6000元及以上收入水平居民更信任地方新闻媒体报道的比例最高；中部居民更相信中央新闻媒体报道的比例最高，东部居民更相信地方新闻媒体报道的比例最高；研究生及以上学历的受访者选择两种媒体“都不信”的比例最高。

B.4

2014年居民阶层认同与社会流动调查报告

上海交通大学舆情研究实验室社会调查中心*

摘 要：中国社会的急剧变迁推动着社会阶层结构的不断演化与重组，合理的阶层结构与社会流动对于缓解社会冲突、促进社会稳定具有重要意义。上海交通大学舆情研究实验室社会调查中心采用电话调查的方法，对我国36个城市的居民阶层认同与流动通道评估展开了调查。主要调查结果如下：从居民的个人阶层认同调查结果来看，五成居民认同自己属于社会中层，近四成居民认为自己属于中下层或下层，仅有一成居民认同自己属于中上层或以上；本科学历者和研究生学历者的阶层认同显著高于比自身学历低的居民；高收入组的居民阶层认同最高，低收入和中低收入组居民的阶层认同偏低。从不同阶层认同的居民社会生活感受来看，社会阶层认同度越高的居民对其幸福感评价越高；中层和中上层阶层认同的居民的职业安全感显著高于下层和中下层；阶层认同越高的居民对社会公平感的评价越高。从社会流动的现状来看，近六成受访者认为与父辈相比，其社会地位有所上升；近五成居民认为社会的流动通道畅通；学生对社会流动通道畅通度的评价较低；超过60%的受访者认为未来5年，其自

* 课题负责人：谢耘耕；主要执笔人：万旋傲、付翔、潘玉、张旭阳、姬雁楠、刘璐；统计分析：李静、张旭阳。

身的社会地位会有上升；29 岁以下青年群体对自己未来的社会地位上升的信心更高。在个人对阶层流动的归因方面，教育和个人品质、素养、能力被认为是推进代际流动的主要原因；逾半居民认为流动受阻主要系社会原因所致。影响个人阶层认同的主要因素包括个人月收入、受挫感和幸福感；影响个人对社会流动通道评估的因素包括幸福感、受挫感、社会公平感、社会安全感；影响个人对社会流动预测的因素包括年龄和幸福感。

关键词： 阶层认同　社会流动　流动通道评估

随着改革开放的不断推进，中国社会发生着急剧变迁，社会经济不平等的拉大和利益格局的调整都导致了社会阶层结构的不断变化，新的阶层关系和阶层内部结构都不断地重新分化与重组。社会阶层结构也是社会关系结构、社会发展结构的重要表征，透过社会阶层能全方位地把握社会总体运行状态，推动社会发展结构与经济结构愈加契合，促进和谐社会建设。

社会阶层与社会流动的概念密不可分，社会流动的研究是对社会结构的动态分析，关注社会分层结构（即等级和不平等）的形成过程和结构状况的变化。“社会流动是指社会成员从某一种社会地位转移到另一种社会地位的现象。在一个既定的社会阶层结构里，如果转移流动的方向是较低的社会地位流动到较高的社会地位称为上升流动，反之则称为下降流动。”[①] 合理的社会流动缩小了人与人之间的差异，缓解了由社会地位差异而产生的隔阂和冲突，从而发挥了促进社会稳定的功能。[②]

① 陆学艺：《当代中国社会流动》，社会科学文献出版社，2004，第 1～2 页。

② 〔英〕约翰·罗尔斯：《正义论》，何怀宏等译，中国社会科学出版社，1998，第 56～58 页。

上海交通大学舆情研究实验室社会调查中心开展了一项覆盖我国36个城市的“居民阶层认同与流动通道评估”的电话调查，调查内容主要涉及居民的社会阶层认同、社会流动情况、社会流动通道评估、社会流动预测、流动受阻归因等方面的主观评估，并考察了个人的生活感受、职业感受、社会感受、政府满意度及个人的人口学信息等，旨在呈现我国城市居民的阶层认同与流动通道评估现状，同时分析不同阶层认同与流动评估的群体分布差异、社会感受差异，以及居民的阶层认同与流动通道评估背后的影响因素。

一　被调查者情况介绍

本次调查以电话调查的方式在全国36个城市展开，覆盖了全国31个省份，样本从总电话号码库中以随机抽样的方式获取，共获取有效样本1080份。其中，男性占50.7%，女性占49.3%，性别分布较均衡；在年龄方面，20岁以下居民占9.0%，20~29岁居民占20.7%，30~44岁居民占30.8%，45~59岁居民占24.1%，60岁及以上居民占15.4%；居住于东部地区居民最多，占42.8%，中部地区居民占22.2%，西部地区居民占35.0%；被调查居民教育程度整体处于中等水平，小学及以下的居民较少，占6.4%，初中、高中、大专、大学本科的居民分别占19.1%、25.1%、17.8%、27.2%，研究生及以上学历的居民最少，为4.4%；职业分布较为广泛，其中专业技术人员，离退休人员，学生，商业、服务人员占比较多，分别占15.2%、13.8%、13.0%、10.1%；非农业户口居民占62.2%，农业户口居民占37.8%；从职业状态来看，在职人员超过半数，占58.1%，无稳定职业、学生、离退休人员分别占14.6%、14.0%、13.0%；从个人月收入水平来看，无收入者共占19.2%，2001~3000元、3001~4000元、4001~5000元月收入者占比较多，分别占15.7%、16.8%、12.3%，其他各月收入分段的占比均不超过10%。

二　个人阶层认同

1. 五成居民认同自己属于社会中层，近四成居民认为自己属于中下层或下层，仅一成居民认同自己属于中上层或以上

个人的社会阶层认同即个人认同自身属于社会中的哪一个阶层，分别包括下层、中下层、中层、中上层和上层5个级别。由图1可见，认同自身属于社会中层的受访者超过一半，占51.5%。其次，有24.6%的受访者认为自己身处中下层，有13.3%的受访者认为自己身处下层，二者共占37.9%。而认为自己身处中上层的受访者占8.7%，阶层认同为上层的仅有1.9%。可见，五成居民认同自己属于社会中层，近四成居民认为自己属于中下层或下层，仅有一成居民认同自己属于中上层或以上。

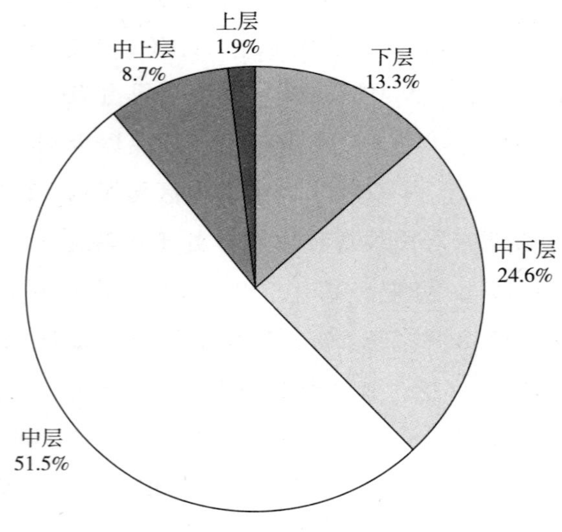

图1　受访者对自我阶层认同的分布

2. 本科学历者和研究生学历者的阶层认同显著高于比自身学历低的居民，初中学历者阶层认同最低

方差分析结果表明，不同学历居民的阶层认同均值具有显著差别（$F=$

7.435，$p<0.01$）。由图2可见，学历为小学的阶层认同均值为2.71分，相比于其他学历受访者的阶层认同处于中等水平，从初中到研究生学历的居民阶层认同均值逐渐递增，分别为2.40分、2.52分、2.61分、2.78分、3.08分。经过两两比较，本科学历者和研究生学历者的阶层认同均值都显著高于比自身学历低的居民。阶层认同最低的群体属于初中学历者，其阶层认同均值显著低于其他各学历的居民，包括小学学历者。

小学学历者阶层认同情况偏高的一个重要原因在于，不同学历的居民年龄分布呈现逐渐递减的趋势，即从小学学历者到研究生学历者，其平均年龄逐渐降低。小学学历者整体年龄较大，有38.8%为60岁及以上，有23.9%为45～59岁。该群体学历较低，但阶层认同分布并非整体偏低，其中60岁及以上居民即有66.6%认为自己属于中层或以上。可见，小学学历者的整体年龄偏高，拉高了其阶层认同均值。

整体而言，初中学历的居民，阶层认同最低；随着学历递增，阶层认同也呈递增趋势。

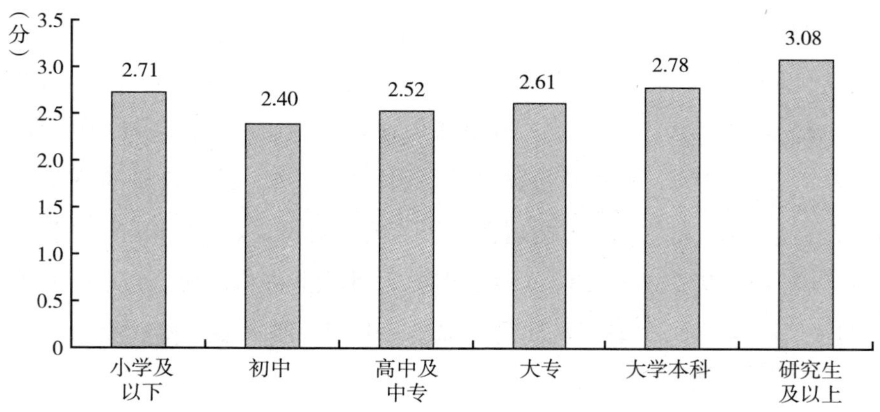

图2　不同教育程度受访者的阶层认同均值对比

3. 45～59岁居民的阶层认同比其他年龄组居民低

方差分析结果表明，不同年龄段的居民阶层认同均值分布具有显著差异（$F=3.906$，$p<0.01$）。由图3可见，20岁以下、20～29岁、30～44岁、

45～59岁、60岁及以上年龄组居民的阶层认同均值分别为2.75分、2.64分、2.66分、2.43分、2.71分。经过两两比较，45～59岁年龄组居民的阶层认同最低，显著低于其他各年龄组居民，其他各年龄组的居民阶层认同均值没有显著差别。

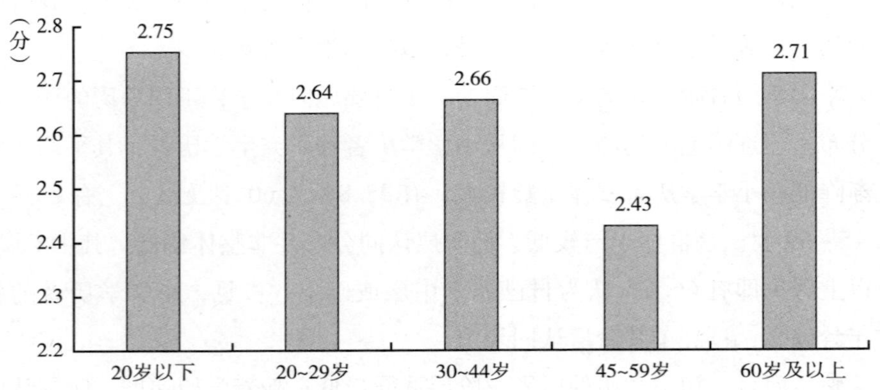

图3　不同年龄受访者的阶层认同均值对比

4. 农业户口居民比非农业户口居民的阶层认同显著更低

我们对不同户口的居民的阶层认同情况进行独立样本 t 检验，结果显示，非农业户口的居民的阶层认同高于农业户口的居民（$t = -1.959$，$df = 642.094$，$p < 0.10$），差异呈边际显著。由图4可知，农业户口的阶层认同均值为2.53分，非农业户口的居民阶层认同均值为2.66分。尽管农业户口居民（$t = -8.892$，$df = 353$，$p < 0，01$）和非农业户口居民（$t = -10.192$，$df = 605$，$p < 0.01$）的阶层认同情况都显著低于一般水平（检验值为3分），但农业户口居民相比于非农业户口居民的阶层认同更低。

5. 农、林、牧、渔、水利业生产人员的阶层认同比其他职业群体低

方差分析结果表明，不同职业的居民阶层认同具有显著差异（$F = 4.116$，$p < 0.05$）。本次调查将职业分为党政企事业单位负责人，专业技术人员，商业、服务人员，办事人员和有关人员，农、林、牧、渔、水利业生产人员，生产、运输工人和有关人员，个体经营人员，学生，离退休人员，无业人员，

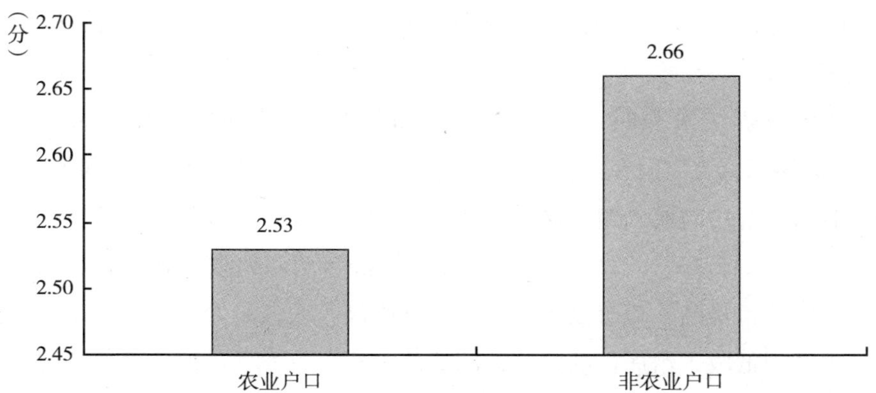

图 4　不同户口受访者的阶层认同均值对比

自由职业者和其他 12 类，其阶层认同均值分别为 2.86 分、2.64 分、2.65 分、2.88 分、1.91 分、2.44 分、2.68 分、2.79 分、2.63 分、2.50 分、2.52 分、2.98 分（见图 5）。经过两两比较发现，农、林、牧、渔、水利业生产人员的阶层认同感最低，显著低于（除了生产、运输工人和有关人员之外的）其他各类职业群体，党政企事业单位负责人的阶层认同均值仅显著高于农、林、牧、渔、水利业生产人员，生产、运输工人和有关人员两类群体。

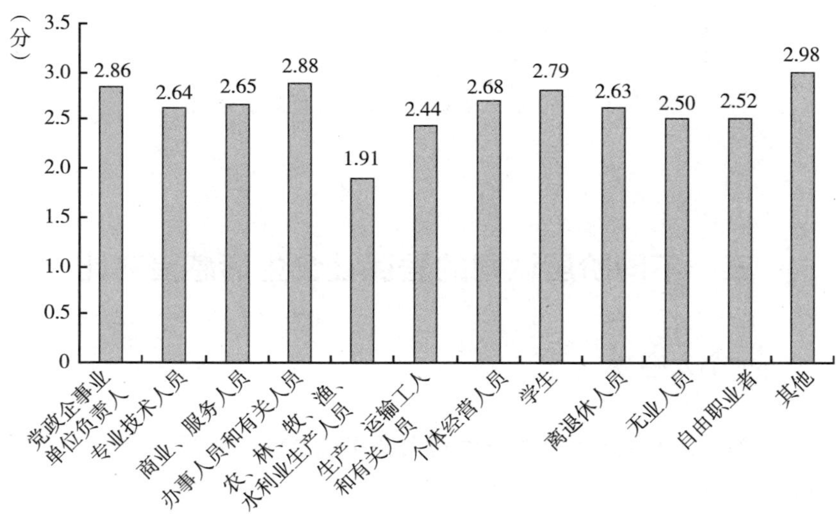

图 5　不同职业受访者的阶层认同均值对比

6. 高收入组的居民阶层认同最高，低收入组和中低收入组居民的阶层认同较低

方差分析结果表明，不同收入的居民的阶层认同均值具有显著差异（$F=15.943$，$p<0.01$）。由图 6 可见，无收入组、低收入组、中低收入组、中等收入组、中高收入组、高收入组的阶层认同均值分别为 2.72 分、2.20 分、2.33 分、2.63 分、2.72 分、3.02 分。经过两两比较发现，高收入组的阶层认同均值最高，显著高于从无收入到中高收入各组的阶层认同均值；低收入组和中低收入组居民的阶层认同均值没有显著差别，但二者的阶层认同都显著低于无收入组、中等收入组、中高收入组、高收入组。

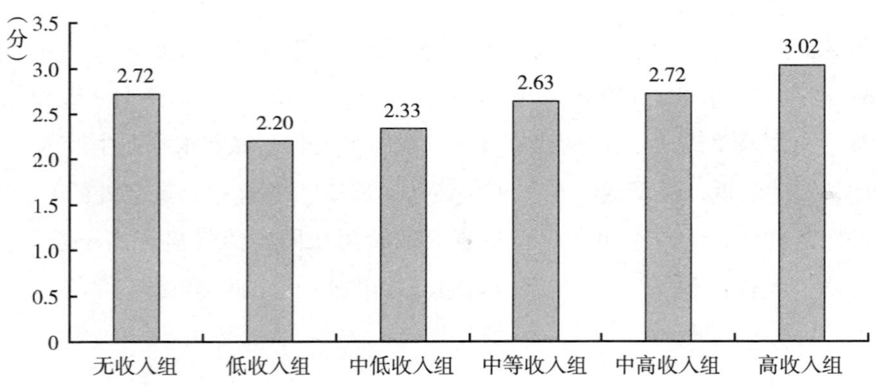

图 6　不同收入受访者的阶层认同均值对比

三　不同阶层认同的居民社会生活感受对比

（一）个人感受

1. 社会阶层认同度越高的居民对自身幸福感评价越高

2010 年中央电视台推出了轰动一时的关于“幸福是什么”的调查，一时间“幸福”这个词频频出现在公众的视野中。到底什么是幸福、现阶段

中国居民的幸福感评价如何、身处什么阶层的人最幸福，这些问题备受热议。随着社会经济的发展，中国社会的贫富差距持续扩大，社会分层成为一种常见的社会现象。社会学研究表明，社会分层会对人们产生广泛的影响，包括情感、态度、行为、生活方式等方面，自然也影响着人们对自身幸福感的认识。

方差分析检验结果表明，不同阶层认同的居民幸福感具有显著差异（$F = 23.031$，$p < 0.01$）。由图 7 可见，认为自己社会阶层属于上层、中上层、中层、中下层、下层的居民对自身幸福感评价均值分别是 7.28 分、7.95 分、7.62 分、6.64 分、6.28 分。经过两两比较可以发现，认为自己属于下层的居民，其幸福感程度要显著低于认为自己属于中层、中上层和上层的居民；认为自己属于中上层的居民，其幸福感程度要显著高于认为自己属于下层、中下层的居民。整体而言，对自己社会地位评价越高的居民对其幸福感评价越高。

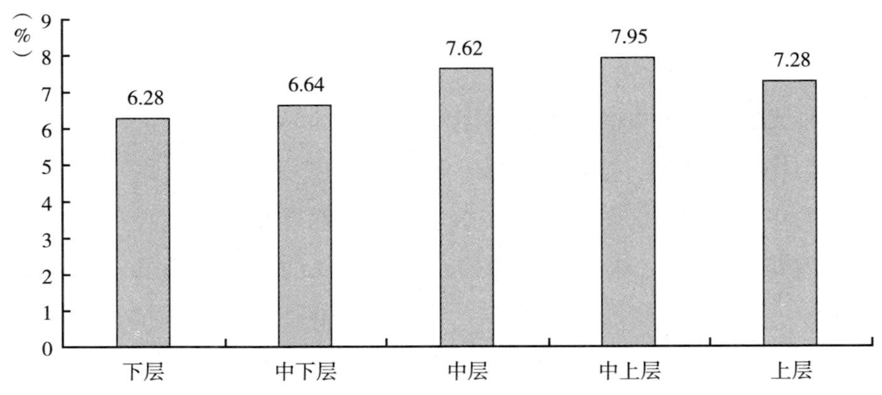

图 7　不同阶层认同的居民幸福感平均值

2. 阶层认同为下层的居民压力感显著高于其他阶层

我们将居民的压力感从“没有压力”到“压力非常大”进行评分，分别计值为 1 ~5 分。方差分析检验结果表明，不同阶层认同的居民压力感具有显著差异（$F = 12.598$，$p < 0.01$）。由图 8 可见，认为自己属于下层、中

下层的居民压力感较高，平均值分别为 3. 81 分、3. 33 分，认为自己属于中层、中上层和上层的居民压力感平均值分别为 2. 99 分、2. 82 分、2. 88 分。经过两两比较可以发现，认为自己属于下层的居民，其压力感程度要显著高于其他阶层；认为自己属于中下层的居民，其压力感要显著低于自我认同为下层的居民，并显著高于自我认同为中层、中上层的居民。

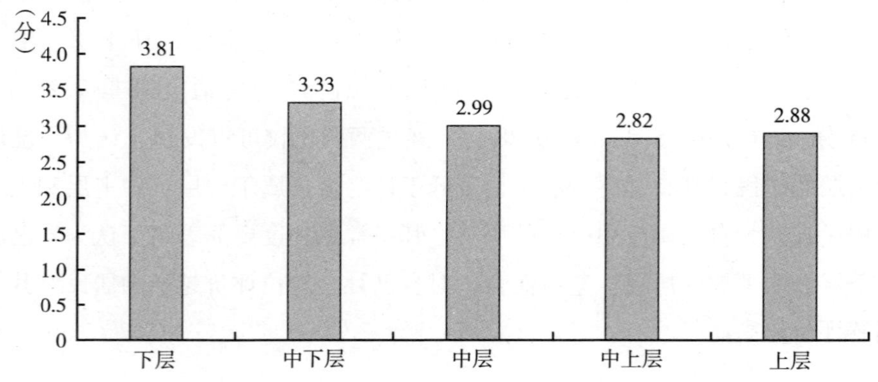

图 8　不同阶层认同的居民压力感平均值

3. 认为自己属于中上层的居民挫折感最低

我们将居民对挫折感的评价按 1 ~ 5 分为“完全没有”到“感觉很强烈”进行评分。方差分析检验结果表明，不同阶层认同的居民的压力感具有显著差异（$F = 13.501$，$p < 0.01$），并且居民的压力感均低于一般水平（检验值为 3 分）。由图 9 可见，认为自己属于中上层的居民的挫折感评价最低，平均值仅为 1. 85 分；认为自己属于下层的居民挫折感最强烈（均值为 2. 82 分），挫折感次强烈的是认为自己属于中下层的居民（均值为 2. 35 分）；认为自己属于上层、中层的居民挫折感平均值分别为 2. 11 分、2. 08 分。经过两两比较，认为自己属于下层的居民，其挫折感程度要显著高于其他阶层；认为自己属于中下层的居民，其挫折感要显著低于认为自己属于下层的居民，显著高于认为自己属于中层、中上层的居民；认为自己属于中上层的居民，其挫折感要显著低于认为自己属于下层和中下层的居民。

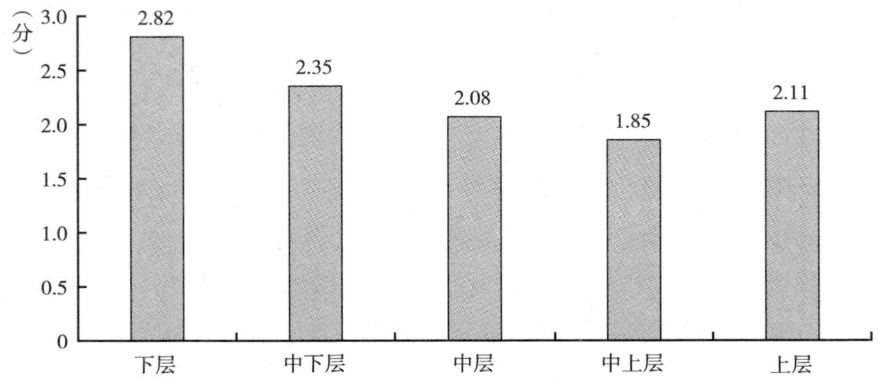

图9 不同阶层认同的居民挫折感平均值

（二）职业感受

1. 中层和中上层阶层认同的居民的职业安全感显著高于下层和中下层认同的居民，上层阶层认同的居民职业安全感与其他阶层认同的居民没有显著差别

我们将居民对自己职业的安全感按1~5分为“非常不稳定”到“非常稳定”进行评分。方差分析结果表明，不同阶层认同的居民的职业安全感具有显著差异（$F=6.107$，$p<0.01$）。由图10可见，认为自己属于上层的居民职业安全感均值达4.58分；认为自己属于中上层、中层、中下层和下层的居民的职业安全感平均值分别为3.98分、3.95分、3.60分、3.41分。经过两两比较可以发现，认为自己属于下层和中下层的居民的职业安全感显著低于认为自己属于中层和中上层的居民。总之，居民的职业安全感随着社会地位的提升而不断增强。

2. 不同阶层认同的居民的职业公平感差异不显著

居民对自己职业的公平感评价，涉及薪资待遇的公平性、报酬水平的公平性、福利分配的偏颇性、分配规则的公平性、个人分配的公平性、领导决策的公平性以及收入变化的公平性。职业公平感量表的信度为0.707。数据显示，认为自己属于上层、中上层、中层、中下层、下层的居民的职业公平

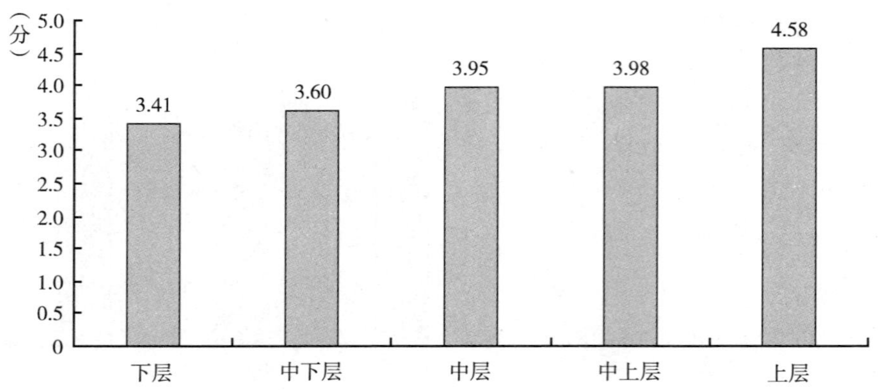

图 10　不同阶层认同的居民的职业安全感平均值

感均值分别为 23.27 分、24.53 分、23.98 分、22.74 分、22.48 分，不同阶层认同的居民的职业公平感不存在显著差异（$F = 1.898$，$p > 0.05$）。两两比较发现，认为自己属于下层和上层的居民与其他各阶层的职业公平感均不存在显著差异，仅认为自己属于中下层的居民的职业公平感显著低于中层（$p < 0.05$）和中上层（$p < 0.05$）。总体来看，不同阶层认同的居民的职业公平感差异不显著。

（三）社会感受

1. 认为自身社会地位处于中层及以上阶层的居民对社会和谐度评价较高

本次居民对社会和谐度的评价包括了居民对工作和生活等方面的和谐度、居民与家庭成员之间关系的和谐度、与家庭成员之外的人交往的和谐度以及居民对当今社会和谐度的评价，我们按 1～5 分为“非常不和谐”到“非常和谐”进行评分，社会和谐度的信度为 0.699。

方差分析检验结果显示，在 0.01 显著性水平下，不同阶层认同的居民的对社会和谐度的评价存在显著差异（$F = 7.429$，$p < 0.01$）。由图 11 可见，认为自己属于上层、中上层、中层、中下层、下层的居民社会和谐度评价平均值分别为 15.14 分、15.42 分、15.37 分、14.77 分、14.12 分。两两比较发现，认为自己属于下层的居民其对社会和谐度的评价显著低于认为自

己属于中下层、中层和中上层的居民；认为自己属于中下层的居民对社会和谐度的评价显著高于认为自己属于下层的居民，但又显著低于认为自己属于中层和中上层的居民。不难发现，认为自身社会地位处于中层及以上阶层的居民对社会和谐度的评价要高于认为自己属于中层以下的居民。

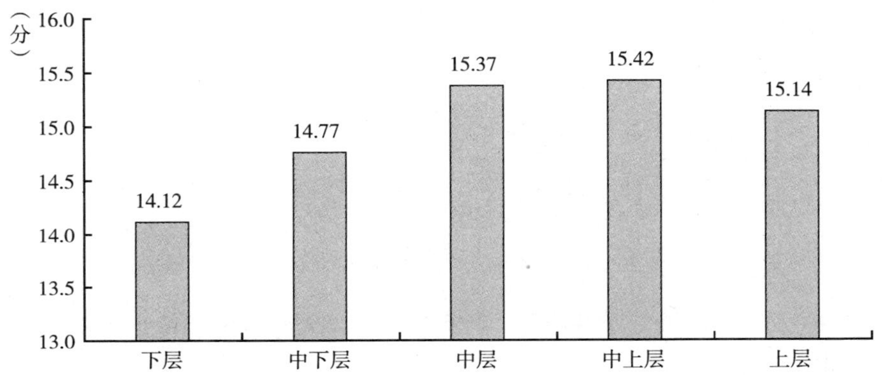

图 11　不同阶层认同的居民的社会和谐度评价均值

2. 不同阶层认同的居民对食品安全、医疗安全、财产安全的评价均存在显著差异，认为自己属于中下层的居民对食品安全、医疗安全、财产安全的评价最低

在本次调查中，居民对社会安全感的评价涵盖了社会安全感、食品、医疗、人身、财产和个人隐私 6 个方面，我们分别按 1～5 分为“非常不安全”到“非常安全”进行评分。方差分析检验结果显示，不同阶层认同的居民对社会安全感、人身安全感、个人隐私安全感、食品安全感不存在显著差异（$p>0.05$），即自我认同为上层、中上层、中层、中下层、下层的群体对个人人身安全、个人隐私安全、食品安全的评估差别不显著；而不同阶层认同的居民对医疗安全（$F=2.565$，$p<0.05$）、财产安全（$F=5.034$，$p<0.01$）的评价则存在显著差异。

从图 12 可以看出，在医疗安全感方面，认为自己属于上层、中上层、中层、中下层和下层的居民对医疗安全的评价均值分别为 3.44 分、3.24

分、3.15分、2.98分、3.27分。其中，认为自己属于中下层的居民对医疗安全的评价最低，显著低于认为自己属于下层、中层和中上层的群体（$p<0.05$），但并不显著低于认为自己属于上层的群体（$p>0.05$），可见认为自己属于上层的群体对医疗安全的评价分布较不均衡。综合而言，中下层的居民对医疗安全的评价整体更低。

在财产安全感方面，认为自己属于上层、中上层、中层、中下层和下层的居民对财产安全的评价均值分别为3.83分、3.71分、3.72分、3.43分、3.77分。分别对5个群体进行两两比较发现，认为自己属于中下层的居民对财产安全的评价最低，显著低于下层（$p<0.01$）、中层（$p<0.01$）、中上层（$p<0.05$）。

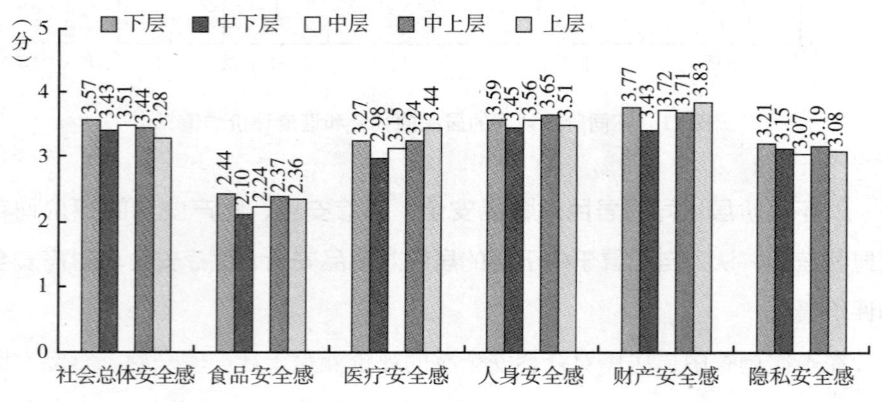

图12　不同阶层认同的居民的社会安全感平均值

3. 在整体上，对自己社会地位评价越高的居民对社会公平感的评价越高

方差分析检验结果显示，在0.05显著性水平下，不同阶层认同的居民对社会公平感的评价存在显著差异（$F=5.564$，$p<0.01$）。由图13可见，认为自己属于上层、中上层、中层、中下层、下层的居民对社会公平感的评价平均值分别为3.80分、2.96分、2.99分、2.77分、2.59分。经过两两比较，认为自己属于下层的居民对社会公平感的评价显著低于认为自己属于中层、中上层和上层的居民；认为自己属于中层的居民，对社会公平感的评

价要显著高于认为自己属于下层、中下层的居民，但显著低于认为自己属于上层的居民。整体来看，对自己社会地位评价越高的居民对社会公平感的评价越高。

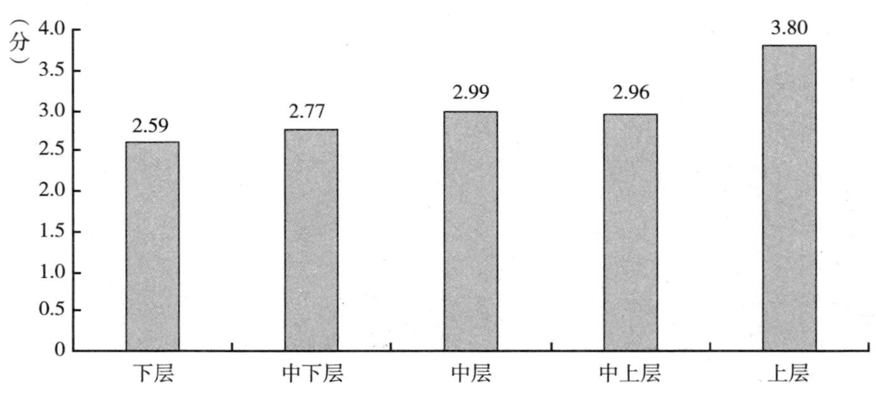

图 13　不同阶层认同的居民的社会公平感平均值

（四）政府满意度

1. 认为自己属于社会下层的居民对中央政府和地方政府的满意度比其他阶层认同的居民低

我们将居民对政府满意度按 1～5 分为“非常不满意”到“非常满意”进行评分。从图 14 可以看出，认为自己属于下层、中下层、中层、中上层、上层的居民对中央政府的满意度均值分别为 3.68 分、3.93 分、4.01 分、3.94 分、4.03 分，对地方政府的满意度均值分别为 2.62 分、3.00 分、3.27 分、3.26 分、3.95 分。方差分析检验结果显示，不同阶层认同的居民对中央政府满意度（$F=3.239$，$p<0.05$）和地方政府满意度（$F=12.997$，$p<0.01$）均存在显著差异。经过两两比较发现，认为自己属于下层的居民对中央政府的满意度均值显著低于中下层、中层、中上层，对地方政府的满意度均值显著低于中下层、中层、中上层和上层，上层和下层认同的居民对中央政府的满意度没有显著差别。

将5类阶层认同的居民对中央政府满意度和地方政府满意度分别进行均值配对检验可以发现，下层（$t=-9.588$，$p<0.05$）、中下层（$t=-13.123$，$p<0.05$）、中层（$t=-15.918$，$p<0.05$）和中上层（$t=-5.346$，$p<0.05$）4类阶层认同的居民对中央政府的满意度均显著高于对地方政府的满意度，但认同自己为上层的居民对中央政府的满意度与地方政府的满意度没有显著差别（$t=-0.258$，$p<0.05$）。

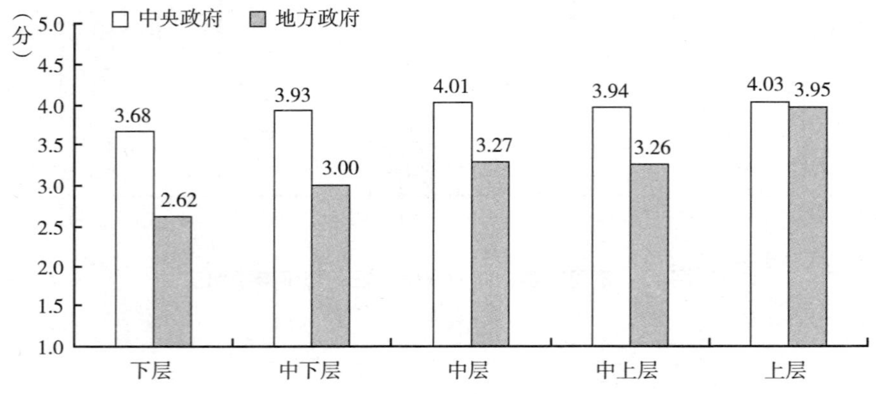

图14　不同阶层认同的居民的政府满意度平均值

2. 不同阶层认同的居民对食品卫生、教育、社会治安、社会保障、劳动就业、物价水平等方面的满意度差别显著，对环境、医疗服务的满意度不存在显著差异

本次关于居民对社会公共服务满意度的评价包含了食品卫生、环境、医疗服务、教育、社会治安、社会保障、劳动就业、物价水平8个领域，我们分别按1~5分为“非常不满意”到“非常满意”进行评分。

方差分析检验结果显示，不同阶层认同的居民对食品卫生（$F=3.172$，$p<0.05$）、教育（$F=2.426$，$p<0.05$）、社会治安（$F=6.427$，$p<0.01$）、社会保障（$F=3.413$，$p<0.05$）、劳动就业（$F=4.371$，$p<0.01$）、物价水平（$F=3.291$，$p<0.05$）等方面的满意度均存在显著差异，而对环境、医疗服务满意度不存在显著差异（$p>0.05$）。

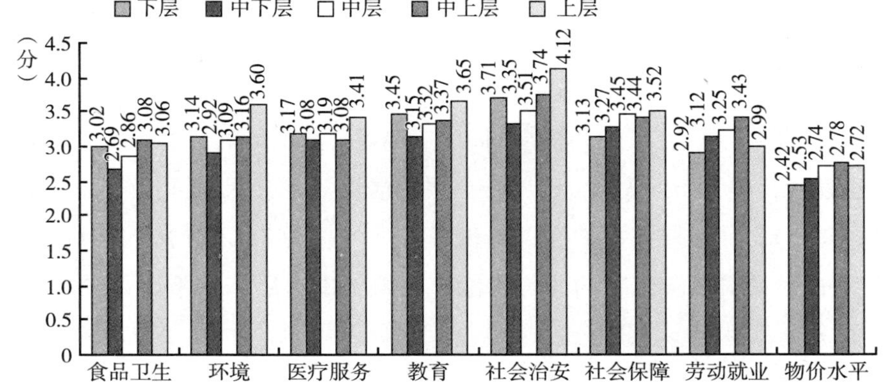

图 15　不同阶层认同的居民的社会服务满意度平均值

从图 15 可以看出，在食品卫生方面，认为自己属于下层、中上层和上层的居民对食品卫生的满意度均高于一般水平（检验值 =3 分），认为自己属于中上层的居民对食品安全的评价均值分别高于上层和下层的居民（3. 08 分 >3. 06 分 >3. 02 分）；中下层阶层认同的居民对食品卫生的评价均值最低（2. 69 分），其次是中层阶层认同的居民（均值为 2. 86 分）。

在环境方面，除中下阶层认同的居民（均值为 2. 92 分）以外，居民对环境满意度的评价均高于一般水平（检验值 =3 分），认为自己属于上层的居民对环境的评价最高，平均值为 3. 60 分，中层居民的评价较低（均值为 3. 09 分），认为自己属于中上层的居民对环境的评价均值要稍高于下层认同的居民（3. 16 分 >3. 14 分）。

在教育方面，不同阶层认同的居民对教育的评价均高于一般水平（检验值 =3 分），认为自己属于上层的居民对教育评价最高，达 3. 65 分，紧随其后的是认为自己属于下层的居民（均值为 3. 45 分），认为自己属于中上层的居民对教育的评价均值要略高于中层（3. 37 分 >3. 32 分），对教育评价最低的是认为自己属于中下层的居民，平均值为 3. 15 分。

在社会治安方面，认为自己属于上层的居民比较满意社会治安，对其评价最高（均值为 4. 12 分）。紧随其后的是认为自己属于中上层和下层的居民（均值为3.74分和3.71分）；认为自己属于中层的居民对社会治安的评价均值要高于中下层认同的居民（3.51分 > 3.35分）。经过两两比较，中下阶层认同的居民对社会治安的评价要显著低于其他阶层（$p < 0.05$ 分）。

在社会保障方面，不同阶层认同的居民对社会保障的评价均高于一般水平（检验值 = 3分），认为自己属于上层的居民对社会保障评价最高（均值为3.52分），而下层认同的居民评价最低（均值为3.13分），认为自己属于中层的居民对社会保障的评价均值分别高于中上层和中下层认同的居民（3.45分 > 3.44分 > 3.27分）。

在劳动就业方面，认为自己属于中上层的居民对劳动就业的评价最高，平均值为3.43分，认为自己属于上层和下层的居民对其评价比较低（均值为2.99分，均值为2.92分）；认为自己属于中层的居民对劳动就业的评价均值要高于中下层的居民（3.25分 > 3.12分）。经过两两比较，认为自己属于下层的居民对劳动就业的评价显著低于中层（$p < 0.01$）和中下层认同的居民（$p < 0.01$）。

在物价水平方面，不同阶层认同的居民对物价的评价均低于一般水平（检验值 = 3分），认为自己社会地位较低的居民对物价水平的评价较低，下层认同的居民对物价水平评价最低，仅为2.42分，中下层认同的居民评价均值为2.53分；认为自己属于上层的居民对其评价最高（均值为2.78分），中层认同的居民对物价水平的评价均值略高于上层（2.74分 > 2.72分）。

四　中国社会流动现状

（一）代际流动评价

代际流动又称“异代流动”，指同一个家庭中上下两代人之间社会地位的变动。本次调查考察了个人对自身代际流动的评价，即认为自己跟父辈相比，社会地位有什么变化。我们将选项从“大幅下降”至“大幅上升”进行5级评分，分别赋值 -2 分到 2 分。

1. 近六成受访者认为与父辈相比，其社会地位有所上升

近六成受访者认为自己的社会地位相比于父辈有所上升，其中有40.1%的受访者认为“略有上升”，占比最高；有19.6%认为“上升很多”。数据结果表明，与上一代相比，多数受访者对其自身代际流动情况的评价持乐观的态度，呈现向上流动的态势。同时，有28.6%的受访者认为其社会地位与上一代相比“没变化”；有7.5%的受访者认为其社会地位“略有下降”，仅有4.1%的受访者认为“下降很多”（见图16）。

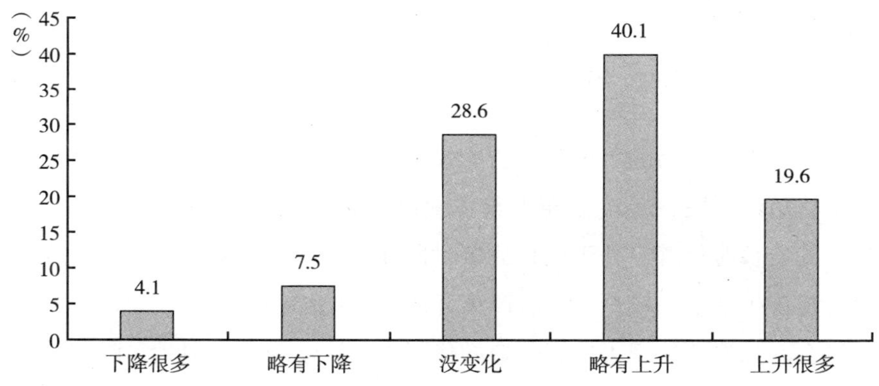

图16　受访者的代际流动评价

2. 小学及以下学历的居民认为自己较父辈的社会地位提升最大

方差分析结果表明，不同学历的受访者的代际流动评价存在显著差异（$F = 2.676$，$p < 0.05$）。整体而言，受访者普遍认为自身社会地位较父辈有所提升（总体代际流动均值为0.64分，显著高于一般检验值0分，$t = 19.802$，$df = 993$，$p < 0.01$）。从图17可以看出，小学及以下学历的受访者的代际流动评价均值为1.08分，初中、高中及中专、大专、大学本科、研究生及以上学历的居民的代际流动评价均值分别为0.65分、0.57分、0.61分、0.61分、0.71分。进一步经过两两比较发现，小学及以下学历受访者社会地位变化幅度显著高于初中、高中及中专、大专、大学本科学历居民（$p < 0.05$），与研究生及以上学历居民社会地位变动幅度无显著差异（$p > 0.05$）。

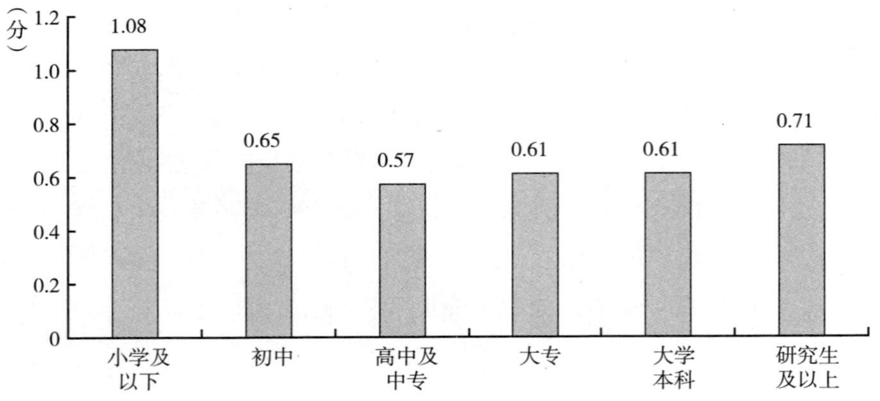

图 17　不同学历居民的代际流动评价均值对比

小学及以下学历的居民对自身的代际流动评价最高，主要原因在于小学及以下学历的居民在年龄分布上整体偏高，其中 45 岁以上居民占 62.7%，其父辈的成长时代普遍处于抗日战争时期和新中国成立初期，社会动荡导致社会的整体生活水平较低。随着改革开放给居民提供更多的社会地位上升空间与机会，该群体出现了较为普遍的代际向上流动现象。但是，随着社会的持续、稳定发展，在社会生活水平普遍提高的同时，社会地位上升空间也在不断缩小。因此，在本次调查结果中，小学及以下学历的居民，代际流动评价均值显著高于除研究生学历以外的其他学历的居民。

3. 生产、运输工人和有关人员对自身的代际流动评价最低

我们针对受访者职业进行代际流动评价的方差分析，结果表明，不同职业受访者的代际流动情况存在显著差异（$F=2.219$，$p<0.05$）。由表 1 可见，通过均值多重比较发现，生产、运输工人和有关人员的代际流动评价均值（0.19 分）显著低于党政企事业单位负责人（0.74 分），商业、服务人员（0.71 分），办事人员和有关人员（0.65 分），农、林、牧、渔、水利业生产人员（0.69 分），个体经营人员（0.80 分），学生（0.71 分），离退休人员（0.69 分），无业人员（0.75 分）和其他职业人员（0.97 分）（$p<0.05$），与专业技术人员（0.47 分）无显著差异（$p>0.05$）。

表1　不同职业受访者代际流动评价均值对比

单位：人，分

职业	数量	均值
党政企事业单位负责人	50	0.74
专业技术人员	143	0.47
商业、服务人员	99	0.71
办事人员和有关人员	71	0.65
农、林、牧、渔、水利业生产人员	53	0.69
生产、运输工人和有关人员	64	0.19
个体经营人员	61	0.80
学生	120	0.71
离退休人员	135	0.69
无业人员	75	0.75
自由职业者	66	0.59
其他	22	0.97
总　数	959	0.64

4. 高收入群体对自己的代际流动评价高于其他较低收入群体

本调查将个人月收入划分为无收入组、低收入组（1～2000元）、中低收入组（2001～3000元）、中等收入组（3001～4000元）、中高收入组（4001～6000元）、高收入组（6000元以上）6组。我们针对受访者不同收入水平进行代际流动评价的方差分析，结果表明，不同收入水平受访者的代际流动情况存在显著差异（$F=4.832$，$p<0.01$）。通过进一步两两比较发现，高收入组受访者的代际流动评价最高，均值为0.96分，显著高于无收入组（0.61分）、低收入组（0.36分）、中低收入组（0.61分）、中等收入组（0.67分）、中高收入组（0.58分）。即高收入的群体认为自己的社会地位相比父辈的上升幅度，高于其他较低收入的群体（见图18）。

5. 中部地区居民的代际流动评价均值高于东部地区和西部地区居民

方差分析结果表明，不同地区受访者的代际流动情况存在显著差异（$F=7.401$，$p=0.001<0.05$）。如图19所示，东部地区、中部地区和西部地区居民对自己的社会地位相比父辈的上升幅度评价均值分别为0.53分、

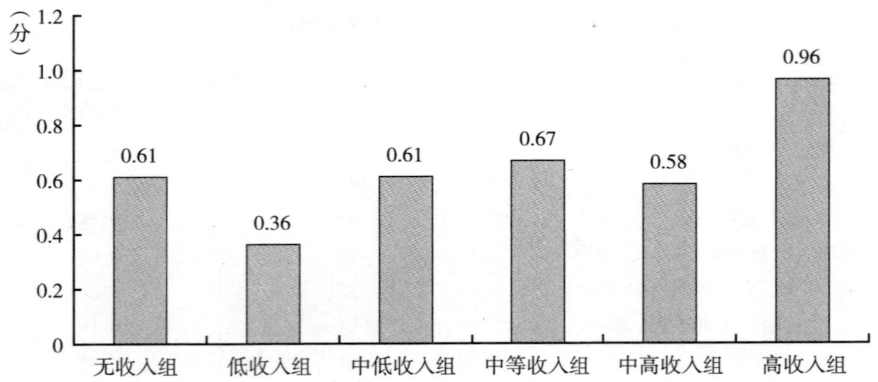

图 18　不同收入水平居民代际流动评价均值对比

0.85 分、0.62 分。经过两两比较可以发现，中部地区的居民对自己的代际流动评价均值要显著高于东部地区和西部地区居民，东部地区和西部地区居民的代际流动评价则没有显著差别。

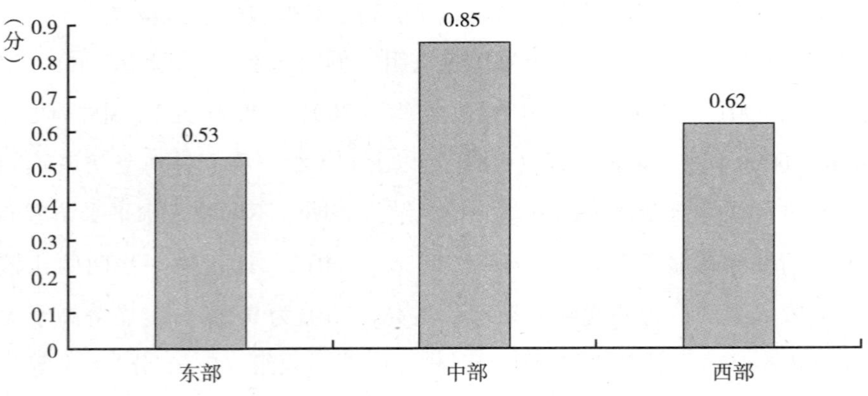

图 19　不同区域居民的代际流动评价均值对比

6. 农业户口居民对自己的代际流动评价显著高于非农业户口居民

我们对不同户口的居民的代际流动评价进行独立样本 t 检验，结果表明，不同户口受访者的代际流动情况存在显著差异（$t = 3.143$，$df = 845.893$，$p < 0.01$）。农业户口的居民对自己的代际流动评价均值为 0.77

分，非农业户口的居民对自己的代际流动评价均值为0.57分，前者显著大于后者，即农业户口的居民认为，相比于父辈，其社会地位上升幅度显著高于非农业户口居民。

（二）流动通道评估

为了测量居民对社会流动通道的畅通度评价，本调查设计了题目“您认为当今中国社会的上升通道是畅通的吗?”，选项为“非常不畅通”至“非常畅通”5级测量变量。调查结果发现，不同居民对社会流动通道畅通与否的评价具有一定差异。

表2　不同户口受访者代际流动评价均值对比

户口类型	数量(人)	均值	标准差	均值的标准误
农业户口	365	0.77	0.922	0.048
非农业户口	602	0.57	1.052	0.043

1. 近五成受访者认为社会的流动通道畅通

我们剔除109个“不清楚或不适用”的无效样本，对941个有效样本进行统计分析。结果显示，有47.7%的受访者认为当今社会地位流动通道畅通，其中认为“比较畅通”的占比最高，为37.5%，其次为“一般”，占28.2%。随着社会制度的逐步完善，教育、职业、权利等衡量社会地位的相关因素的晋升准则越来越规范和完善，保障了当今社会地位流动通道的畅通。但仍有24.1%的受访者认为流动通道并不畅通（见图20）。

2. 29岁以下的青年群体对社会流动通道畅通度的评价显著低于45岁以上的中老年群体

方差分析结果表明，不同年龄受访者对社会流动通道畅通程度评价存在显著差异（$F=6.552$，$p<0.01$）。由图21可见，20岁以下、20~29岁、30~44岁、45~59岁、60岁及以上的居民对社会流动通道畅通度评价均值呈递增趋势，分别为3.00分、3.12分、3.24分、3.35分、3.63分。通过两两比较发现，60岁及以上老年人群体，对社会流动通道畅通度的评价最

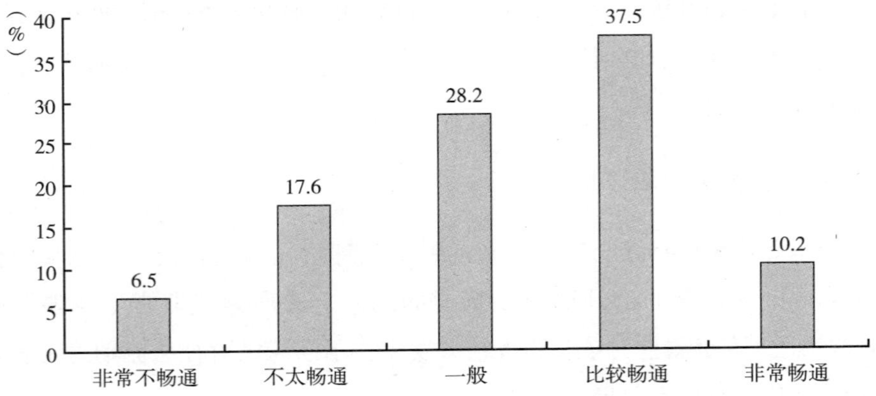

图 20　受访者对社会地位流动通道的评估情况

高，显著高于其他各年龄组群体；20 岁以下及 20～29 岁群体对社会流动通道畅通度的评价显著低于 45～59 岁和 60 岁及以上的群体，即 29 岁以下的群体对社会流动通道畅通度的评价显著低于 45 岁以上的群体。由于青年群体所处的社会生活水平已经较高，经过持续、稳定的发展，可供分配的社会资源必然呈下降趋势，社会地位上升的空间和机会都在不断变小，青年群体获取资源的难度也在不断增加，因而相比于中老年群体，青年群体对社会流动畅通度的评价整体更低。

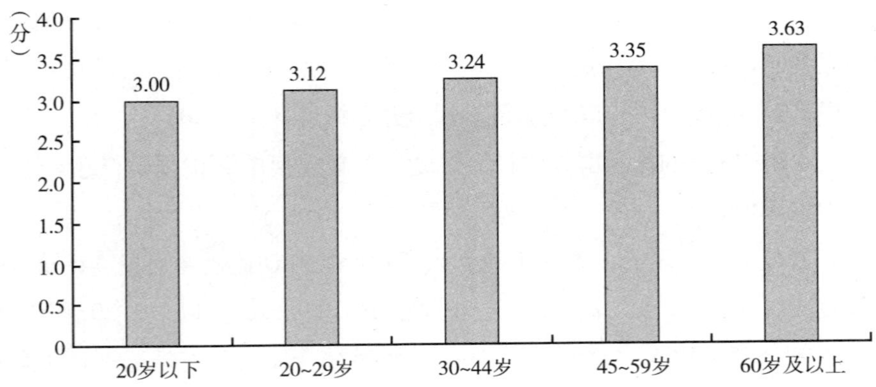

图 21　不同年龄居民对社会流动通道畅通度的评价均值对比

3. 低学历群体对社会流动通道畅通度的评价显著高于高学历群体

对不同学历的居民的社会流动畅通度评价进行方差分析，结果表明，不同学历的居民对社会流动通道畅通度评价存在显著差异（$F=9.996$，$p<0.01$）。由图22可见，小学及以下、初中、高中及中专、大专、大学本科、研究生及以上学历的居民，对社会流动畅通度的评价均值分别为3.85分、3.58分、3.23分、3.25分、3.04分、2.97分，整体呈下降趋势。通过两两比较发现，小学及以下、初中学历受访者对社会流动通道畅通程度评价显著高于高中及中专、大专、大学本科以及研究生及以上学历的受访者（$p<0.05$），即受教育程度较低的居民，对社会流动畅通度评价反而较高，教育程度较高的居民对社会流动畅通度评价整体偏低，这一结果与高学历群体偏向于年轻化紧密相关。

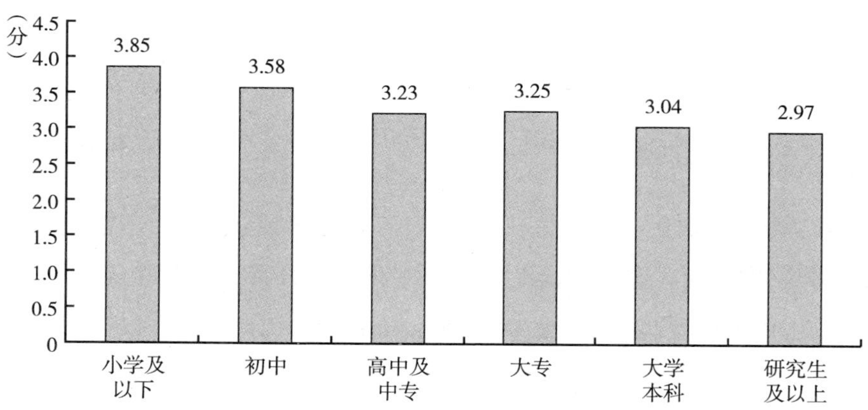

图22　不同学历居民对社会流动通道畅通度的评价均值对比

4. 学生对社会流动通道畅通度的评价低于在职群体、无稳定职业群体和离退休群体

我们对不同职业状态的居民的社会流动畅通度评价进行方差分析，结果表明，不同职业状态受访者对社会流动通道畅通程度评价存在显著差异（$F=5.751$，$p<0.05$）。本调查把职业状态分为在职、无稳定职业、学生、离退休4种状态，从图23可以看出，其社会流动畅通度评价均值分别为

3.24 分、3.50 分、2.99 分、3.40 分。两两比较发现，学生对社会流动畅通度的评价显著低于在职群体、离退休群体和无稳定职业群体；在职群体与无稳定职业群体相比，其社会流动畅通度评价也显著更低。

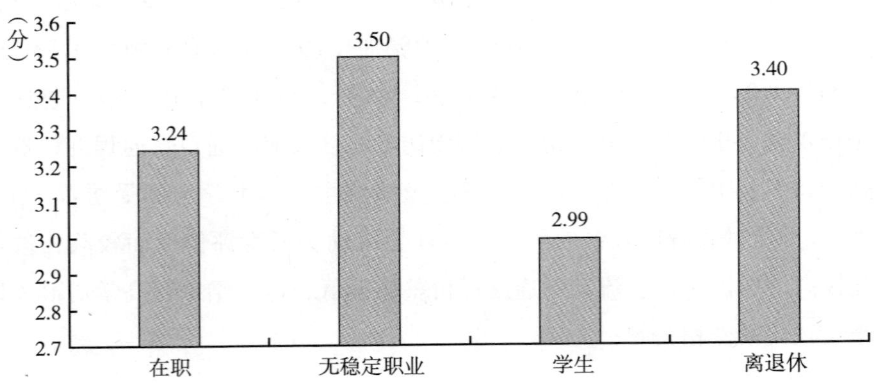

图 23　不同职业状态居民对社会流动通道畅通度的评价均值对比

（三）社会流动预测

为了解我国居民社会地位流动预测情况，本研究调查了“您认为未来 5～10 年，您的社会地位可能发生什么变化?”，设置“大幅上升”至“大幅下降”5 级测量变量，并与人口学变量进行交叉统计分析，以探究不同特征居民的社会地位流动预测情况。

1. 超过六成的受访者认为未来5年，其自身的社会地位会有上升

我们剔除 132 个无效样本，对 918 个有效样本进行统计分析。从图 24 可以看出，有 61.1% 的受访者认为未来 5 年社会地位会有上升，其中“略有上升”的占比最高，为 48.3%，“大幅上升”的受访者占比为 12.8%。数据表明，超过六成受访者对其社会地位流动的预测呈现乐观的态度，也在一定程度上反映出，多数居民对社会各层面建设抱有信任的态度。同时，在被调查的受访者中，认为其社会地位流动“不会有变化”的占 33.8%，而认为未来 5 年社会地位会有所下降的受访者占比为 5.1%，占比较低。

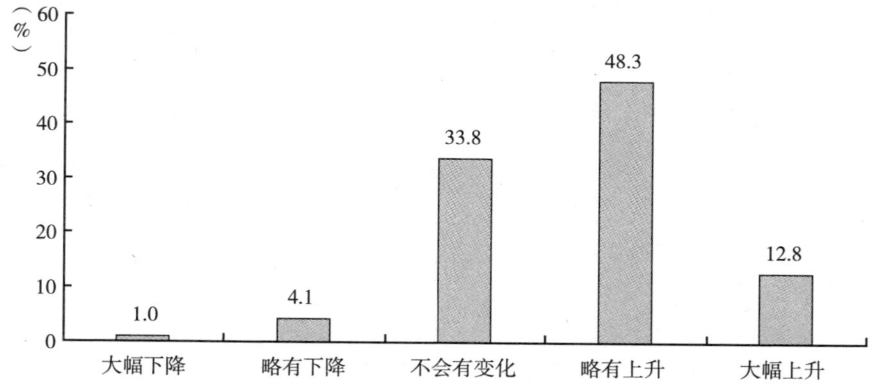

图24　受访者社会地位流动预测情况

2. 20岁以下和20～29岁年龄组的青年群体对自己未来5～10年社会地位上升的信心更高

本调查考量了不同年龄组居民对自己未来5～10年的社会地位变化的预测情况，分别设有大幅度下降、小幅度下降、不变、小幅度上升、大幅度上升5级选项，以－2分至2分评分。经过方差分析，结果表明，不同年龄的居民对自己的社会流动预测具有显著差别（$F=45.569$，$p<0.01$）。由图25可知，20岁以下、20～29岁、30～44岁、45～59岁、60岁及以上各年龄组的居民的社会流动预测均值分别为0.98分、1.11分、0.73分、0.32分、0.28分。经过两两比较，20岁以下和20～29岁年龄组的青年群体对自己未来5～10年社会地位上升的信心显著高于30～44岁、45～59岁、60岁及以上的群体；30～44岁的中年群体对自己未来5～10年社会地位上升的信心低于20岁以下和20～29岁的居民，但高于45～59岁和60岁及以上的居民。

3. 学生群体和商业、服务人员群体对自己未来5～10年社会地位上升的信心更高

我们对党政企事业单位负责人，专业技术人员，商业、服务人员，办事人员和有关人员，农、林、牧、渔、水利业生产人员，生产、运输工人和有关人员，个体经营人员，学生，离退休人员，无业人员，自由职业者和其他

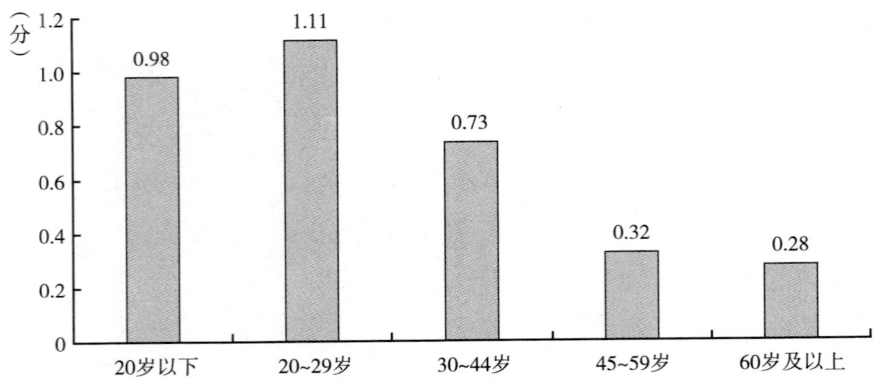

图 25　不同年龄受访者的社会流动预测均值对比

12 类职业群体的社会流动预测均值进行方差分析，结果表明，不同职业的居民对自己未来 5 ~ 10 年社会地位变化的预测不同（$F = 10.082$，$p < 0.01$）。由图 26 可见，这 12 类职业群体的社会流动预测均值分别为 0.48 分、0.70 分、0.98 分、0.57 分、0.64 分、0.64 分、0.87 分、1.04 分、0.19 分、0.50 分、0.65 分、0.92 分。经过进一步两两比较发现，学生群体

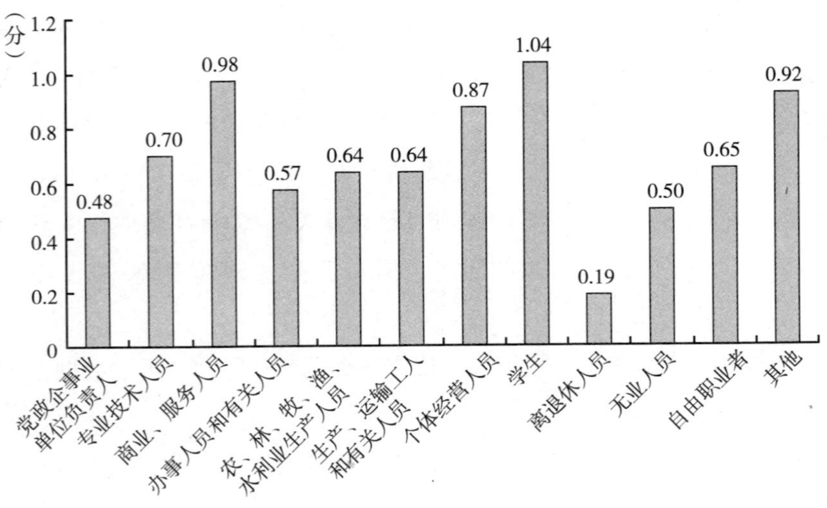

图 26　不同职业受访者的社会流动预测均值对比

对自己未来5~10年社会地位上升的信心显著高于党政企事业单位负责人，专业技术人员，办事人员和有关人员，农、林、牧、渔、水利业生产人员，生产、运输工人和有关人员，个体经营人员，离退休人员，无业人员，自由职业者这9类职业群体，商业、服务人员群体对自己未来5~10年社会地位上升的信心显著高于党政企事业单位负责人，专业技术人员，办事人员和有关人员，农、林、牧、渔、水利业生产人员，生产、运输工人和有关人员，离退休人员，无业人员，自由职业者这8类职业群体。可见，学生群体和商业、服务人员群体对自己未来5~10年社会地位上升的信心最高。

4. 阶层认同、代际流动、阶层流动预测、流动通道评估4个变量显著正相关

本调查针对阶层认同、代际流动、阶层流动预测、流动通道评估4个变量采用皮尔森系数进行相关性分析，结果表明，4个变量之间在0.01的置信水平下呈现显著正相关。从表3数据可以看出，受访者自我阶层认同越高，代际流动的评价越高，阶层流动预测情况越好，同时社会地位流动通道评估也越高；受访者对自身代际流动评价越高，其阶层流动预测也越高，社会地位流动通道评估越高，反之亦然。

表3　阶层认同、代际流动、阶层流动预测、流动通道评估4个变量相关性分析

变量		阶层认同	代际流动	阶层流动预测	流动通道评估
阶层认同	皮尔森相关性	1	0.208**	0.139**	0.144**
	显著性(双尾)		0.000	0.000	0.000
	数量(人)	985	953	875	894
代际流动	皮尔森相关性	0.208**	1	0.185**	0.188**
	显著性(双尾)	0.000		0.000	0.000
	数量(人)	953	994	884	903
阶层流动预测	皮尔森相关性	0.139**	0.185**	1	0.185**
	显著性(双尾)	0.000	0.000		0.000
	数量(人)	875	884	918	845
流动通道评估	皮尔森相关性	0.144**	0.188**	0.185**	1
	显著性(双尾)	0.000	0.000	0.000	
	数量(人)	894	903	845	941

** 在置信度（双测）为0.01时，相关性是显著的。

（四）个人对阶层流动的归因

1. 教育和个人品质、素养、能力被认为是代际流动的主要原因

现代化理论预测，伴随工业化水平的提高，教育和就业机会的分配越来越依赖于绩效原则，社会逐渐走向绩效竞争的流动模式，这意味着教育与子代职业地位之间关联增强，同时家庭背景的作用日益降低。伴随中国社会经济的发展，教育尤其是高等教育日益成为现代社会中个体向上流动的最主要途径，是影响社会分层的关键一环，其通过影响社会成员职业地位获得进而影响该成员向上流动的能力。

如图 27 所示，受访者认为，与父辈相比，自身社会地位上升或下降的主要原因在于教育，持此观点的受访者占 23.6%，居于首位；个人品质、素养、能力因素紧随其后，占 23.2%；有 14.5% 的受访者认为人脉关系为主要原因，运气或不可测因素占 12.1%；受访者认为家族和婚姻是代际流动主要原因的比例较小，分别是 10.0% 和 7.9%。

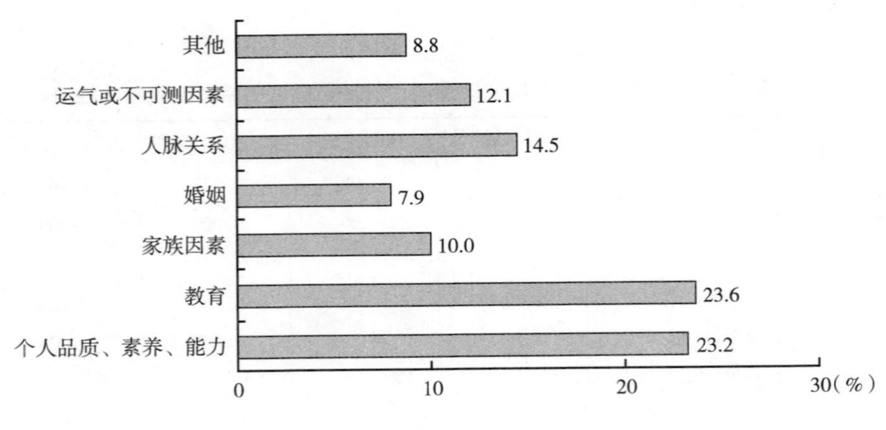

图 27　代际流动归因占比

2. 流动受阻归因

（1）逾半居民认为流动受阻主要系社会原因所致。“拼爹”大行其道，“二代”现象泛滥；“身份社会”回潮，“血统”论高调唱响；“关系

背景”通吃一切，“潜规则”盛行无忌；代内流动性放缓，代际继承性趋强……种种迹象表明，当今中国社会阶层固化正呈持续蔓延之势，社会各个领域板结化、圈层化程度不断加深，社会各阶层之间的边界越来越明晰，底层社会成员向上流动的身份壁垒显著增高，上行流动障碍重重。①本调查将社会流动受阻分为3个方面：个人原因、家庭原因和社会原因。数据显示，有50.3%的受访者认为社会原因是可能导致上升通道不畅通的最主要原因，个人原因和家庭原因占比分别是31.2%和4.7%（见图28）。

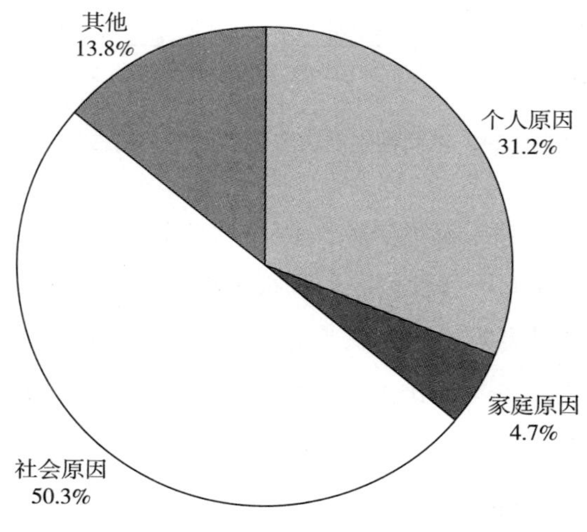

图28　流动受阻归因占比

（2）超五成男性受访者认为社会原因是流动受阻的主要原因，占比略高于女性。我们将性别与流动受阻归因进行交叉分析，结果表明，不同性别受访者在社会流动受阻归因方面存在显著差异（$\chi^2=13.562$，$p<0.01$）。如图29所示，超五成男性受访者认为社会原因是流动受阻的主要原因，占比略高于女性（52.9%>48.3%）。选择个人原因的男性受访者占33.1%，同

① 杨文伟：《转型期中国社会阶层固化探究》，中共中央党校博士学位论文，2014。

样高于女性（29.2%）。而男、女受访者选择家庭原因是流动受阻的主要原因的比例均较小，分别是7.0%和2.8%。

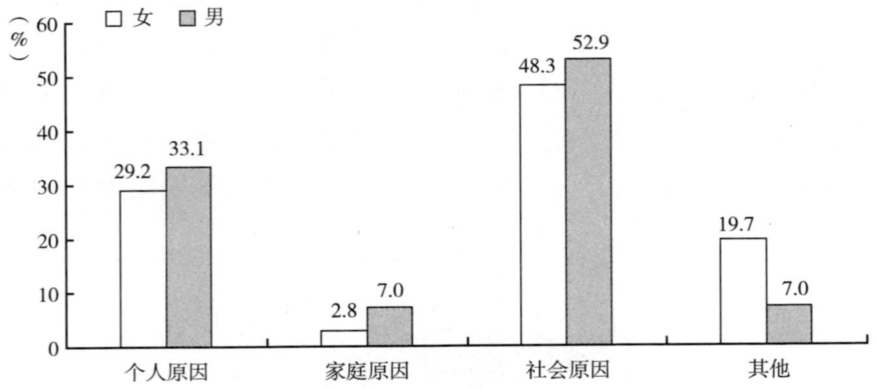

图29 不同性别受访者流动受阻归因占比

（3）在职受访者和无稳定职业受访者均认为流动受阻主要系社会原因所致，学生认为个人原因和社会原因都很重要。我们将职业与流动受阻归因进行交叉分析，结果表明，不同职业受访者在社会流动受阻归因方面存在显著差异（$\chi^2=20.028$，$p<0.05$）。如图30所示，在职受访者（55.2%）和无稳定职业受访者（45.0%）均认为社会原因是流动受阻的主要原因，选择个人原因是主要原因的在职受访者占27.3%，无稳定职业受访者占37.5%；学生选择流动受阻的主要原因是个人原因和社会原因的比例分别是43.5%和45.7%；离退休人员选择社会原因的占比为39.0%，个人原因占31.7%。此外，无论是在职受访者、无稳定职业受访者、学生还是离退休受访者选择家庭原因的比例均较低，分别是5.2%、7.5%、6.5%和0.0%。

（4）20岁以下的受访者将流动受阻主要归因为个人原因，30～44岁的受访者主要归因为社会原因。我们将年龄与流动受阻归因进行交叉分析，结果显示，不同年龄受访者在社会流动受阻归因方面存在显著差异（$\chi^2=40.426$，$p<0.01$）。如图31所示，20岁以下的受访者将流动受阻主要归因

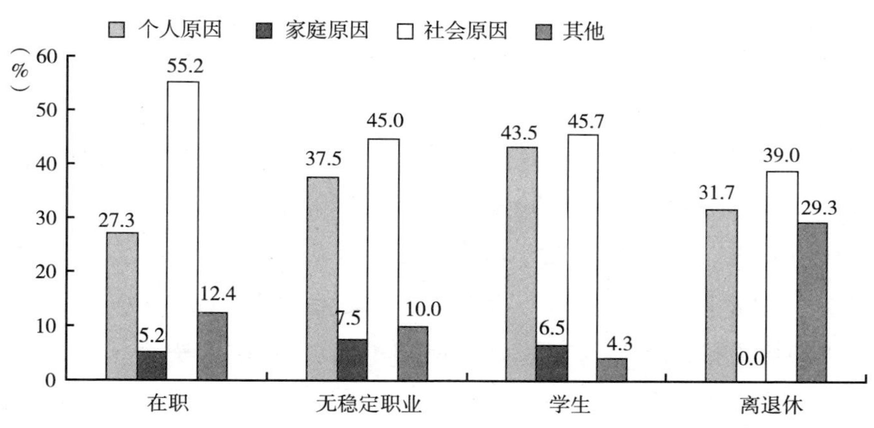

图 30　不同职业受访者流动受阻归因占比

为个人原因的占比最高（57.1%）。除60岁及以上的受访者（25.0%）以外，随着年龄的增长，将流动受阻归因于个人原因的比例逐渐降低；年龄区间在30～44岁的受访者认为流动受阻主要系社会原因所致，占比高达61.2%，其次是年龄区间在45～59岁（53.4%）和20～29岁（50.7%）的受访者，60岁及以上的受访者占比为37.5%；任何年龄区间选择家庭原因是流动受阻主要原因的比例均很低。

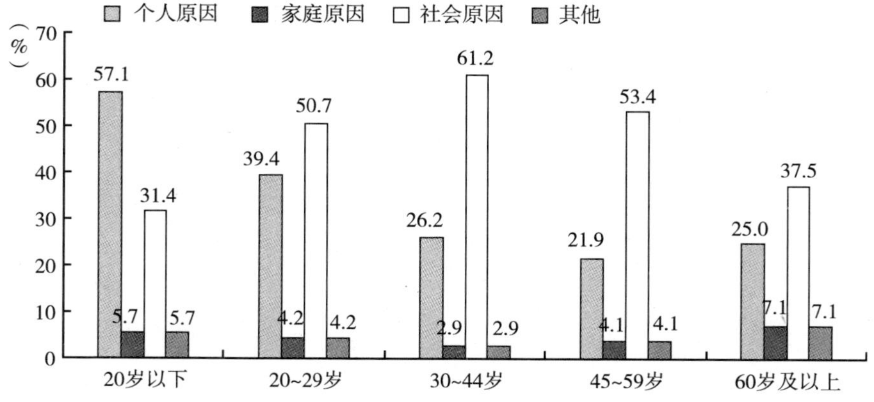

图 31　不同年龄受访者流动受阻归因占比

（5）随着学历的提高，选择流动受阻系社会原因所致的比例逐渐提高。我们将学历与流动受阻归因进行交叉分析，不同学历受访者在社会流动受阻归因方面存在显著差异（$\chi^2 = 34.448$，$p < 0.01$）。如图 32 所示，除研究生及以上学历的受访者（57.1%）以外，随着学历的提高，将流动受阻归因于社会原因的比例逐渐提高（40.0% <45.2% <45.8% <50.0% <58.3%），大学本科学历受访者将流动受阻归因于社会原因的比例高达 58.3%；研究生及以上和大专学历受访者选择流动受阻主要为个人原因的均为四成或以上（42.9%、40.0%），高中及中专学历人群占 33.3%，大学本科学历群体占 30.6%；小学及以下学历将流动受阻归因于家庭的占比较高，达 13.3%。

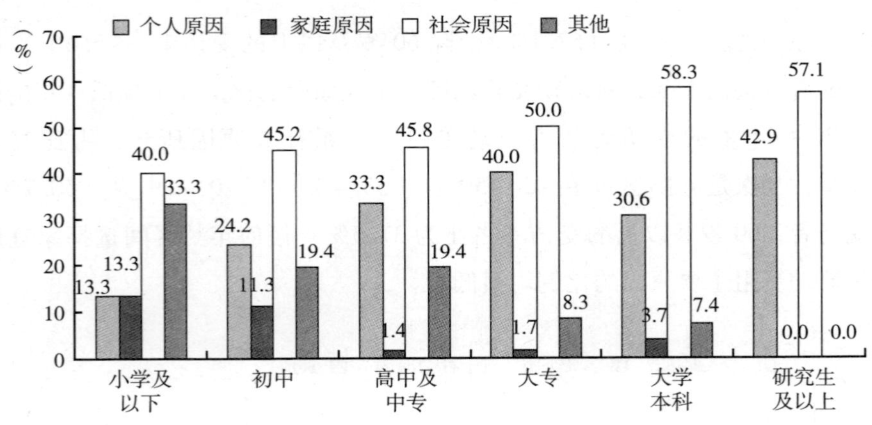

图 32　不同学历受访者流动受阻归因占比

3. 在个人原因中，人脉关系被认为是导致上升通道不畅的主要原因

本调查将可能导致上升通道不畅通的个人原因归结为“个人能力”“个人机遇”“个人性格”“性别因素”“教育背景”“个人人脉”“个人财富”“个人努力”“个人职业选择”和“其他”。如图 33 所示，有 13.7% 的受访者认为“个人人脉”是可能导致上升通道不畅通的个人原因，占比最高。有 12.9% 的受访者选择“个人能力”，位居其次。占比超过 10% 的依次还有“个人努力”（11.8%）、“个人性格”（11.3%）、

“教育背景”（11.0%）、“个人机遇”（10.2%）、“个人财富”（10.1%）。

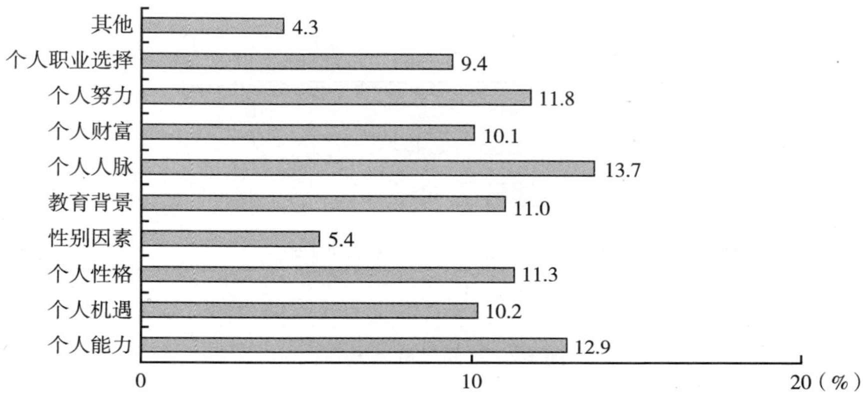

图 33　不同个人因素占比

人脉，其核心就是人际关系网络，这些关系网络作为一种无形资源对个人发展具有重要意义。尤其就中国而言，人情社会特征明显，这必然会使得那些人脉关系缺乏的阶层群体处于不利地位，缺乏向上流动的机会与渠道。在本次调查中，透过受访者选择流动受阻的个人原因频率可以看出，当下社会“个人人脉”成为可能导致上升通道不畅通的首要因素。

4. 在家庭原因中，家庭人脉资源不足被认为是导致上升通道不畅通的主要因素

本调查将可能导致上升通道不畅通的家庭原因归结为“家庭经济状况不好”“家务负担过重”“家族地位不高”“家庭人脉资源不足”“家庭教育缺乏”“家庭关系不和谐”和“其他”。如图 34 所示，在家庭原因中，有 21.3% 的受访者选择“家庭人脉资源不足”，居第一位；“家庭经济状况不好”和“家庭教育缺乏”分居第二、三位，占比分别是 16.8% 和 15.3%。“家庭关系不和谐”占 13.4%，“家庭地位不高”占 12.5%，“家庭负担过重”占 10.8%。

当下社会，家庭背景成为一道“隐形门槛”。我国社会本身是一个以

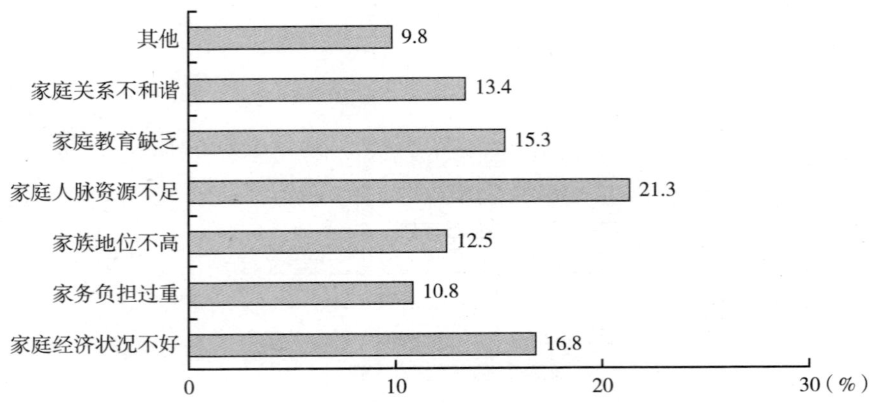

图34　不同家庭因素占比

家族为基础的差序格局社会，为代际继承提供了可能，也使得阶层固化在一定程度上具有客观性。阶层流动受阻一个非常重要的原因在于社会结构的封闭性，而家庭先赋性因素发挥重要作用则是社会结构封闭性的重要表现。透过数据可以发现，当前我国阶层流动受阻在很大程度上与家庭背景的隐形门槛作用有着非常大的关联，尤其是家庭关系资本对社会流动的作用日益凸显。

5. 在社会原因中，社会体制问题被认为是导致其上升通道不畅的主要原因

大多居民将自己社会地位上升受阻主要归因于社会原因。本调查进而探索了居民认为可能导致上升通道不畅通的社会原因有哪些，选项包括“社会资源不够丰富”“社会资源分配不公”“社会竞争激烈”“教育不公平”“社会体制问题”。如图35所示，“社会体制问题”和“社会资源分配不公”被选择率较高，分列第一、二位（23.0%、22.9%）；“社会竞争激烈”被选择率为19.7%，紧随其后，居第三位。“教育不公平”和“社会资源不够丰富”被选择率分别占18.5%和15.9%。总体而言，居民认为不公平的制度设计与制度漏洞、社会资源分配不公是导致当前中国社会阶层固化的主要原因。

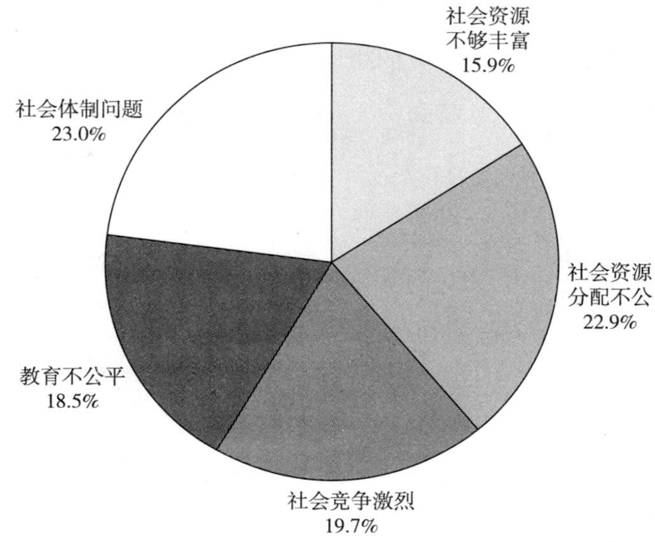

图 35　不同社会因素占比

五　个人阶层认同、个人社会流动通道评估、个人阶层流动预测的影响因素分析

本次调查通过对个人阶层认同、个人社会流动通道评估、个人阶层流动预测进行多元回归分析，考察了社会人口学因素、个人感受、职业感受、社会感受 4 类变量对个人阶层认同、个人社会流动通道评估和个人阶层流动预测的影响程度。社会人口学变量包括性别、年龄、受教育程度、户口和个人月收入 5 个变量，个人感受变量包括压力感、受挫感和幸福感，职业感受包括职业安全感和职业公平感，社会感受包括社会和谐度、社会公平感和社会安全感。多元回归分析均设置了 4 个模型。模型 1 考察社会人口学变量对个人流动通道评估的影响，模型 2 至模型 4 依次加入了个人感受、职业感受和社会感受作为自变量，以此综合考量个人的社会生活感受对个人阶层认同、个人社会流动通道评估、个人阶层流动预测的影响因素。

1. 个人阶层认同主要受三个因素影响：个人月收入、受挫感和幸福感

以社会人口学因素预测个人的阶层认同情况（见表4），可以发现，受教育程度越高、个人月收入越高，个人认为自身所属的阶层越高，二者的影响系数分别为0.160和0.344。将社会人口学因素作为控制变量，以个人感受预测个人阶层认同情况，可以发现，受挫感和幸福感对个人的阶层认同具有显著的影响。受挫感越强，自身的阶层认同越低；幸福感越强，阶层认同感越高，二者的影响系数分别为-0.163和0.202，但受教育程度对个人阶层认同的影响由显著变为不显著，个人月收入对个人阶层认同的影响仍然显著。模型2调整后的R^2为0.261，比模型1（$R^2=0.179$）有显著提高，证明个人感受对个人的阶层认同情况具有较为显著的影响。我们进一步将代表职业感受的职业安全感和职业公平感纳入回归分析得出模型3，将代表社会感受的社会和谐度、社会公平感、社会安全感纳入分析得出模型4，结果

表4　个人阶层认同的影响因素的多元回归模型

变　量		模型1	模型2	模型3	模型4
人口学因素	性别	-0.075	-0.082	-0.083	-0.092
	年龄	-0.011	-0.012	-0.008	-0.010
	受教育程度	0.160*	0.095	0.100	0.102
	户口	-0.059	-0.059	-0.062	-0.064
	个人月收入	0.344**	0.284**	0.281**	0.293**
个人感受	压力感		-0.064	-0.064	-0.057
	受挫感		-0.163**	-0.160**	-0.160**
	幸福感		0.202**	0.199**	0.192**
职业感受	职业安全感			-0.023	-0.025
	职业公平感			0.031	0.026
社会感受	社会和谐度				-0.001
	社会公平感				-0.023
	社会安全感				0.064
	F值	12.464**	12.628**	10.071**	7.756**
	调整后的R^2	0.179	0.261	0.256	0.250
	标准误	0.744	0.706	0.708	0.711

注：各模型中的值均为标准回归系数；* 代表 $p<0.05$，** 代表 $p<0.01$。

发现，模型3和模型4调整后的 R^2 相比于模型2没有明显提高，个人月收入、受挫感、幸福感3个变量对个人阶层认同的影响系数变化不大。由此可见，职业感受和社会感受类的各个变量对个人阶层认同均没有显著影响。

影响个人阶层认同的主要有3个因素：个人月收入、受挫感和幸福感。个人月收入越高，受挫感越低，幸福感越高，则个人的阶层认同越高。

2. 个人的幸福感、受挫感、社会公平感、社会安全感对于个人对社会流动通道畅通与否的评估具有显著影响

直接以社会人口学因素预测个人流动通道评估时（见表5），性别、年龄、受教育程度、户口和个人月收入5个人口学因素对个人流动通道评估的影响均不显著，社会人口学因素对个人流动通道评估并没有独立预测力，检验值 $F=0.868$，$p>0.05$。

表5　个人社会流动通道评估的影响因素的多元回归模型

变　量		模型1	模型2	模型3	模型4
人口学因素	性别	0.034	0.018	0.016	-0.060
	年龄	-0.046	-0.067	-0.058	-0.040
	受教育程度	-0.128	-0.230**	-0.221**	-0.117
	户口	-0.017	-0.021	-0.029	-0.029
	个人月收入	0.019	-0.060	-0.070	0.070
个人感受	压力感		-0.051	-0.050	-0.028
	受挫感		-0.211**	-0.203**	-0.142*
	幸福感		0.316**	0.308**	0.211**
职业感受	职业安全感			-0.043	-0.065
	职业公平感			0.075	-0.097
社会感受	社会和谐度				-0.036
	社会公平感				0.380**
	社会安全感				0.189**
	F 值	0.868	7.343**	6.026**	10.988**
	调整后的 R^2	-0.003	0.163	0.161	0.332
	标准误	1.079	0.986	0.987	0.881

注：各模型中的值均为标准回归系数；* 代表 $p<0.05$，** 代表 $p<0.01$。

我们加入压力感、受挫感和幸福感3个个人感受类变量，社会人口学因素作为控制变量进行回归分析，得到模型2。结果显示，受挫感对个人流动通道评估具有显著的负向影响，幸福感具有显著的正向影响，受教育程度具有显著的正向影响，影响系数分别为－0.211、0.316、－0.230，模型2调整后的$R^2=0.163$。

我们进一步纳入职业安全感和职业公平感2个职业感受类变量，得到模型3。结果显示，职业安全感和职业公平感对个人流动通道评估的影响均不显著，影响个人流动通道评估的因素仍然为受挫感、幸福感和受教育程度，影响系数与模型2的结果差别不大。由此可见，职业感受对于个人对社会流动通道畅通与否的评估并无显著影响。

在模型3的基础上，我们加入社会感受类变量——社会和谐度、社会安全感、社会公平感，获得模型4，调整后的R^2从0.161上升为0.332。由此可见，个人的社会感受对个人对流动通道畅通与否的评估具有较大影响。其中社会和谐度对个人流动通道评估没有显著影响，而社会公平感和社会安全感则对个人流动通道评估具有显著的正向影响，影响系数分别为0.380和0.189。同时，受挫感和幸福感两个变量对个人流动通道评估的影响系数有所降低，分别为－0.142和0.211，受教育程度对个人流动通道评估的影响变得不显著。可见，在综合考量社会人口学因素、个人感受、职业感受、社会感受的情况下，个人的幸福感、受挫感、社会公平感、社会安全感对于个人对社会流动通道畅通与否的评估具有显著影响。

3. 受访者年龄越小，幸福感越强，个人对自身社会地位上升的信心越高

个人阶层流动预测标示着个人对自我社会地位流动的信心。我们以社会人口学因素进行个人阶层流动预测，发现年龄越大的居民，预测自身社会地位上升的可能性越低，影响系数为－0.376。而性别、受教育程度、户口和个人月收入则对个人社会地位上升预测没有显著影响。我们将社会人口学变量作为控制变量，以个人感受类变量预测个人社会地位上升（见表6），发现个人幸福感对社会地位流动预测具有显著的正向作用，影响系数为0.197，即个人幸福感越强，个人对社会地位上升的信心越强；同

时，模型2中年龄的影响仍然显著（β = -0.404）。再加入职业感受类变量（模型3）和社会感受类变量（模型4）进行预测，职业感受和社会感受类变量对个人社会地位流动预测均没有显著影响，模型调整后的 R^2 也没有显著变化。

表6　个人阶层流动预测的影响因素的多元回归模型

变　量		模型1	模型2	模型3	模型4
人口学因素	性别	0.073	0.063	0.061	0.065
	年龄	-0.376**	-0.404**	-0.405**	-0.405**
	受教育程度	-0.059	-0.067	-0.063	-0.067
	户口	0.096	0.107	0.104	0.101
	个人月收入	0.063	0.047	0.061	0.059
个人感受	压力感		-0.042	-0.05	-0.046
	受挫感		0.038	0.029	0.027
	幸福感		0.197**	0.200**	0.186**
职业感受	职业安全感			-0.034	-0.038
	职业公平感			-0.03	-0.03
社会感受	社会和谐度				0.04
	社会公平感				-0.02
	社会安全感				0.01
	F 值	11.225**	8.856**	7.104**	5.434**
	调整后的 R^2	0.168	0.199	0.195	0.186
	标准误	0.651	0.639	0.641	0.644

注：各模型中的值均为标准回归系数；* 代表 $p<0.05$，** 代表 $p<0.01$。

综合考量发现，影响个人对自身社会地位上升的信心的因素主要有两个：一是个人年龄，二是个人幸福感。受访者年龄越小，幸福感越强，个人对自身社会地位上升的信心越高。

六　结论

伴随着经济发展和社会转型，中国经历着一系列利益结构调整与社会关系变迁，新的阶层关系和阶层内部结构也不断地分化、流动、调适与重组。

合理的阶层结构和社会流动空间，对缓解阶层利益冲突、维护社会稳定具有重要意义，个人对自身的阶层认同、社会流动通道畅通度的评估、流动受阻的归因，也成为一个有关和谐社会建设的一个重要论题。上海交通大学舆情研究实验室社会调查中心在36个城市开展了“居民阶层认同与流动通道评估”的电话调查，调查涉及居民的社会阶层认同度、社会流动通道评估、社会流动预测、流动受阻归因等内容，分析不同居民的阶层认同与流动评估的现状、群体分布差异，以及居民的阶层认同与流动通道评估背后的影响因素。调查结果如下。

个人的阶层认同情况显示，五成居民认同自己属于社会中层，近四成居民认为自己属于中下层或下层，仅有一成居民认同自己属于中上层或以上；本科学历者和研究生学历者的阶层认同显著高于比自身学历低的居民；45～59岁年龄组居民的阶层认同比其他年龄组低；农业户口居民比非农业户口居民的阶层认同显著更低；农、林、牧、渔、水利业生产人员的阶层认同感比其他职业群体低；高收入组的居民阶层认同最高，低收入组和中低收入组居民的阶层认同较低。

不同阶层认同的居民社会生活感受具有显著差别。在个人感受方面，社会阶层认同度越高的居民对自身幸福感评价越高；阶层认同为下层的居民压力感显著高于其他阶层；认为自己属于中上层的居民挫折感最低。在职业感受方面，中层和中上层阶层认同的居民的职业安全感显著高于下层和中下层阶层认同的居民，上层阶层认同的居民职业安全感与其他阶层认同的居民没有显著差别；不同阶层认同的居民的职业公平感差异不显著。在社会感受方面，认为自身社会地位处于中层及以上阶层的居民对社会和谐度评价较高；阶层认同越高的居民对社会公平感的评价越高。在政府满意度方面，认为自己属于社会下层的居民对中央政府和地方政府的满意度比其他阶层认同的居民低；不同阶层认同的居民对食品卫生、教育、社会治安、社会保障、劳动就业、物价水平等方面的满意度差别显著，但是对环境、医疗服务的满意度不存在显著差异。

中国社会流动现状的调查结果显示，近六成受访者认为与父辈相比，其社会地位有所上升；小学及以下学历的居民认为自己较父辈的社会地位提升最大；生产、运输工人和有关人员对自身的代际流动评价最低；高收入的群体对自己的代际流动评价高于其他较低收入群体；中部地区居民的代际流动评价高于东部地区和西部地区居民；农业户口居民对自己的代际流动评价显著高于非农业户口居民。

在不同居民的社会地位流动通道评估方面，近五成受访者认为社会的流动通道畅通；29 岁以下的青年群体对社会流动通道畅通度的评价显著低于 45 岁以上的中老年群体；低学历群体对社会流动通道畅通度的评价显著高于高学历群体；学生对社会流动通道畅通度的评价低于在职群体、无稳定职业群体和离退休群体。

在不同居民对自身的社会地位流动预测方面，超过 60% 的受访者认为未来 5 年，其自身的社会地位会有上升；20 岁以下和 20 ~ 29 岁年龄组的青年群体对自己未来 5 ~ 10 年社会地位上升的信心更高；学生群体和商业、服务人员群体对自己未来 5 ~ 10 年社会地位上升的信心更高；个人阶层认同、代际流动、个人阶层流动预测、流动通道评估 4 个变量显著正相关。

在个人对阶层流动的归因方面，教育和个人品质、素养、能力被认为是推进代际流动的主要原因；逾半居民认为流动受阻主要系社会原因所致；超五成男性受访者认为社会原因是流动受阻的主要原因，占比略高于女性；在职受访者和无稳定职业受访者均认为流动受阻主要系社会原因所致，学生认为个人原因和社会原因都很重要；20 岁以下的受访者将流动受阻主要归因为个人原因，30 ~ 44 岁的受访者主要归因为社会原因；随着学历的提高，选择流动受阻为社会原因的比例逐渐提高。人脉关系被认为是导致上升通道不畅通的主要个人原因；家庭人脉资源不足被认为是导致上升通道不畅通的主要家庭原因；社会体制问题被认为是导致其上升通道不畅通的主要社会原因。

以个人感受、职业感受和社会感受分别预测个人阶层认同、个人社会流动通道评估、个人社会流动预测的影响，个人阶层认同主要受 3 个因素影响：个人月收入、受挫感和幸福感；个人的幸福感、受挫感、社会公平感、社会安全感对于个人对社会流动通道畅通与否的评估具有显著影响；受访者年龄越小，幸福感越强，个人对自身社会地位上升的信心越高。

B.5

2014年居民社会安全感调查报告

上海交通大学舆情研究实验室社会调查中心*

摘　要： 社会安全感是公众对我国社会运行机制、社会安全状况以及自身生活安定程度的主观感受。为了客观呈现我国公众的社会安全感，上海交通大学舆情研究实验室社会调查中心采用“随机电话号码拨号”的抽样方法，从社会总体安全、食品安全、医疗安全、人身安全、财产安全、个人隐私安全6个维度切入调查。调查结果显示：男性受访者的社会安全感高于女性受访者；60岁及以上受访者的社会安全感总体高于60岁以下受访者；低学历受访者的社会安全感高于高学历受访者；不同月收入状况受访者的社会安全感差异显著；农业户口受访者的社会安全感总体高于非农业户口受访者；非一线城市受访者的社会安全感总体高于一线城市受访者；不同职业状况受访者的社会安全感差异显著。

关键词： 社会安全　食品安全　医疗安全　人身安全　财产安全

美国心理学家亚伯拉罕·马斯洛在《人类激励理论》（1943年）中提出了“需求层次理论”，将人的需要分为生理需要、安全需要、爱与归属需要、尊重需要、自我实现需要五个层次。安全需要居于第二个层次，意指人

* 课题负责人：谢耘耕；执笔人：宋欢迎；统计分析：张旭阳、李静。

类要求获得人身安全、健康保障、避免资源和财产损失威胁、获得工作职位保障、家庭安全等方面的需要。当前我国正处于社会转型期，各种影响公众社会安全感知的事件频繁出现，使得公众对安全的需要日益突出。为了客观呈现公众对我国社会运行机制、社会安全状况以及自身生活安定程度的主观感受，上海交通大学舆情研究实验室采用“随机电话号码拨号”的抽样方法，从社会总体安全、食品安全、医疗安全、人身安全、财产安全、个人隐私安全6个维度切入，进行了一次全国性的社会安全感调查。本次调查总样本量为1080个，按照2010年第六次人口普查性别年龄分布加权之后的有效样本为1050个。

一 样本结构

在本次调查中，受访者的性别比例基本持平，男性占总样本量的50.7%，女性占总样本量的49.3%；在年龄分布上，第一是30～44岁的受访者，占总样本量的30.8%，第二是45～59岁的受访者，占总样本量的24.1%，第三是20～29岁的受访者，占总样本量的20.7%，第四是60岁及以上的受访者，占总样本量的15.4%，第五是20岁以下受访者，占总样本量的9.0%；在学历分布上，剔除0.7%的未透露信息者，第一是大学本科学历的受访者，占总样本量的27.0%，第二是高中及中专学历的受访者，占总样本量的25.0%，第三是初中学历的受访者，占总样本量的18.9%，第四是大专学历的受访者，占总样本量的17.6%，第五是小学及以下学历的受访者，占总样本量的6.4%，第六是研究生及以上学历的受访者，占总样本量的4.3%；在职业分布上，剔除3.2%的未透露信息者，在职的受访者占比55.2%，超过总样本量的一半，无稳定职业、学生和离退休的受访者占比差异不大，分别为13.9%、12.6%、13.3%，其他职业的受访者占比最低，为总样本量的1.7%；在月收入水平分布上，第一是无收入的受访者，占总样本量的19.2%，第二是月收入在2001～3000元、3001～4000元、4001～5000元区间的受访者，占总样本量的比重分别为15.7%、

16.8%、12.3%，第三是月收入在1001～2000元、5001～6000元以及10001元及以上区间的受访者，占总样本量的比重分别为9.3%、7.3%、6.0%，第四是月收入在1～1000元、6001～7000元、7001～8000元、8001～9000元以及9001～10000元区间的受访者，占总样本量的比重分别为4.6%、3.2%、2.7%、1.6%、1.3%；在户口分布上，剔除1.8%的未透露信息者，非农业户口受访者占总样本量的60.5%，农业户口受访者占总样本量的37.8%。

二 社会总体安全

（一）近半数受访者认为我国社会总体比较安全

关于我国社会总体安全状况的调查，选择"非常不安全"的受访者占3.4%，选择"不太安全"的受访者占13.7%，选择"一般"的受访者占22.0%，选择"比较安全"的受访者占49.9%，选择"非常安全"的占9.2%，选择"不清楚"的占1.8%（见图1）。由统计数据可知，近半数受访者认为我国社会总体比较安全。

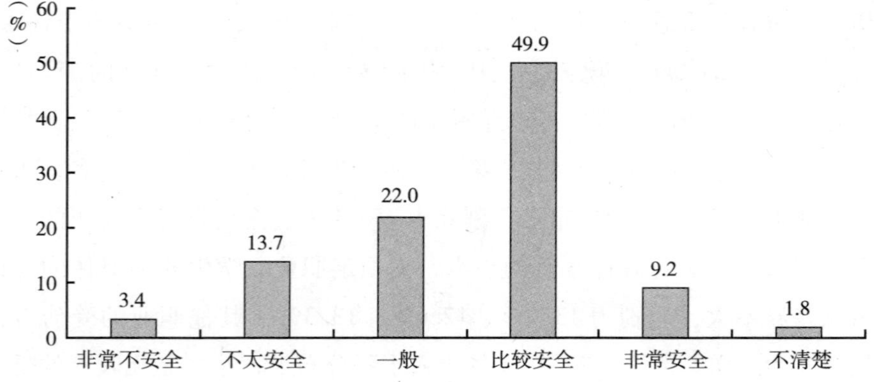

图1 受访者对我国社会总体安全的评价

（二）男性受访者对我国社会总体安全的评价高于女性受访者

对受访者的性别与我国社会总体安全评价进行交叉分析，检验结果（$F=9.120$，$p=0.003<0.05$）显示，不同性别的受访者对我国社会总体安全评价存在显著差异。由图2可见，男性受访者的评价均值为3.64分，女性受访者的评价均值为3.33分，显然，男性受访者对我国社会总体安全的评价高于女性受访者。

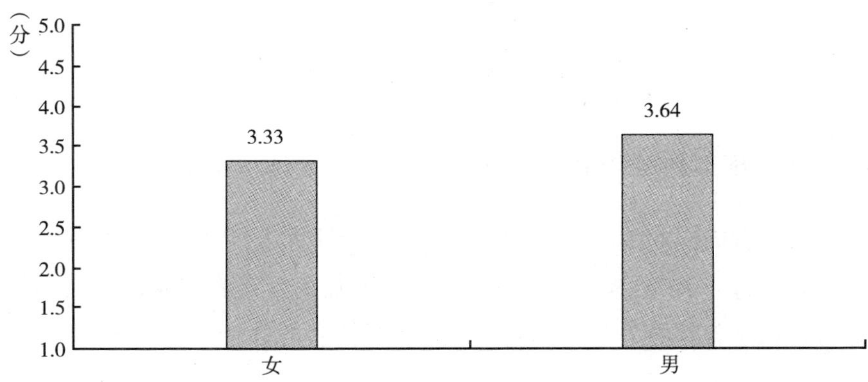

图2　不同性别受访者对我国社会总体安全的评价

（三）年龄越高的受访者对我国社会总体安全评价越高，60岁及以上受访者对我国社会总体安全评价最高

对受访者的年龄与我国社会总体安全评价进行交叉分析，检验结果（$F=6.363$，$p=0.000<0.05$）显示，不同年龄的受访者对我国社会总体安全评价存在显著差异。由图3可见，20岁以下受访者的评价均值为3.32分，20~29岁受访者的评价均值为3.32分，30~44岁受访者的评价均值为3.42分，45~59岁受访者的评价均值为3.63分，60岁及以上受访者的评价均值为3.71分。由统计数据可知，年龄越高的受访者对我国社会总体安全评价越高，其中，60岁及以上的受访者对我国社会总体安全评价最高。

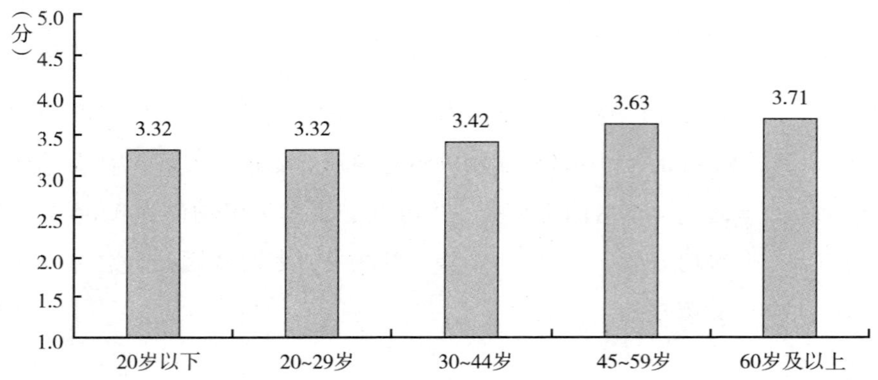

图 3　不同年龄受访者对我国社会总体安全的评价

（四）离退休受访者对我国社会总体安全评价最高

对受访者的职业情况与我国社会总体安全评价进行交叉分析，检验结果（$F=4.612$，$p=0.001<0.05$）显示，不同职业的受访者对我国社会总体安全评价存在显著差异。由图 4 可知，在职受访者的评价均值为 3.49 分，无稳定职业受访者的评价均值为 3.47 分，学生的评价均值为 3.28 分，离退休受访者的评价均值为 3.73 分，其他情况受访者的评价均值为 3.02 分。由统计数据可知，离退休受访者对我国社会总体安全评价最高。

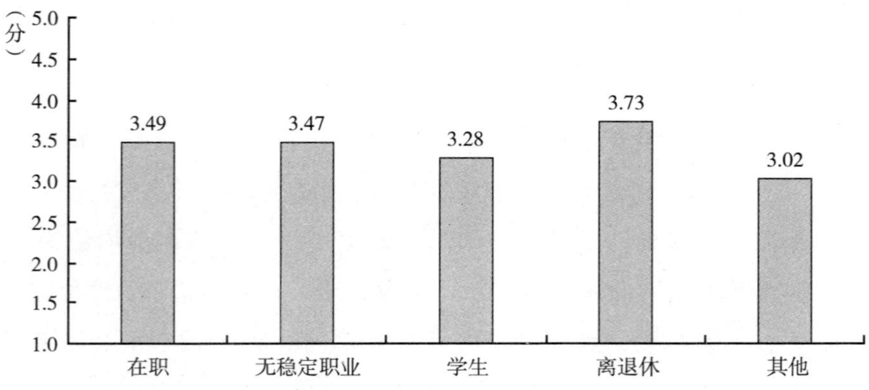

图 4　不同职业受访者对我国社会总体安全的评价

三　食品安全

（一）33.8%的受访者认为我国食品“不太安全”，29.6%的受访者认为我国食品“非常不安全”

关于我国食品安全状况的调查，选择“非常不安全”的受访者占29.6%，选择“不太安全”的受访者占33.8%，选择“一般”的受访者占17.6%，选择“比较安全”的受访者占15.0%，选择“非常安全”的受访者占1.4%，选择“不清楚”的受访者占2.6%（见图5）。由统计数据可知，多数受访者对我国食品安全状况评价不高。

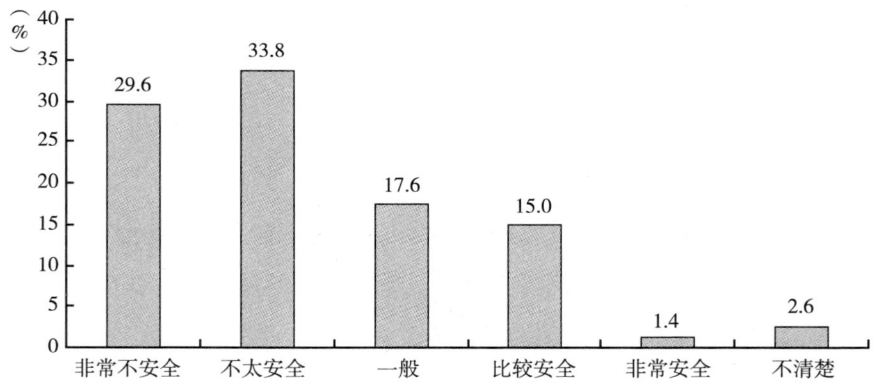

图5　受访者对我国食品安全的总体评价

（二）男性受访者对我国食品安全的评价高于女性受访者

对受访者的性别与我国食品安全评价进行交叉分析，检验结果（$F=51.332$，$p=0.000<0.05$）显示，不同性别的受访者对我国食品安全评价存在显著差异。由图6可知，男性受访者的评价均值为2.41分，女性受访者的评价均值为2.05分。显然，男性受访者对我国食品安全的评价高于女性受访者。

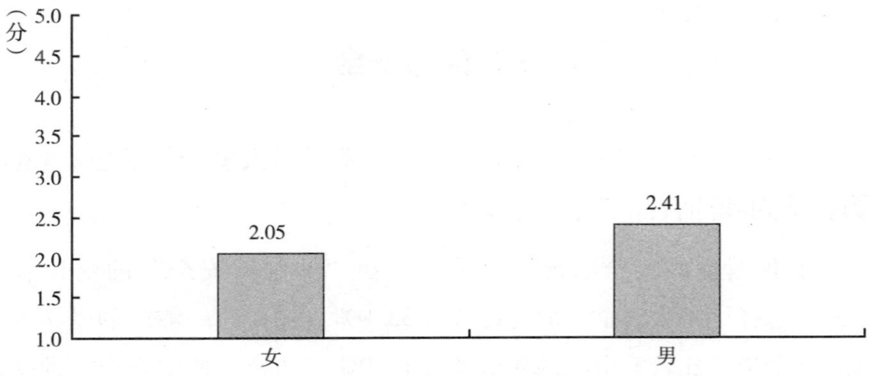

图 6　不同性别受访者对我国食品安全的评价

（三）20岁以下和60岁及以上的受访者对我国食品安全评价较高

对受访者的年龄与我国食品安全评价进行交叉分析，检验结果（$F=5.793$，$p=0.000<0.05$）显示，不同年龄的受访者对我国食品安全评价存在显著差异。由图 7 可见，20 岁以下受访者的评价均值为 2.46 分，20～29 岁受访者的评价均值为 2.32 分，30～44 岁受访者的评价均值为 2.11 分，45～59 岁受访者的评价均值为 2.07 分，60 岁及以上受访者的评价均值为 2.47 分。显而易见，受访者对我国食品安全评价具有两极化的特点，对我国食品安全评价最高的为 60 岁及以上的受访者，其次是 20 岁以下的受访者。

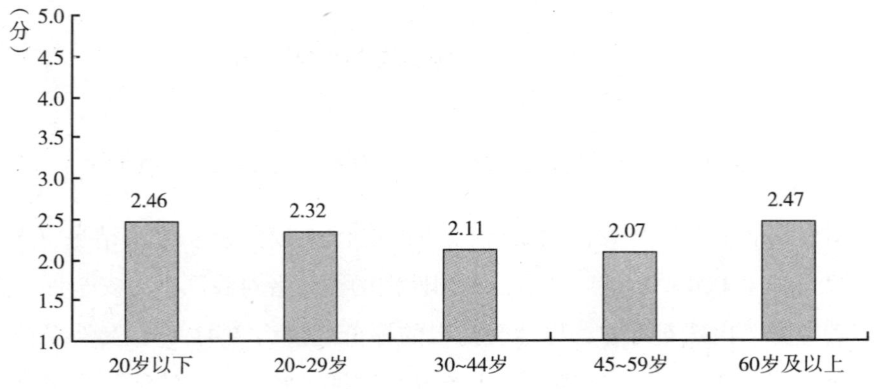

图 7　不同年龄受访者对我国食品安全的评价

（四）学历越高的受访者对我国食品安全评价越低，研究生及以上学历受访者对我国食品安全评价最低

对受访者的学历与我国食品安全评价进行交叉分析，检验结果（$F = 4.204$，$p = 0.001 < 0.05$）显示，不同学历的受访者对我国食品安全评价存在显著差异。由图 8 可见，小学及以下学历受访者的评价均值为 2.67 分，初中学历受访者的评价均值为 2.34 分，高中及中专学历受访者的评价均值为 2.28 分，大专学历受访者的评价均值为 2.19 分，大学本科学历受访者的评价均值为 2.10 分，研究生及以上学历受访者的评价均值为 1.91 分。由统计数据可知，学历越高的受访者对我国食品安全评价越低。其中，研究生及以上学历受访者对我国食品安全评价最低。

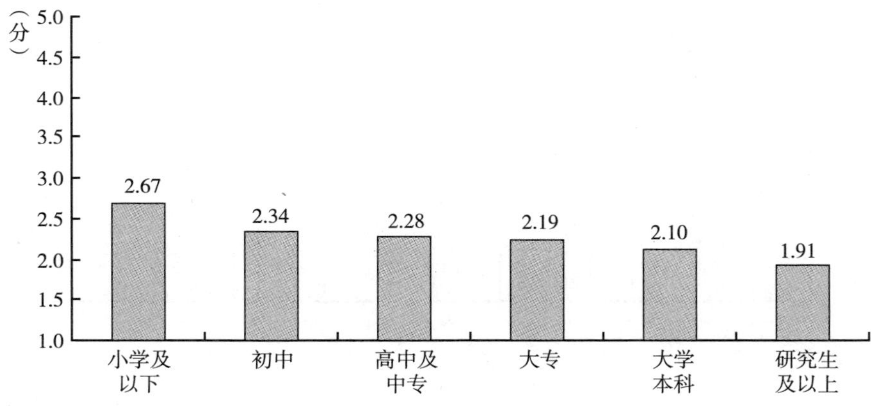

图 8　不同学历受访者对我国食品安全的评价

（五）不同月收入水平的受访者对我国食品安全评价普遍偏低，月收入为6001～7000元的受访者对我国食品安全评价最低

对受访者的个人月收入水平与我国食品安全评价进行交叉分析，检验结果（$F = 2.173$，$p = 0.014 < 0.05$）显示，不同月收入水平的受访者对我国食品安全评价存在显著差异。由图 9 可见，无收入受访者的评价均值为

2.49 分，月收入 1～1000 元受访者的评价均值为 2.33 分，月收入 1001～2000 元受访者的评价均值为 2.16 分，月收入 2001～3000 元受访者的评价均值为 2.39 分，月收入 3001～4000 元受访者的评价均值为 2.26 分，月收入 4001～5000 元受访者的评价均值为 2.17 分，月收入 5001～6000 元受访者的评价均值为 2.10 分，月收入 6001～7000 元受访者的评价均值为 1.89 分，月收入 7001～8000 元受访者的评价均值为 2.00 分，月收入 8001～9000 元受访者的评价均值为 2.56 分，月收入 9001～10000 元受访者的评价均值为 2.20 分，月收入 10001 元及以上受访者的评价均值为 1.94 分。由统计数据可知，不同月收入水平的受访者对我国食品安全评价普遍偏低。其中，月收入为 6001～7000 元的受访者对我国食品安全评价最低。

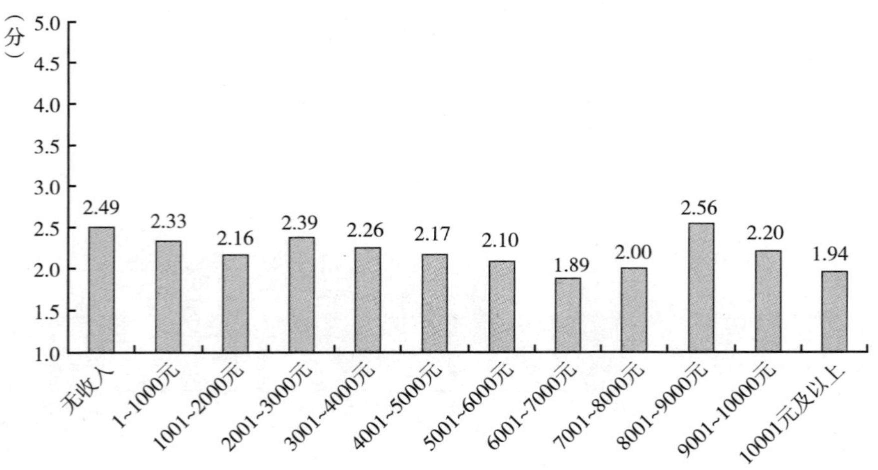

图 9　不同月收入水平受访者对我国食品安全的评价

（六）农业户口受访者对我国食品安全的评价高于非农业户口受访者

对受访者的户口类型与我国食品安全评价进行交叉分析，检验结果（$F=16.705$，$p=0.000<0.05$）显示，不同户口类型的受访者对我国食品安全评价存在显著差异。由图 10 可见，非农业户口受访者的评价均值为

2.15 分，农业户口受访者的评价均值为 2.37 分。由统计数据可知，农业户口受访者对我国食品安全的评价高于非农业户口受访者。

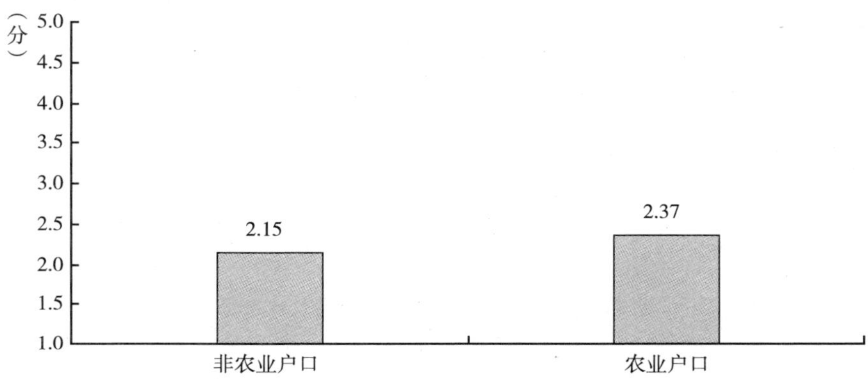

图 10　不同户口类型受访者对我国食品安全的评价

四　医疗安全

（一）三成以上的受访者认为我国医疗比较安全

关于我国医疗安全状况的调查，选择“非常不安全”的受访者占 6.8%，选择“不太安全”的受访者占 17.9%，选择“一般”的受访者占 28.6%，选择“比较安全”的受访者占 36.9%，选择“非常安全”的占 3.9%，选择“不清楚”的占 5.9%（见图 11）。由统计数据可知，三成以上的受访者认为我国医疗比较安全。

（二）20岁以下的受访者对我国医疗安全评价最高

对受访者的年龄与我国医疗安全评价进行交叉分析，检验结果（$F=15.323$，$p=0.000<0.05$）显示，不同年龄的受访者对我国医疗安全评价存在显著差异。由图 12 可见，20 岁以下受访者的评价均值为 3.82 分，20～29 岁受访者的评价均值为 3.12 分，30～44 岁受访者的评价均值为 2.93 分，

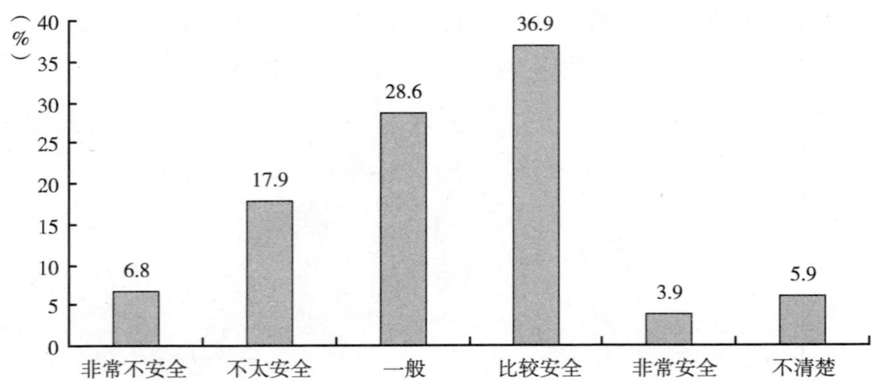

图 11　受访者对我国医疗安全的总体评价

45～59 岁受访者的评价均值为 3.07 分，60 岁及以上受访者的评价均值为 3.30 分。显而易见，20 岁以下的受访者对我国医疗安全评价最高。

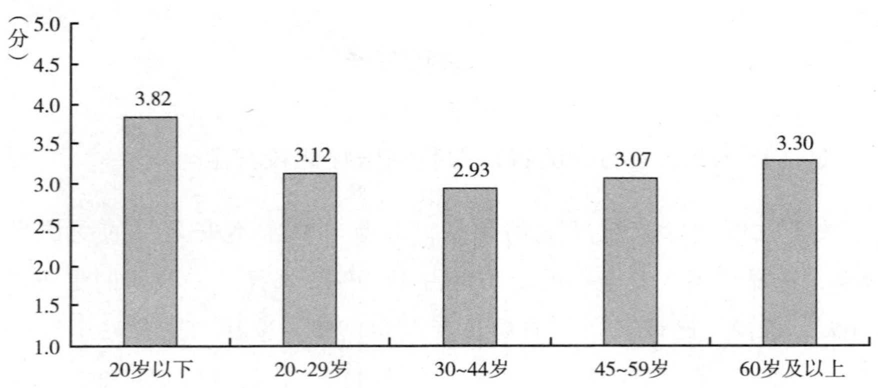

图 12　不同年龄受访者对我国医疗安全的评价

（三）学历越高的受访者对我国医疗安全评价越低，研究生及以上学历受访者对我国医疗安全评价最低

对受访者的学历与我国医疗安全评价进行交叉分析，检验结果（$F = 2.407$，$p = 0.035 < 0.05$）显示，不同学历的受访者对我国医疗安全评价存

在显著差异。由图13可见，小学及以下学历受访者的评价均值为3.50分，初中学历受访者的评价均值为3.21分，高中及中专学历受访者的评价均值为3.13分，大专学历受访者的评价均值为3.08分，大学本科学历受访者的评价均值为3.11分，研究生及以上学历受访者的评价均值为2.92分。由统计数据可知，学历越高的受访者对我国医疗安全评价越低。其中，研究生及以上学历受访者对我国医疗安全评价最低。

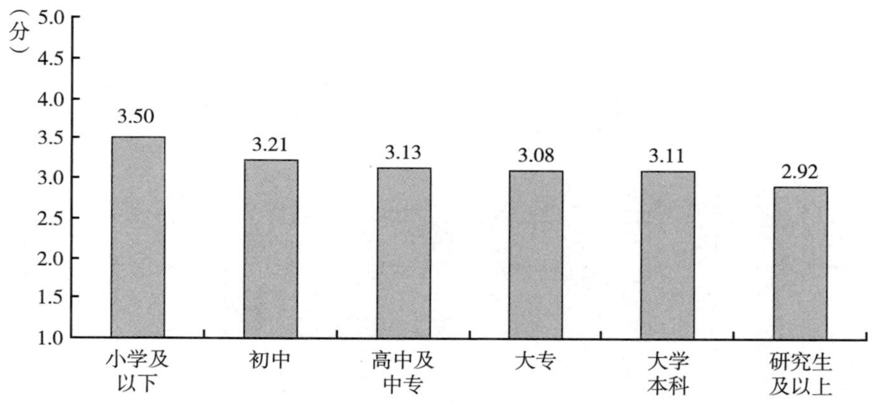

图13　不同学历受访者对我国医疗安全的评价

（四）月收入为5000元以上的受访者对我国医疗安全评价低于月收入为5000元以下的受访者，月收入为9001～10000元的受访者对我国医疗安全评价最低

对受访者的个人月收入水平与我国医疗安全评价进行交叉分析，检验结果（$F=5.054$，$p=0.000<0.05$）显示，不同月收入水平的受访者对我国医疗安全评价存在显著差异。由图14可见，无收入受访者的评价均值为3.52分，月收入为1～1000元的受访者的评价均值为2.97分，月收入为1001～2000元的受访者的评价均值为3.16分，月收入为2001～3000元的受访者的评价均值为3.26分，月收入为3001～4000元的受访者的评价均值为3.24分，月收入为4001～5000元的受访者的评价均值为3.01分，月收入为

5001～6000元的受访者的评价均值为2.75分，月收入为6001～7000元的受访者的评价均值为2.75分，月收入为7001～8000元的受访者的评价均值为3.31分，月收入为8001～9000元的受访者的评价均值为2.98分，月收入为9001～10000元的受访者的评价均值为2.56分，月收入为10001元及以上的受访者的评价均值为2.84分。由统计数据可知，月收入为5000元以上的受访者对我国医疗安全评价总体低于月收入为5000元以下的受访者。其中，月收入为9001～10000元的受访者对我国医疗安全的评价最低。

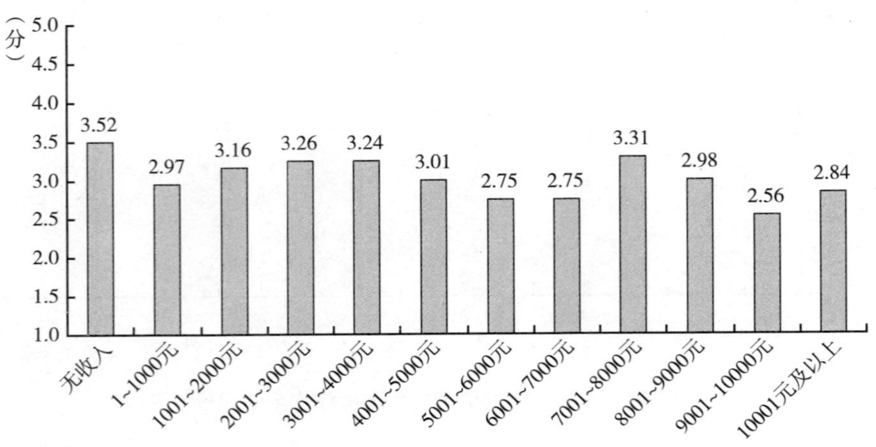

图14　不同月收入水平受访者对我国医疗安全的评价

（五）学生对我国医疗安全评价最高，离退休受访者的评价居于第二位

对受访者的职业情况与我国医疗安全评价进行交叉分析，检验结果（$F=10.238$，$p=0.000<0.05$）显示，不同职业的受访者对我国医疗安全评价存在显著差异。由图15可见，在职受访者的评价均值为3.03分，无稳定职业受访者的评价均值为3.09分，学生的评价均值为3.66分，离退休受访者的评价均值为3.16分，其他情况受访者的评价均值为2.98分。由统计数据可知，学生对我国医疗安全评价最高，其次为离退休受访者。

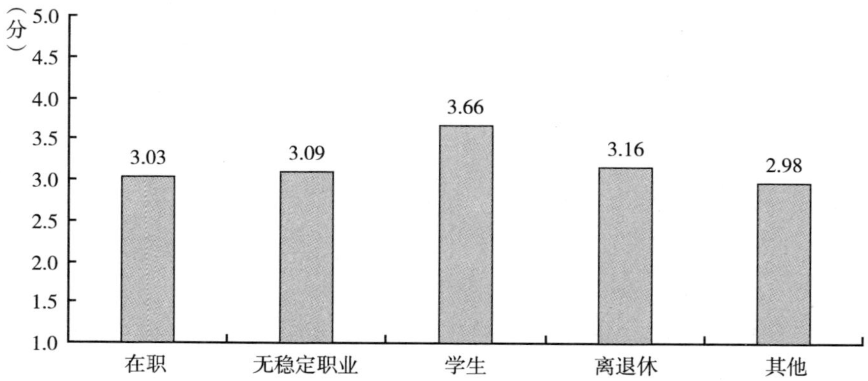

图 15　不同职业受访者对我国医疗安全的评价

五　人身安全

（一）近半数的受访者认为在我国人身比较安全

关于我国人身安全状况的调查，选择“非常不安全”的受访者占2.7%，选择“不太安全”的受访者占11.3%，选择“一般”的受访者占23.8%，选择“比较安全”的受访者占49.7%，选择“非常安全”的占9.6%，选择“不清楚”的占2.9%（见图16）。由统计数据可知，受访者对我国人身安全状况评价良好，近半数的受访者认为在我国人身比较安全。

（二）男性受访者对我国人身安全的评价高于女性受访者

对受访者的性别与我国人身安全状况评价进行交叉分析，检验结果（$F=16.038$，$p=0.000<0.05$）显示，不同性别的受访者对我国人身安全评价存在显著差异。由图17可见，男性受访者的评价均值为3.70分，女性受访者的评价均值为3.37分。显然，男性受访者对我国人身安全的评价高于女性受访者。

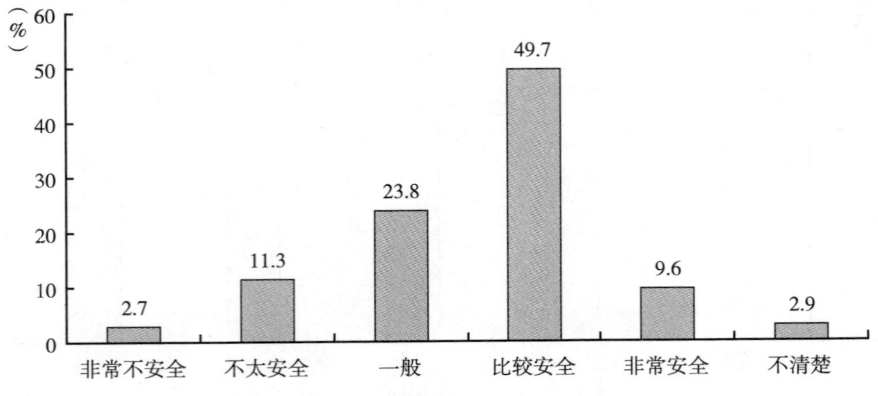

图 16　受访者对我国人身安全的总体评价

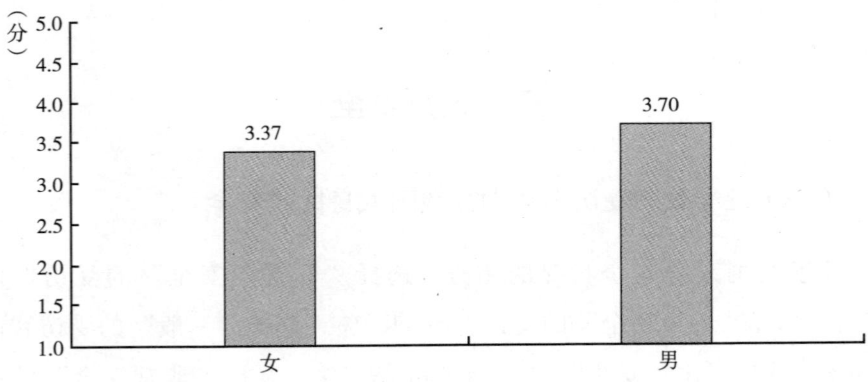

图 17　不同性别受访者对我国人身安全的评价

（三）年龄越高的受访者对我国人身安全评价越高，60岁及以上受访者对我国人身安全评价最高

对受访者的年龄与我国人身安全评价进行交叉分析，检验结果（$F = 2.945$，$p = 0.020 < 0.05$）显示，不同年龄的受访者对我国人身安全评价存在显著差异。由图 18 可见，20 岁以下受访者的评价均值为 3.46 分，20 ~ 29 岁受访者的评价均值为 3.47 分，30 ~ 44 岁受访者的评价均值为 3.52 分，45 ~ 59 岁受访者的评价均值为 3.50 分，60 岁及以上受访者的评价均值为

3.76分。由统计数据可知，年龄越高的受访者对我国人身安全评价越高。其中，60岁及以上的受访者对我国人身安全评价最高。

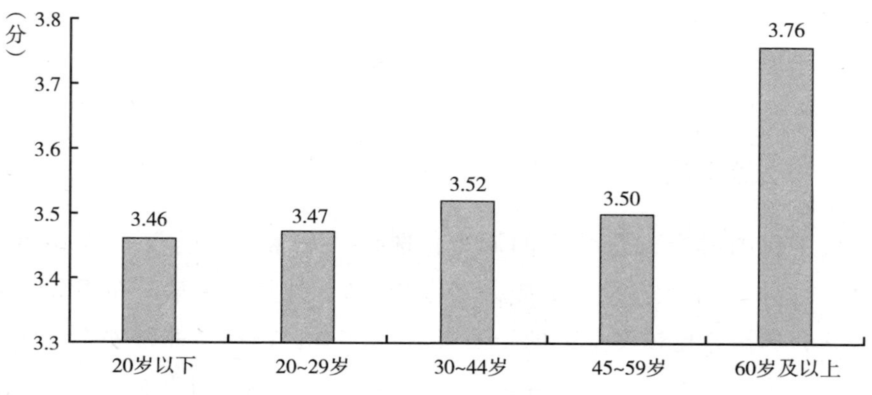

图18　不同年龄受访者对我国人身安全的评价

（四）农业户口受访者对我国人身安全的评价高于非农业户口受访者

对受访者的户口类型与我国人身安全评价进行交叉分析，检验结果（$F = 4.097$，$p = 0.043 < 0.05$）显示，不同户口类型的受访者对我国人身安全的评价存在显著差异。由图19可见，非农业户口受访者的评价均值为

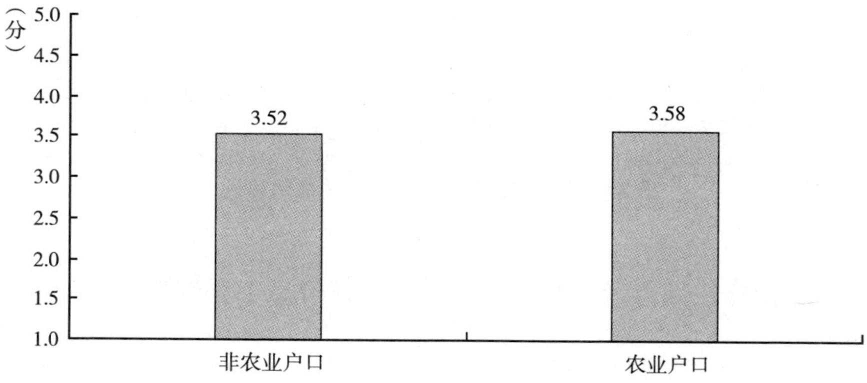

图19　不同户口类型受访者对我国人身安全的评价

3.52分，农业户口受访者的评价均值为3.58分。由统计数据可知，农业户口受访者对我国人身安全的评价高于非农业户口受访者。

六　财产安全

（一）近半数的受访者认为在我国财产比较安全

关于我国财产安全状况的调查，选择“非常不安全”的受访者占2.6%，选择“不太安全”的受访者占8.9%，选择“一般”的受访者占21.2%，选择“比较安全”的受访者占49.6%，选择“非常安全”的占13.9%，选择“不清楚”的占3.9%（见图20）。由统计数据可知，受访者对我国财产安全状况评价良好，近半数的受访者认为在我国财产比较安全。

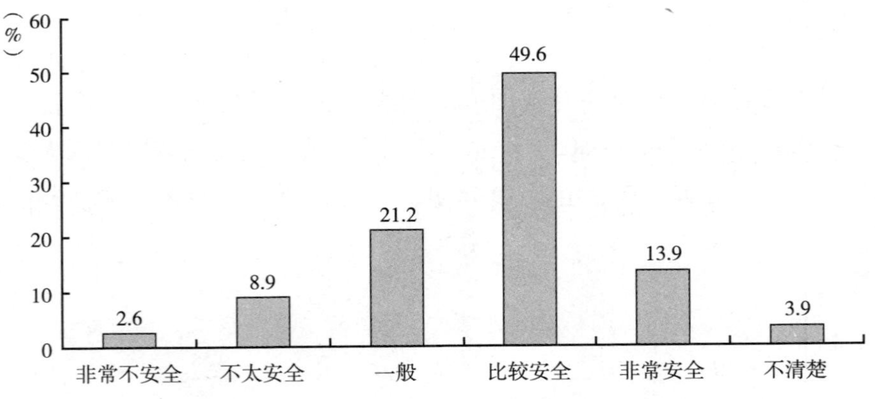

图20　受访者对我国财产安全的总体评价

（二）男性受访者对我国财产安全的评价高于女性受访者

对受访者的性别与我国财产安全状况评价进行交叉分析，检验结果（$F=7.956$，$p=0.005<0.05$）显示，不同性别的受访者对我国财产安全评

价存在显著差异。由图 21 可见，男性受访者的评价均值为 3.75 分，女性受访者的评价均值为 3.56 分。显然，男性受访者对我国财产安全的评价高于女性受访者。

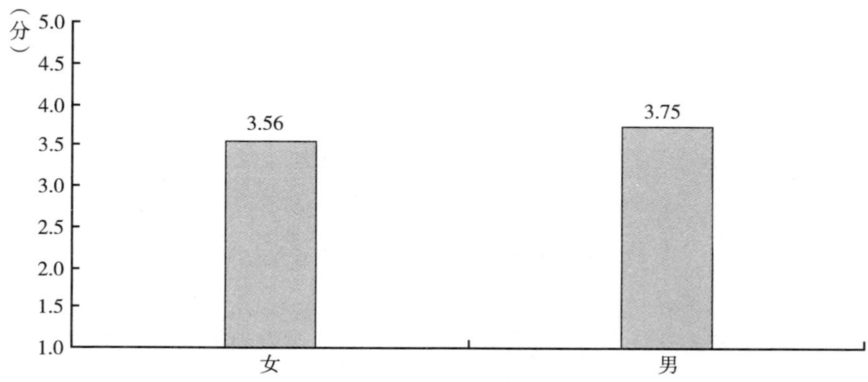

图 21　不同性别受访者对我国财产安全的评价

（三）各年龄段的受访者对我国财产安全评价普遍较高，60岁及以上受访者对我国财产安全评价最高

对受访者的年龄与我国财产安全评价进行交叉分析，检验结果（$F=0.383$，$p=0.821>0.05$）显示，不同年龄的受访者对我国财产安全评价差异不显著。由图 22 可见，20 岁以下受访者的评价均值为 3.69 分，20～29 岁受访者的评价均值为 3.62 分，30～44 岁受访者的评价均值为 3.63 分，45～59 岁受访者的评价均值为 3.69 分，60 岁及以上受访者的评价均值为 3.71 分。显而易见，受访者对我国财产安全评价普遍较高，其中，60 岁及以上的受访者对我国财产安全评价最高。

（四）不同学历受访者对我国财产安全评价普遍较高，初中学历受访者对我国财产安全评价最高

对受访者的学历与我国财产安全评价进行交叉分析，检验结果（$F=$

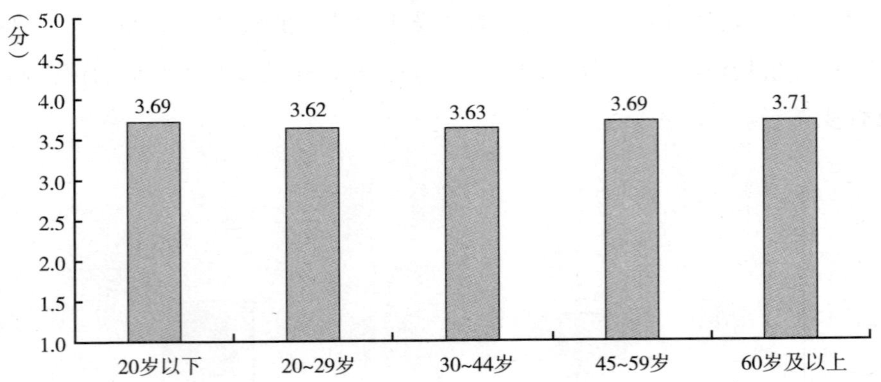

图 22　不同年龄受访者对我国财产安全的评价

0.416，$p=0.838>0.05$）显示，不同学历的受访者对我国财产安全评价差异不显著。由图 23 可见，小学及以下学历受访者的评价均值为 3.67 分，初中学历受访者的评价均值为 3.72 分，高中及中专学历受访者的评价均值为 3.69 分，大专学历受访者的评价均值为 3.65 分，大学本科学历受访者的评价均值为 3.60 分，研究生及以上学历受访者的评价均值为 3.70 分。由统计数据可知，不同学历受访者对我国财产安全评价普遍较高。其中，初中学历受访者对我国财产安全评价最高。

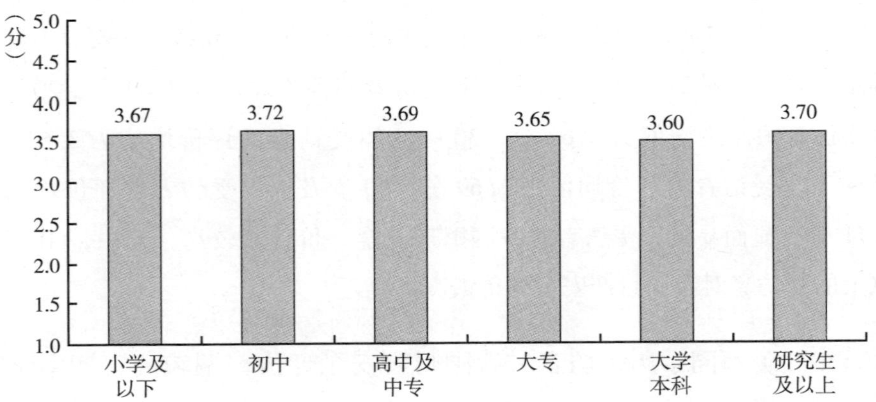

图 23　不同学历受访者对我国财产安全的评价

七　个人隐私安全

（一）近1/3的受访者认为在我国个人隐私比较安全

关于我国个人隐私安全状况的调查，选择“非常不安全”的受访者占11.0%，选择“不太安全”的受访者占19.4%，选择“一般”的受访者占21.8%，选择“比较安全”的受访者占32.3%，选择“非常安全”的受访者占10.1%，选择“不清楚”的受访者占5.4%（见图24）。由统计数据可知，近1/3的受访者认为在我国个人隐私比较安全。

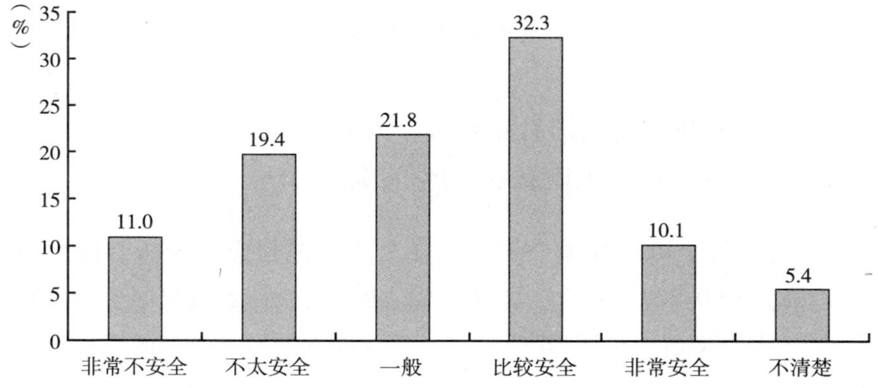

图24　受访者对我国个人隐私安全的总体评价

（二）60岁及以上的受访者对我国个人隐私安全评价最高

对受访者的年龄与我国个人隐私安全评价进行交叉分析，检验结果（$F=2.902$，$p=0.021<0.05$）显示，不同年龄的受访者对我国个人隐私安全评价存在显著差异。由图25可见，20岁以下受访者的评价均值为3.21分，20～29岁受访者的评价均值为3.03分，30～44岁受访者的评价均值为3.04分，45～59岁受访者的评价均值为3.08分，60岁及以上受访者的评

价均值为3.41分。由统计数据可知，60岁及以上的受访者对我国个人隐私安全评价最高，其次为20岁以下的受访者。

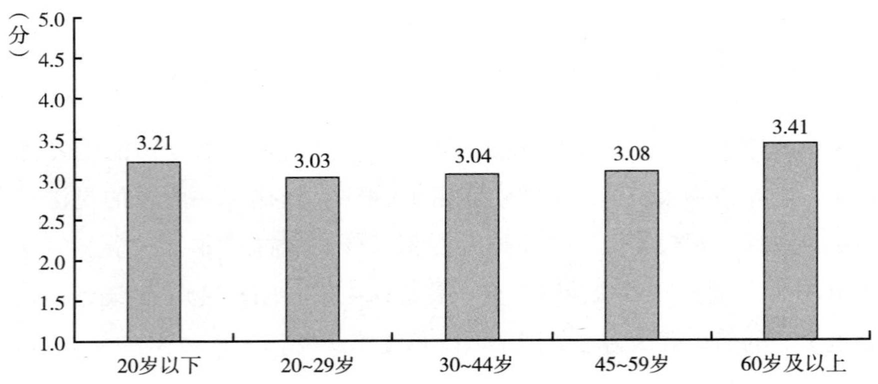

图25　不同年龄受访者对我国个人隐私安全的评价

（三）学历越高的受访者对我国个人隐私安全评价越低，大学本科学历受访者对我国个人隐私安全评价最低

对受访者的学历与我国个人隐私安全评价进行交叉分析，检验结果（$F=6.278$，$p=0.000<0.05$）显示，不同学历的受访者对我国个人隐私安全评价存在显著差异。由图26可见，小学及以下学历受访者的评价均值为3.33分，初中学历受访者的评价均值为3.41分，高中及中专学历受访者的评价均值为3.22分，大专学历受访者的评价均值为3.05分，大学本科学历受访者的评价均值为2.84分，研究生及以上学历受访者的评价均值为3.01分。由统计数据可知，学历越高的受访者对我国个人隐私安全评价越低。其中，大学本科学历受访者对我国个人隐私安全评价最低。

（四）月收入为1001～2000元的受访者对我国个人隐私安全的评价最高，月收入为9001～10000元的受访者对我国个人隐私安全的评价最低

对受访者的个人月收入水平与我国财产安全评价进行交叉分析，检验结

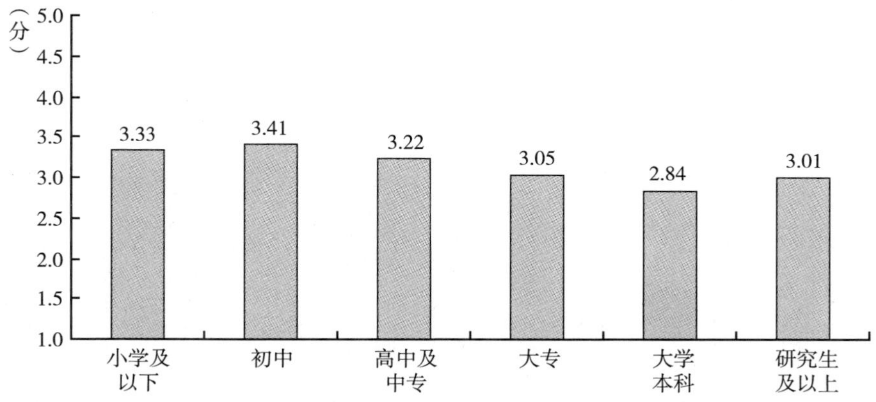

图 26　不同学历受访者对我国个人隐私安全的评价

果（$F=2.670$，$p=0.002<0.05$）显示，不同月收入水平的受访者对我国个人隐私安全评价存在显著差异。由图 27 可见，无收入受访者的评价均值为 3. 20 分，月收入为 1 ~1000 元的受访者的评价均值为 3. 16 分，月收入为 1001 ~2000 元的受访者的评价均值为 3. 52 分，月收入为 2001 ~3000 元的受访者的评价均值为 3. 35 分，月收入为 3001 ~4000 元的受访者的评价均值为 3. 12 分，月收入为 4001 ~5000 元的受访者的评价均值为 2. 92 分，月收入为 5001 ~6000 元的受访者的评价均值为 3. 02 分，月收入为 6001 ~7000 元的受访者的评价均值为 2. 99 分，月收入为 7001 ~8000 元的受访者的评价均值为 3. 11 分，月收入为 8001 ~9000 元的受访者的评价均值为 3. 10 分，月收入为 9001 ~10000 元的受访者的评价均值为 2. 49 分，月收入为 10001 元及以上的受访者的评价均值为 2. 74 分。由统计数据可知，月收入较低的受访者对我国个人隐私安全的评价高于月收入较高的受访者。其中，月收入为 1001 ~ 2000 元的受访者对我国个人隐私安全评价最高，月收入为 9001 ~ 10000 元的受访者对我国个人隐私安全评价最低。

（五）非一线城市受访者对我国个人隐私安全的评价高于一线城市受访者

对受访者所在城市类别与我国财产安全评价进行交叉分析，检验结

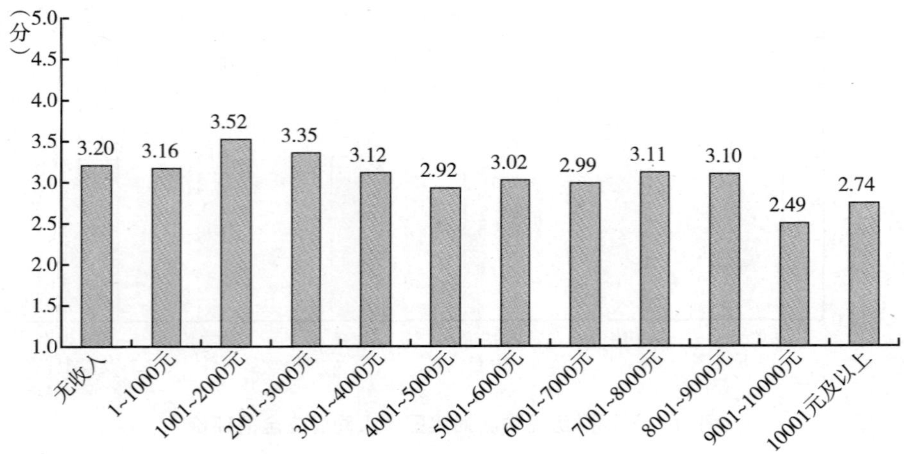

图 27　不同月收入水平受访者对我国个人隐私安全的评价

果（$F=6.255$，$p=0.013<0.05$）显示，不同城市类别的受访者对我国个人隐私安全评价存在显著差异。由图 28 可见，非一线城市受访者的评价均值为 3.14 分，一线城市受访者的评价均值为 2.85 分。由统计数据可知，非一线城市受访者对我国个人隐私安全的评价高于一线城市受访者。

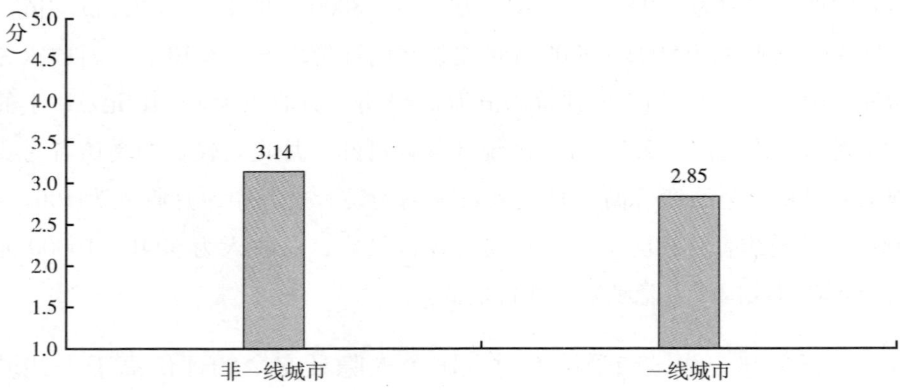

图 28　不同城市类别受访者对我国个人隐私安全的评价

八 研究小结

对比前述统计结果可知，不同性别、年龄、学历、月收入水平、户口类型、城市类别以及职业状况的受访者对社会安全的感知呈现显著差异。

就性别而言，男性受访者对我国社会总体安全、食品安全、医疗安全、人身安全、财产安全、个人隐私安全的评价均高于女性受访者。

就年龄而言，除了对我国医疗安全评价最高的为 20 岁以下受访者之外，对我国社会总体安全、食品安全、人身安全、财产安全、个人隐私安全评价最高的均为 60 岁及以上的受访者。

就学历而言，对我国社会总体安全评价最高的为高中、中专、大专学历的受访者，对我国食品安全、医疗安全评价最高的均为小学及以下学历的受访者，对我国人身安全、财产安全、个人隐私安全评价最高的均为初中学历的受访者。

就月收入水平而言，月收入为 7001 ~ 8000 元的受访者对我国社会总体安全评价最高，月收入为 8001 ~ 9000 元的受访者对我国食品安全评价最高，无收入的受访者对我国医疗安全评价最高，月收入为 1 ~ 1000 元的受访者对我国人身安全评价最高，月收入为 7001 ~ 8000 元的受访者对我国财产安全评价最高，月收入为 1001 ~ 2000 元的受访者对我国个人隐私安全评价最高。

就户口类型而言，非农业户口受访者对我国社会总体安全的评价高于农业户口受访者，农业户口受访者对我国食品安全、医疗安全、人身安全、财产安全、个人隐私安全的评价均高于非农业户口受访者。

就所在城市类别而言，一线城市受访者对我国医疗安全的评价高于非一线城市受访者，非一线城市受访者对我国社会总体安全、食品安全、人身安全、财产安全、个人隐私安全的评价高于一线城市受访者。

就职业状况而言，离退休受访者对我国社会总体安全、人身安全、个人隐私安全评价最高，学生对我国食品安全、医疗安全评价最高，在职受访者对我国财产安全评价最高。

综合对比上述几类调查数据可知，受访者对我国社会安全认知呈现3个基本特征。

其一，近半数的受访者对我国社会总体安全、人身安全、财产安全给予了肯定评价，有三成左右的受访者对我国医疗安全、个人隐私安全给予了肯定评价。与此相对，多数受访者对我国食品安全的评价不高（有33.8%的受访者认为我国食品不太安全，有29.6%的受访者认为我国食品非常不安全）。

其二，尽管有三成以上的受访者认为我国医疗“比较安全”（36.9%），但与此同时，近四成的受访者认为我国医疗“非常不安全”（6.8%）或“不太安全”（17.9%），有四成以上的受访者认为我国医疗“一般”（28.6%）。显然，受访者对我国医疗安全状况评价并不高。因此，我国的医疗安全保障有待加强，医疗服务质量有待提升。

其三，除了医疗安全之外，对我国社会总体安全、食品安全、人身安全、财产安全、个人隐私安全评价最高的均为60岁及以上受访者。换言之，60岁及以上受访者对我国社会安全的认同感比较强，而60岁以下受访者对我国社会安全的认同感相对较弱。因此，我们应当重视社会安全认同研究，重新认识“作为推动社会公共安全总体运行和策略变化内在动力”的认同视角及其要素，[①] 梳理和总结不同年龄段受访者的认知需要和认知特征，然后制定相应的应对策略，切实提升我国公众的社会安全认同感。

① 参见任勇《重视社会公共安全体系构建中的认同要素》，《探索与争鸣》2014年第8期。

B.6

2014年居民社会公平感调查报告

上海交通大学舆情研究实验室社会调查中心*

摘　要：本调查旨在了解我国居民的社会公平感。主要包括对社会的总体公平感评价以及对教育资源分配、医疗资源分配、就业机会、社会收入分配、社会保障、干部提拔和任免、司法公正、性别平等、城乡平等等社会生活各个层面的公平感评价。调查范围覆盖了我国4个直辖市、27个省会城市和5个计划单列市，包含我国东、中、西部各行政区域的重要城市。共有1080位受访者参与了此项电话调查。调查结果能够为有关机构和部门做好提高我国居民社会公平感的工作提供参考。

关键词：社会公平　居民　资源分配

在中国社会转型时期，市场化和城镇化带来新的利益分配原则，社会矛盾凸显。社会公平面临诸多挑战，涉及地域发展的不平衡、社会性别差异、社会阶层差距等，进而对中国居民的社会公平感等社会心理产生深刻的影响。社会公平感的失衡影响到民众对政府满意度和生活地域的认同感，从而影响到社会的稳定和持续发展。有学者对我国当前社会不公平主要表现归纳为不断扩大的收入差距、明显的财产分布差距、就业与劳动报酬中的歧视因素、教育机会和教育资源分配不平等、公共卫生资源分配和健康的不平等、

---

* 课题负责人：谢耘耕；执笔人：刘怡；统计分析：张旭阳。

社会保障权利的不公平、财政体制再分配功能的弱化引起的城乡之间和地区之间的公共物品提供上的差异性。[①] 本调查以中国居民的公平感为核心，包括对教育资源分配、医疗资源分配、就业机会、社会收入分配、社会保障、干部提拔和任免、司法公正、性别平等、城乡平等的公平感的评价，试图进一步探索社会公平感和社会归属、政府满意度的关系，并基于调查结果为相关机构和部门提出相应的对策建议。

社会公平对于社会和谐发展具有重要意义，有利于社会发展的良性循环，也是影响社会稳定的重要因素之一。在目前的相关文献中，对社会公平感的研究更多地集中于对社会公平感的影响因素研究。国内外学者根据社会公平所涉及的内容对社会公平感的影响因素进行了梳理，提出机会获取公平更可能影响程序公平，而收入水平更可能影响结果公平，以及居民对自身社会地位评价和客观社会地位都可能影响到居民社会公平感的评价。

一　样本结构

从加权后的样本来看，女性占49.3%，男性占50.7%。20岁以下的受访者占9.0%，20~29岁的受访者占20.7%，30~44岁的受访者占30.8%，45~59岁的受访者占24.1%，60岁及以上的受访者占15.4%。被调查者学历较为均衡，小学及以下学历受访者占6.4%，初中学历受访者占19.1%，高中及中专学历受访者占25.1%，大专学历受访者占17.8%，大学本科学历受访者占27.2%，研究生及以上学历受访者占4.4%。从受访者职业来看，在职的受访者占57.1%，无稳定职业者占14.4%，学生占13.0%，离退休人群占13.8%，其他占1.8%。从受访者的收入情况来看，33.1%的受访者属于低收入者，中等偏下收入的受访者占15.7%，中等收入者占16.8%，中等偏上收入者占19.6%，高收入者占14.9%。从受访者户籍来看，有62.2%的受访者是非农业户口，有37.8%的受访者为农业户口。

① 李实：《社会公平与和谐社会》，《中国特色社会主义研究》2006年第1期。

二 居民社会公平感分析

1. 居民整体社会公平感评价略低于“一般”水平

居民对整体社会公平程度进行评价，选项包括“非常不赞同”“不太赞同”“一般”“比较赞同”“非常赞同”“不清楚或不适用”。不同学历的居民的整体社会公平感评价如图1所示。在对“我们的社会是公平的”的评价中，选择“比较赞同”的占比最高，达到27.1%，选择“不太赞同”的占比居第二，达到24.7%。我们以1～5分分别为“非常不赞同”至“比较赞同”进行赋值，剔除“不清楚或不适用”选项，求得居民公平感平均值为2.91分，在此基础上进行单样本均值t检验，将均值与代表“一般水平”的3分进行对比，检验结果（$t=-2.226$，$p=0.026$）表明，我国居民对整体社会公平感的评价略低于一般水平。

对于整体社会公平感的评价，不同年龄受访者评价差异显著。60岁及以上人群的评价平均分为3.49，高于其他年龄受访者对于整体社会公平感的评价。

与不同受教育程度进行方差分析，检验结果（$F=7.725$，$p=0.000<0.05$）显示，不同学历者对于整体社会公平感评价存在显著差异。由图1可见，小学及以下学历受访者评价水平最高，平均分为3.56分，高于初中学历受访者（3.21分）、高中及中专学历受访者（2.67分）、大专学历受访者（2.90分）、大学本科学历受访者（2.82分）、研究生及以上学历受访者（2.78分）。性别及户籍因素，以及地域因素对于居民整体社会公平感评价影响不显著。

2. 我国居民对于社会性别公平度评价较高，对于干部提拔、任免公平度的评价偏低

我们调查了受访者对于教育资源分配、医疗资源分配、就业机会、社会收入分配、社会保障、干部提拔和任免、司法公正、性别平等、城乡平等的公平度评价，以1～5分分别代表“非常不赞同”“不太赞同”“一般”“比

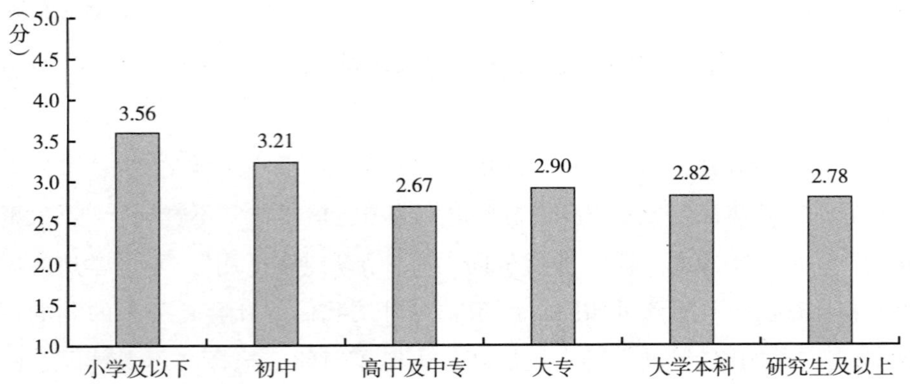

图1　不同学历的受访者对整体社会公平感的评价均值

较赞同”“非常赞同”，进一步求得我国居民对社会生活各个层面的公平感评分均值（见图2）。我国居民对于社会性别公平感评价最高，均值为3.57分，单样本均值 t 检验结果（$t=14.524$，$p=0.000<0.05$）表明，居民对于社会性别公平感评价显著高于一般水平（3分）。其次，评价较高的是司法公正，均值为3.16分，单样本均值 t 检验结果（$t=3.839$，$p=0.000<0.05$）表明，我国居民对于司法公正的公平感评价也高于一般水平。

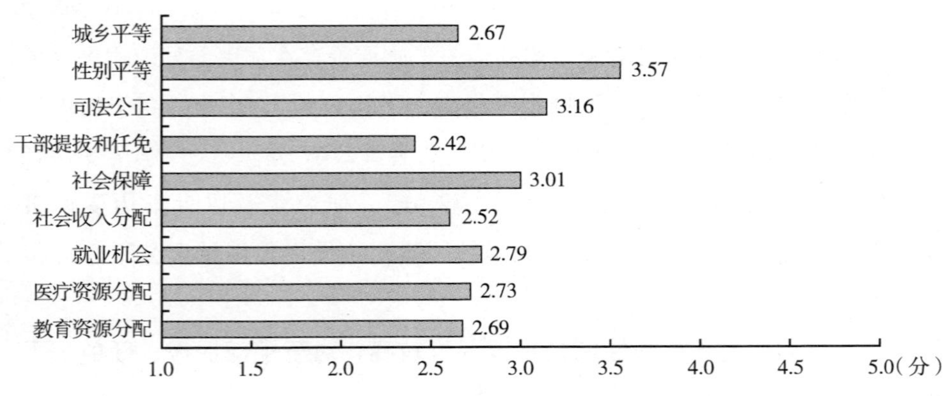

图2　我国居民对于具体社会问题的公平感评价均值

此外，受访者对于干部提拔、任免公平程度评价最低，均值为2.42分，单样本均值 t 检验结果（$t=-13.528$，$p=0.000<0.05$）表明，我国居民对于

干部提拔、任免公平评价显著低于一般水平。对于社会收入分配和城乡平等两个问题的公平感评价也比较低，均值分别为2.62分和2.67分。单样本均值t检验结果（$t=-9.679$，$p=0.000<0.05$；$t=-8.120$，$p=0.000<0.05$）表明，我国居民对社会收入分配和城乡平等的公平感评价显著低于一般水平。

3. 对于社会收入分配的公平感评价较低，存在性别差异以及学历方面的差异

调查结果显示，我国居民对于社会收入分配的公平感评价较低，均值为2.52分。单样本均值t检验结果（$t=-9.679$，$p=0.000<0.05$）表明，我国居民对社会收入分配评价低于一般水平。此外，单因素方差分析结果（$F=4.599$，$p=0.032<0.05$）显示，男性对于社会收入分配的公平程度评价显著高于女性，男性和女性对于社会收入分配的公平感评价均值分别为2.70分和2.54分。

不同年龄段人群对社会收入分配的公平程度评价存在显著差异（单因素方差分析结果$F=8.788$，$p=0.000<0.001$）。20岁以下年龄段人群对于社会收入分配的公平程度评价高于其他年龄段人群，均值为2.96分，45～59岁年龄段人群对于社会收入分配的公平程度评价低于其他年龄段人群，均值仅为2.34分。

不同学历人群对于社会收入分配的公平程度评价存在显著差异（单因素方差分析结果$F=2.842$，$p=0.015$）。由图3可知，小学及以下学历者对于社会收入分配的公平程度评价最高，均值为3.13分，高于一般水平；研究生及以上学历者对于社会收入分配的公平程度评价最低，均值为2.45分，显著低于一般水平。分析结果显示，对于社会收入分配的公平程度评价与学历呈反向变动关系，学历越高者对于社会收入分配的公平程度评价越低，学历越低者对于社会收入分配的公平程度评价越高。

不同户籍情况的受访者对于社会收入分配的公平感评价存在显著差异。不同户籍的受访者对于社会收入分配公平感评价独立样本t检验结果（$t=-4.145$，$p=0.000<0.05$）。农业户口人群对于社会收入分配的公平感评价均值为2.83分，高于非农业户口人群对于社会收入分配的公平感评价（均

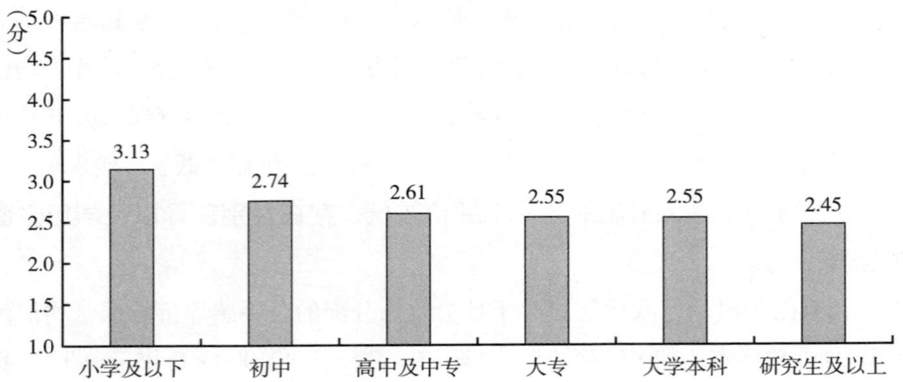

图 3　不同学历受访者对于收入分配的公平感评价均值

值为 2.49 分）。我们对居住地是否为户口所在地的受访者对社会收入分配公平感评价进行了独立样本 t 检验（$t=2.409$，$p=0.016<0.05$）。由图 4 可知，居住地非户口所在地人群对社会收入分配的公平感评价均值为 2.76 分，高于居住地是户口所在地人群对社会收入分配的公平感评价均值 2.56 分。

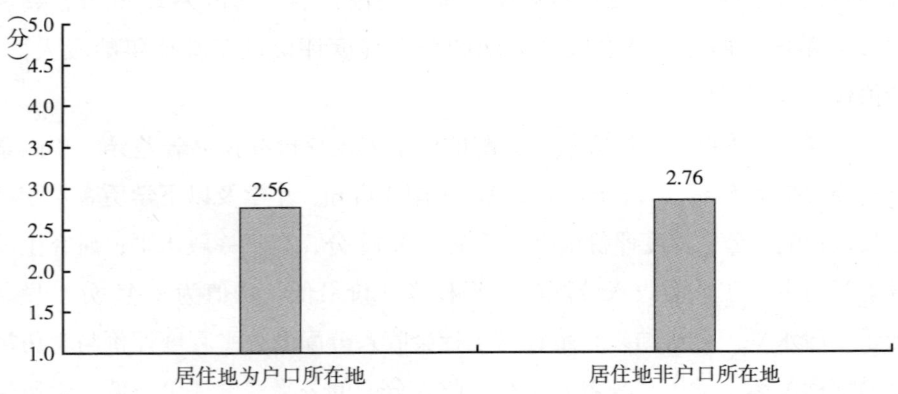

图 4　不同居住地情况受访者对于收入分配公平感的评价均值

4. 受访者对于就业机会的公平感评价低于一般水平，存在性别、学历、个人收入、户籍情况等因素差异

调查结果显示，我国居民对就业机会的公平感评价较低，均值分别为

2.79分，单样本均值 t 检验结果（$t=-5.232$，$p=0.000<0.05$）表明，我国居民对社会收入分配评价低于一般水平。

单因素方差分析结果（$F=9.192$，$p=0.002<0.05$）显示，男性对于就业机会的公平程度评价显著高于女性。男性和女性对于就业机会的公平感评价均值分别为2.91分和2.66分，说明女性对就业机会的公平感比男性更低。

不同学历人群对于就业机会的公平程度评价存在显著差异（单因素方差分析结果 $F=3.282$，$p=0.006<0.05$）。小学及以下学历者对就业机会的公平程度评价最高，均值为3.21分，显著高于一般水平（3分）；研究生及以上学历者对就业机会的公平程度评价最低，均值为2.61分，低于一般水平。

不同收入水平人群对就业机会的公平程度评价存在显著差异（单因素方差分析结果 $F=3.196$，$p=0.000<0.001$）。由图5可见，无收入者对就业机会的公平程度评价高于收入水平为10001元及以上等其他收入群体。无收入者对就业机会的公平程度评价均值为3.00分，1～1000元收入水平群体对就业机会的公平程度评价均值最低，为2.11分，此外10001元及以上高收入者对就业机会的公平程度评价均值仅高于1～1000元收入水平的群体，为2.30分。

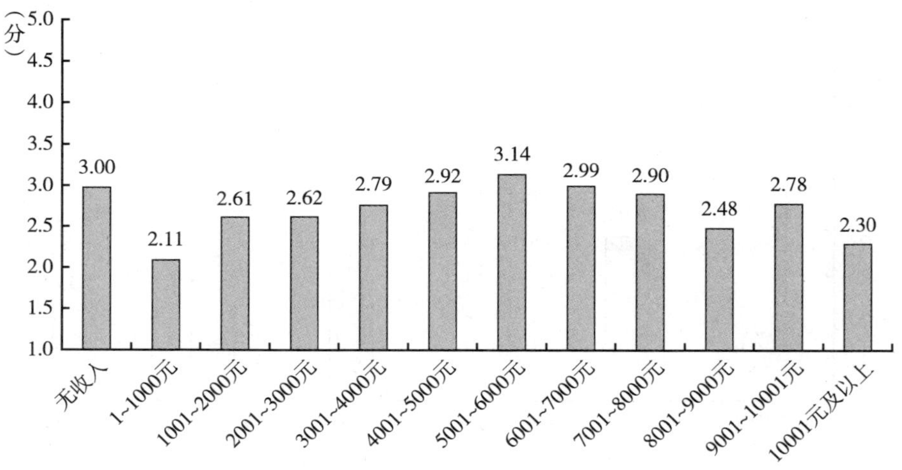

图5 不同收入水平人群对就业机会的公平感评价均值

不同户籍情况的人群对就业机会的公平感评价存在显著差异。我们对不同户口类型的受访者对就业机会的公平感评价进行了独立样本 t 检验（$t = -4.254$，$p = 0.000 < 0.05$）。结果显示，农业户口人群对就业机会的公平感评价均值为 3.02 分，高于非农业户口人群对就业机会的公平感评价均值（2.66 分）。我们对居住地是否为户口所在地的受访者对就业机会公平感评价进行了独立样本 t 检验（$t = 2.221$，$p = 0.016 < 0.05$）。结果显示，居住地非户口所在地人群对就业机会的公平感评价均值为 2.92 分，高于居住地是户口所在地人群对于就业机会的公平感评价均值（2.73 分）。

5. 学历越高者，对教育资源分配公平感评价均值越低

不同学历人群对教育资源分配的公平程度评价存在显著差异（单因素方差分析结果 $F = 14.235$，$p = 0.000 < 0.001$）。由图 6 可知，小学及以下学历者对教育资源分配的公平程度评价最高，均值为 3.72 分，显著高于一般水平；研究生及以上学历者对教育资源分配的公平程度评价最低，均值为 2.14 分，显著低于一般水平。分析结果显示，对教育资源分配的公平程度评价与学历呈反向变动趋势，学历越高者对教育资源分配的公平程度评价均值越低，学历越低者对教育资源分配的公平程度评价均值越高。

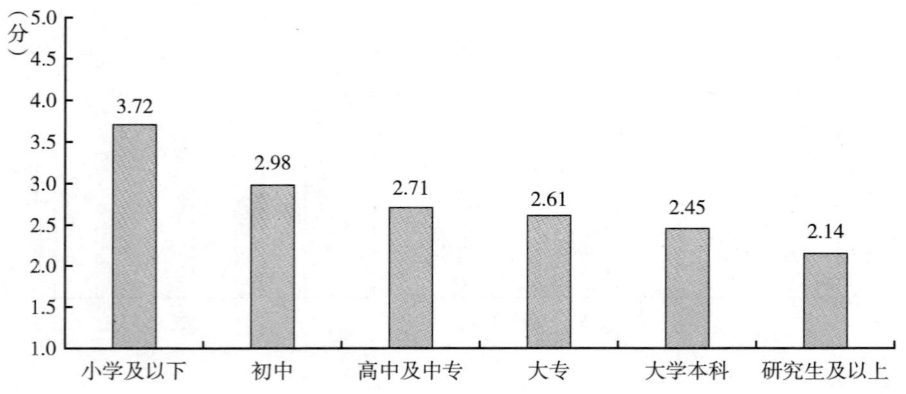

图 6　学历不同的受访者对教育资源分配的公平感评价均值

不同收入水平人群对教育资源分配的公平程度评价存在显著差异（单因素方差分析结果 $F=4.251$，$p=0.000<0.001$）。无收入者对教育资源分配的公平程度评价最高，均值为3.05分。10001元及以上的高收入者对教育资源分配的公平程度评价均值最低，为2.09分。

6. 不同年龄、收入、学历、地域的受访者对医疗资源分配的公平感评价存在显著差异

在关于“医疗资源是公平的”进行的评价中，选择“不太赞同”的占比最高，达到26.8%，选择“比较赞同”的占比居第二，达到23.4%。我们以1~5分为选项“非常不赞同”至“非常赞同”赋值，剔除“不清楚或不适用”选项，求得居民对医疗资源分配公平感评价的平均分为2.73分。将平均分与代表一般水平的3分进行比较，单样本均值 t 检验结果（$t=-6.605$，$p=0.000<0.001$）表明，我国居民对医疗资源分配公平感评价略低于一般水平。

不同年龄段人群对医疗资源分配的公平程度评价存在显著差异（单因素方差分析结果 $F=7.415$，$p=0.000<0.001$）。由图7可见，60岁及以上年龄段人群对医疗资源分配的公平程度评价高于其他年龄段人群，均值为3.15分，高于一般水平。30~44岁年龄段人群对医疗资源分配的公平程度评价低于其他年龄段人群，均值为2.50分。

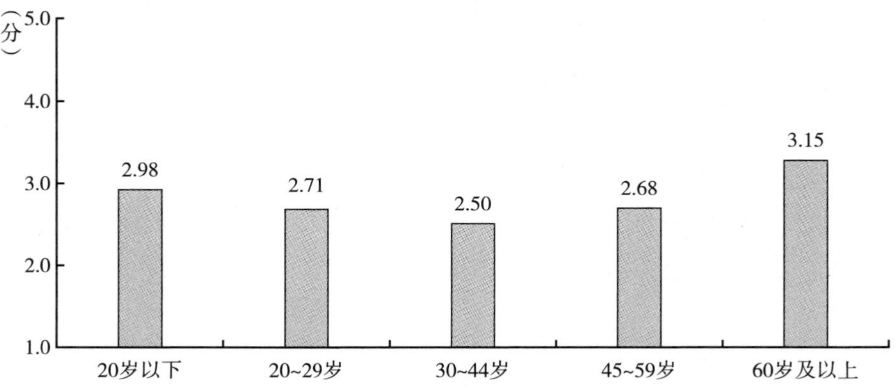

图7　不同年龄受访者对医疗资源分配公平感的评价均值

不同收入水平受访者对医疗资源分配的公平程度评价存在显著差异（单因素方差分析结果 $F=3.422$，$p=0.000<0.001$）。无收入者对医疗资源分配的公平程度评价显著高于10001元及以上等其他收入水平的群体。无收入者对医疗资源分配的公平程度评价均值为3.07分，而10001元及以上高收入者对医疗资源分配的公平程度评价均值最低，仅为2.14分。

不同学历受访者对医疗资源分配的公平程度评价存在显著差异（单因素方差分析结果 $F=16.924$，$p=0.000<0.001$）。小学及以下学历者对医疗资源分配的公平程度评价最高，均值为3.77分，高于一般水平；研究生及以上学历者对医疗资源分配的公平程度评价最低，均值为2.00分，低于一般水平。分析结果显示，对医疗资源分配的公平程度评价与学历呈反方向变动趋势，学历越低者对医疗资源分配的公平程度评价越高，学历越高者对医疗资源分配的公平程度评价越低。

我们对医疗资源分配公平的评价与不同地域进行交叉分析，结果显示，不同地域的受访者对医疗资源分配公平感评价存在显著差异（单因素方差分析结果 $F=4.493$，$p=0.000<0.001$）。由图8可知，东部受访者对于医疗资源分配公平感评价均值为2.62分，中部受访者评价均值为2.68分，西部受访者评价均值最高，为2.89分。

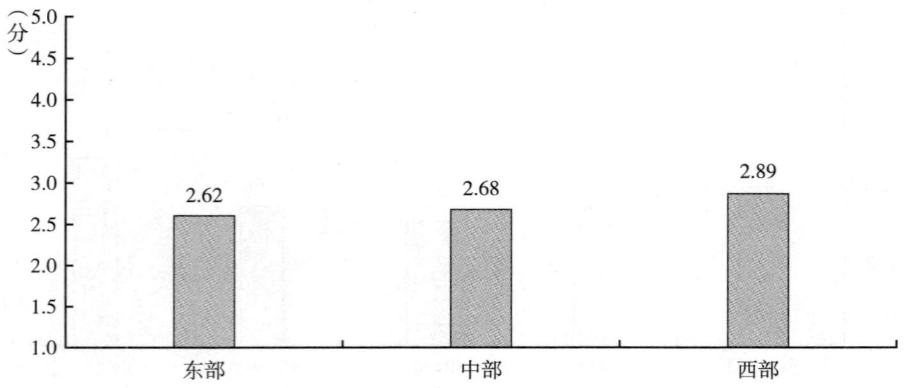

图8　不同地域受访者对医疗资源分配公平感的评价均值

7. 对社会保障的公平感评价，学生、离退休群体以及无稳定职业者的评价均高于在职人员

在对“社会保障”的公平感评价中，选择“比较赞同”的占比最高，达到32.3%，选择“不太赞同”的占比居第二，达到21.8%。剔除“不清楚或不适用”选项，居民对社会保障的公平感评价平均值为3.01分。我们在此基础上进行单样本均值 t 检验，将均值与代表“一般水平”的3分进行对比，检验结果 $t=0.306$，$p=0.760>0.05$，表明我国居民对社会保障公平感评价达到“一般水平”。

不同年龄段人群对社会保障的公平程度评价存在显著差异（单因素方差分析结果 $F=11.523$，$p=0.000<0.001$）。其中，60岁及以上年龄段受访者对社会保障的公平程度评价高于其他年龄段受访者，均值为3.48分，高于一般水平。30~44岁年龄段受访者对医疗资源分配的公平程度评价低于其他年龄段受访者，均值为2.77分。

不同收入受访者对社会保障的公平程度评价存在显著差异（单因素方差分析结果 $F=2.723$，$p=0.002$）。无收入者对于社会保障的公平程度评价最高，均值为3.34分，10001元及以上高收入者对社会保障的公平程度评价均值最低，为2.30分。

我们对社会保障公平的公平感评价与不同职业进行交叉分析，结果显示，不同职业人群对于社会保障公平感评价存在显著差异（单因素方差分析结果 $F=3.078$，$p=0.016$）。由图9可知，学生和离退休群体对于社会保障的公平感评价程度较高，略高于一般水平，均值均为3.20分。无稳定职业者对社会保障的公平感评价均值为3.11分，评价高于在职人员的评价均值2.91分。

8. 我国居民对于司法公正的公平感评价高于一般水平，非一线城市居民对于司法公正的公平感评价高于一线城市居民

在关于“司法公正”的公平感评价中，持赞同倾向的受访者达到41.4%（包括“比较赞同”者27.7%和“非常赞同”者13.7%）。我们以1~5分为选项“非常不赞同”至“非常赞同”赋值，剔除“不清楚或不适

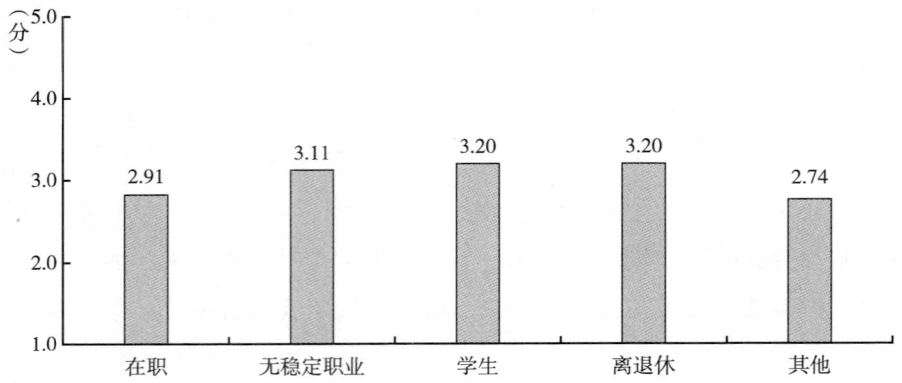

图9　不同职业受访者对社会保障公平度的评价均值

用”选项，求得我国居民对司法公正的公平感评价均值为3.16分。我们再将均值与一般水平（3分）进行比较，单样本均值 t 检验结果（$t=3.839$，$p=0.042$）表明，我国居民对司法公正公平感评价高于一般水平。

不同学历人群对于司法公正的公平感评价存在显著差异（单因素方差分析结果 $F=3.936$，$p=0.002$）。小学及以下学历者对于就业机会的公平程度评价最高，均值为3.66分，高于一般水平；研究生及以上学历者对于就业机会的公平程度评价最低，均值为2.78分，低于一般水平。

我们将司法公正的公平感评价与不同收入水平进行交叉分析，结果显示，不同收入水平的受访者对司法公正的公平感程度评价存在显著差异（单因素方差分析结果 $F=4.408$，$p=0.000$）。无收入者对于司法公正的公平程度评价最高，均值为3.48分，高于一般水平；10001元及以上高收入者对于司法公正的公平程度评价均值最低，为2.29分。

我们将司法公正的公平感评价与受访者身份是否为一线城市居民进行交叉分析，结果显示，一线城市居民与非一线城市居民对司法公正的公平感程度评价存在显著差异（独立样本 t 检验 $t=2.409$，$p=0.016$）。由图10可见，非一线城市居民对于司法公正的公平程度评价较高，均值为3.19分；一线城市居民对于司法公正的公平程度评价均值较低，为2.86分。

不同职业者对司法公正的公平感评价存在显著差异（单因素方差分析

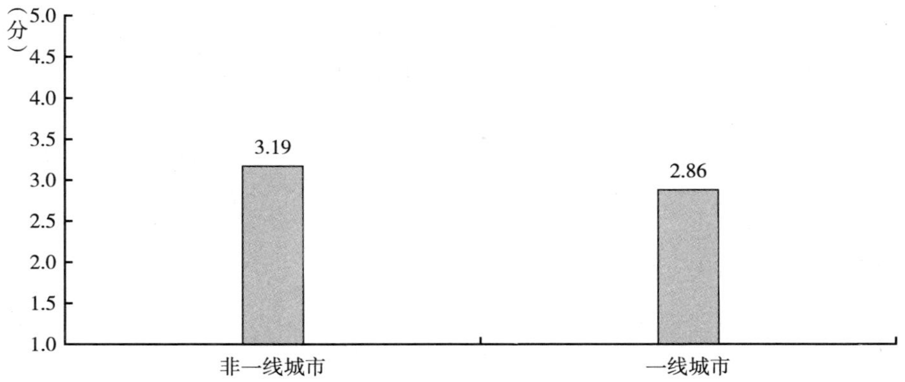

图 10　不同类型城市的受访者对司法公正的公平感评价均值

结果 $F=3.415$，$p=0.009$）。学生、离退休、无稳定职业者对司法公正的公平感评价均值分别为3.45分、3.34分、3.23分，均高于在职人员对司法公正的公平感评价均值（3.05分）。

9. 不同年龄、学历的受访者对干部提拔和任免的公平感评价存在显著差异

不同年龄段人群对干部提拔和任免的公平感评价存在显著差异（单因素方差分析结果 $F=7.385$，$p=0.000$）。其中，60岁及以上年龄段人群对干部提拔和任免的公平感评价高于其他年龄段人群，均值为2.93分；45~59岁年龄段人群的评价最低，均值为2.22分；此外，30~44岁年龄段人群对干部提拔和任免的公平感评价也较低，均值为2.31分。

不同学历人群对干部提拔和任免的公平感评价存在显著差异（单因素方差分析结果 $F=2.961$，$p=0.012$）。小学及以下学历者对就业机会的公平程度评价最高，均值为3.01分；大学本科学历者对就业机会的公平程度评价最低，均值为2.23分，低于一般水平。

10. 不同性别、年龄、学历的受访者对男女平等的公平感评价存在显著差异

不同性别受访者对男女平等的公平感评价存在显著差异（单因素方差分析结果 $F=17.505$，$p=0.000$）。男性受访者对于性别平等的公平感评价

均值为3.74分，女性受访者的评价均值为3.41分，低于男性受访者。

不同年龄段人群对男女平等的公平感评价存在显著差异（单因素方差分析结果 $F=2.472$，$p=0.043$）。其中，60岁及以上年龄段人群对男女平等的公平感评价高于其他年龄段人群，均值为3.85分；其次评价较高的年龄段为20岁以下，均值为3.62分。而20～29岁年龄段人群的评价均值低于其他年龄段人群，为3.47分。

不同学历人群对男女平等的公平感评价存在显著差异（单因素方差分析结果 $F=6.670$，$p=0.000$）。小学及以下学历者对男女平等的公平程度评价最高，均值为4.21分；研究生及以上学历者对男女平等的公平程度评价最低，均值为3.23分。分析结果显示，对男女平等的公平程度评价与学历呈反方向变动趋势，学历越低者对男女平等的公平程度评价越高，学历越高者对男女平等的公平程度评价越低。

11. 不同年龄、学历的受访者对城乡平等的公平感评价存在显著差异

不同年龄段人群对城乡平等的公平感评价存在显著差异（单因素方差分析结果 $F=4.317$，$p=0.002$）。其中，60岁及以上年龄段人群对城乡平等的公平感评价高于其他年龄段人群，均值为3.02分。45～59岁年龄段人群的评价最低，均值为2.51分。

不同学历人群对城乡平等的公平感评价存在显著差异（单因素方差分析结果 $F=6.494$，$p=0.000$）。小学及以下学历者对城乡平等的公平程度评价最高，均值为3.24分，高于一般水平；研究生及以上学历者对城乡平等的公平程度评价最低，均值为2.36分，低于一般水平。此外，大学本科学历者对城乡平等的公平程度评价也较低，均值为2.41分。

12. 居民社会公平感、地域认同感、主观幸福感呈正相关

此项分析采用社会公平感量表进行分析，信度为0.883，包括“我们的社会是公平的”“教育资源分配是公平的”“医疗资源分配是公平的”“就业机会是平等的”“社会的收入分配是公平的”“社会保障是公平的”“干部提拔和任免是公平的”“司法是公正的”“我们的社会中男女是平等的”“我们的社会中城乡是平等的”10个题目。我们用1～5分分别为“非常不

赞同”至“非常赞同”赋值，最终选择了量表题目总分作为社会公平感量指标统计值。同时，采用地域认同感量表进行分析，信度为0.838，包括“食品卫生”“环境”“医疗服务”“教育”“社会治安”“社会保障”“劳动就业”“物价水平”8个题目。我们用1~5分分别为“非常不满意”至“非常满意”赋值，最终选择了量表题目总分作为地域认同量指标统计值。此外，主观幸福感为0~10分打分的数值型变量。

在关于我国居民社会公平感的调查中，分析结果显示，受访者的社会公平感与地域认同感、主观幸福感互相呈正相关状态（见图11）。我们对社会公平感和地域认同感进行相关分析，$r=0.658$，$p<0.001$；对社会公平感和主观幸福感进行相关分析，$r=0.156$，$p<0.001$；对地域认同感和主观幸福感进行相关分析，$r=0.252$，$p<0.001$。

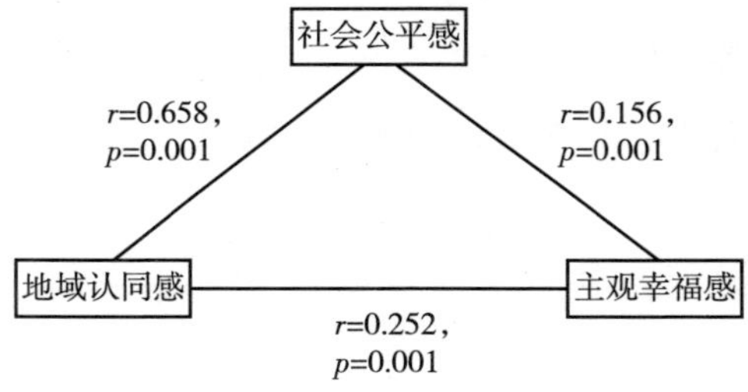

图11　社会公平感、地域认同感、主观幸福感之间的相关度

三　研究小结

我国居民的整体社会公平感处于中等偏低水平，多数人对社会公平感的评价处于一般水平或者多数低于一般水平。其中，年龄较大者、学历较低者对社会公平感评价更高。

在关于教育资源分配、医疗资源分配、就业机会、社会收入分配、社会保障、干部提拔和任免、司法公正、性别平等、城乡平等的公平感评价中，我国居民对社会性别公平感评价最高，对干部提拔和任免公平的评价最低。

受访者对社会收入分配、教育资源分配、医疗资源分配的公平程度评价与学历呈负相关，学历越高者对社会收入分配、教育资源分配、医疗资源分配的公平程度评价越低，学历越低者对社会收入分配、教育资源分配、医疗资源分配的公平程度评价越高。

不同地域的受访者对医疗资源分配公平感评价存在显著差异。西部地区受访者对医疗资源分配公平感的评价高于东部受访者。

不同职业的受访者对司法公正和社会保障的公平感评价均存在显著差异，学生、离退休、无稳定职业者对司法公正和社会保障的公平感评价均高于在职人员对司法公正和社会保障的公平感评价。

受访者对于就业机会的公平感评价低于一般水平，男性对就业机会的公平程度评价显著高于女性；小学及以下学历者对就业机会的公平感评价高于研究生及以上等学历较高者；无收入者对就业机会的公平程度评价高于月收入 10001 元及以上等其他收入群体。

受访者的社会公平感与地域认同感、主观幸福感互相呈正相关状态。

B.7

2014年居民利他行为调查报告

上海交通大学舆情研究实验室社会调查中心*

摘　要：培养居民的利他行为是发展和谐社会的关键环节。明确社会成员利他行为观念特点及其形成原因，培养公民的利他行为，防止利他行为弱化，对和谐社会的发展更具有明确的指导意义。本报告将重点围绕中国居民利他行为进行深入剖析，了解公民对利他行为的普遍看法和实施意愿，以及不同群体的利他行为实施情况。具体包括：①公众利他行为的总体情况；②对帮助他人、让座、捐款捐物、搀扶跌倒老人等6项不同利他行为的实施意愿；③不同性别、年龄、职业类型、学历、收入水平、婚姻状况、地域等因素对利他行为的影响；④媒介接触、人际信任、社会信任、社会支持、生活满意度等因素与利他行为的关系。

关键词：利他行为　人际信任　社会信任　社会支持

利他行为是指一种不期望日后得到报答而出于自愿的助人行为。利他行为不仅是学术研究的重要社会现象，也是一种广为推崇的社会行为。在我国发展和谐社会的大环境下，利他行为需要得到更加广泛的宣传和推广。利他行为是维系社会成员之间关系的纽带，它能够在很大程度上推动社会的发展。

---

* 课题负责人：谢耘耕；执笔人：刘丛；统计分析：张旭阳、李静。

我国近年来通过媒体积极弘扬利他行为。例如，中央电视台从 2002 年起每年进行“感动中国”十大人物评选，重点嘉奖引起社会广泛关注的“感动公众、感动中国”的人物，在获奖者中不乏以个人经历或行为，为社会公平正义、人类生存环境做出突出贡献，代表社会价值观取向及时代精神，体现中国传统美德和良好社会风尚的人物。例如，年仅 12 岁的脑瘤患者何玥生前立下遗嘱将自己的遗体捐献出去，她的双肾和一个肝脏最后被移植给了 2 名尿毒病患者和 1 名肝病患者，她的善举使 3 名患者的生命得以延续。山东烟台孤寡老人刘盛兰坚持拾荒助学 18 年，总计捐助学费 10 万多元，资助了 100 多个学生。这些人物的利他行为事迹通过媒体的大力宣传，在社会上引起了强烈反响。

然而，现实中却也存在残酷冷漠的一面。城市化与信息化的加速、社会环境压力的增加、人们观念信仰的转变等各种因素，不利于人与人之间联系的巩固，甚至导致人际信任程度下降，社会信任出现危机，社会成员对不涉及自身利益的社会问题及周围的人或事均持观望和听之任之的态度，从而潜移默化地导致了一系列社会悲剧的发生。例如，2011 年佛山两岁女童小悦悦遭汽车碾压，18 名路人视而不见，漠然离去；66 岁老人在距安徽省红十字会医院门口仅 20 米的地方跌倒，路人向医院求救后，医院却不予施救；福州一位 8 旬老人摔倒在人行道上，围观者无人出手相助，老人最终躺在冰冷的马路上直至生命终结……

社会淡漠已成为社会的一大“恶性肿瘤”，它侵蚀着传统的价值取向和道德观念；而利他行为如同社会的免疫因子，有助于积极对抗社会上的不良现象，维持社会的健康、和谐、稳定。利他行为不仅在微观上对社会成员的身体及心理会带来许多积极影响，同时在宏观上也能够提升社会的道德规范，促进社会的和谐健康发展。具体来说，利他行为的意义可以总结为以下几点：第一，社会生活中的社会成员彼此关系亲近，相互支持，有利于传统美德的传承，促进人与人之间互帮互助、和谐一致的集体主义情怀；第二，有利于化解人民内部的矛盾，维持社会治安和社会秩序；第三，有利于民众身心健康和素质修养的提高；第四，有利于增强社会认同感和凝聚力，维持社会的和谐稳定。

培养居民的利他行为是发展和谐社会的关键环节。我们既要明确利他行为的观念及其产生的原因，也要重视培养利他行为，防止利他行为的弱化。本报告将重点围绕中国居民利他行为进行深入剖析，了解公民对利他行为的普遍看法和实施意愿，以及不同群体的利他行为情况。具体包括：①公众利他行为的总体情况；②对帮助他人、让座、捐款捐物、搀扶跌倒老人等6项不同利他行为的实施意愿；③不同性别、年龄、职业类型、学历、收入水平、婚姻状况、地域等因素对利他行为的影响；④媒介接触、人际信任、社会信任、社会支持、生活满意度等因素与利他行为的关系。

一　样本结构

在本次调查中，受访者的男、女比例基本持平，男性样本占总样本量的50.7%，女性占49.3%。在年龄结构上，30～44岁的受访者居多，占总样本量的30.8%，45～59岁的受访者占24.1%，20～29岁的受访者占20.7%，60岁及以上的受访者占15.4%，20岁以下的受访者占9.0%。在受访者的学历分布上，剔除0.2%的未透露者，大学本科的受访者占28.4%，其次为高中及中专的受访者，占27.7%，初中和大专的受访者分别占14.4%和15.9%，小学及以下的受访者占8.7%，研究生及以上的受访者最少，占4.6%。从职业分类来看，本调查涵盖了各种职业人群，剔除0.9%未透露职业信息人群，其中专业技术人员和学生受访者相对较多，分别占总样本量的18.0%和12.6%，其次为商业、服务人员和离退休人员，分别占10.5%和9.9%。从收入水平来看，28.6%的受访者的收入区间为0～2000元，17.4%的受访者收入在3001～4000元，17.1%的受访者收入在4001～6000元，16.1%的受访者收入在6000元以上，有7.4%的受访者未透露。就婚姻与子女状况而言，67.1%的受访者为已婚，28.0%的受访者为未婚，而离婚和丧偶的受访者比例较小，分别为1.4%和2.2%，有1.4%的受访者未透露自己的婚姻状况；64.5%的受访者有子女，34.3%的受访者没有子女。就户口类型而言，农业户口受访者占39.0%，59.3%的受访者为非农业户口。

二　居民总体利他行为调查

利他行为量表为5级量表，包括6项描述，如“在他人要求帮助时，您会尽力而为”，“乘坐公交车时，您通常都会给老人和孕妇让座”，等。受访者需回答各项描述与自身观念或情况的符合程度（1分表示“非常不符合”，3分表示“一般”，5分表示“非常符合”）。利他行为量表的信度为0.77。量表总分越高，代表利他行为越多。

1. 中国居民总体利他行为较为乐观

利他行为量表得分从6分到30分不等，中国居民利他行为得分均值为25.64分（$SD=3.72$ 分）。将利他行为得分除以6对应到5级量表，得出的均值为4.27分（$SD=0.62$ 分），与代表“一般”水平的3分进行单样本 t 检验，结果显示（见表1），利他行为均值高于一般水平（$t=59.245$，$p<0.001$）。这说明，总体来看，受访者的利他行为属于中等偏高，处于较为乐观的水平。

表1　单样本 *t* 检验

检验值 =3 分					
t	*df*	*Sig.*（双侧）	均值差值	差分的95%置信区间	
				下限	上限
59.245	832	0.000	1.27300	1.2308	1.3152

2. 女性利他行为高于男性

在6项利他行为总分上，女性得分为25.93分（$SD=3.28$ 分），男性得分为25.34分（$SD=4.10$ 分），女性利他行为显著高于男性（$t=2.32$，$p<0.05$）。说明总体来说，女性比男性更愿意帮助他人。

3. 60岁及以上老年人利他行为得分最高，20～29岁年轻人最低

不同年龄层群体间利他行为存在显著差异（$F=11.57$，$p<0.001$）。从表2可以看出，在6项利他行为总分上，60岁及以上老年人得分最高（均值为27.21分），排在第二位的为45～59岁的中年人（均值为26.55分），再次为30～44岁及20岁以下群体（均值为25.31分和25.14分），得分最低的为20～29岁的青年人（均值为24.64分）。总体来看，年龄越大的群体，利他行为也越多，而30岁以下的年轻群体利他行为却相对较少。

表2 不同年龄群体利他行为得分均值

年龄	数量（人）	均值（分）	标准差	标准误	均值的95%置信区间		极小值（分）	极大值（分）
					下限(分)	上限(分)		
20岁以下	85	25.1429	3.09313	0.33499	24.4768	25.8091	15.00	30.00
20～29岁	183	24.6359	3.41932	0.25254	24.1376	25.1341	12.00	30.00
30～44岁	275	25.3051	3.54480	0.21367	24.8844	25.7257	9.00	30.00
45～59岁	206	26.5452	3.67133	0.25574	26.0410	27.0494	6.00	30.00
60岁及以上	83	27.2071	4.63255	0.50776	26.1970	28.2171	6.00	30.00
总体	832	25.6380	3.72121	0.12892	25.3850	25.8911	6.00	30.00

4. 高中及中专学历者利他行为得分最高，大专学历者最低

不同学历水平群体的利他行为存在显著差异（$F=2.35$，$p<0.05$）。由表3可见，在6项利他行为总分上，高中及中专学历者得分最高（均值为26.17分），排在第二位的为初中学历者（均值为25.90分），再次为大学本科和研究生及以上学历者（均值为25.60分和25.13分），得分最低的为小学及以下和大专学历者（均值都是25.00分）。总体来看，结果并未呈现学历越高利他行为越多的趋势，本科生及研究生利他行为倾向并不乐观。

5. 不同收入水平居民的利他行为无显著差异

不同月收入水平群体间利他行为差异不显著（$F=1.12$，$p>0.05$）。由表4可知，在6项利他行为总分上，月收入在3001～4000元的群体得分最

表 3　不同学历者利他行为得分均值

学历	数量（人）	均值（分）	标准差	标准误	均值的 95% 置信区间		极小值（分）	极大值（分）
					下限(分)	上限(分)		
小学及以下	53	24. 9985	5. 37885	0. 73620	23. 5215	26. 4755	6. 00	30. 00
初中	122	25. 8952	3. 49498	0. 31635	25. 2689	26. 5215	14. 00	30. 00
高中及中专	226	26. 1719	3. 36005	0. 22372	25. 7310	26. 6127	12. 00	30. 00
大专	140	24. 9984	3. 93141	0. 33280	24. 3404	25. 6564	9. 00	30. 00
大学本科	253	25. 5990	3. 53681	0. 22218	25. 1615	26. 0366	6. 00	30. 00
研究生及以上	38	25. 1310	3. 76736	0. 60750	23. 9006	26. 3614	15. 00	30. 00
总体	832	25. 6369	3. 72258	0. 12902	25. 3836	25. 8901	6. 00	30. 00

高（均值为 26. 00 分），得分最低的为月收入在 4001 ~ 6000 元的群体（均值为 25. 29 分）。

表 4　不同收入群体利他行为得分均值

收入水平	数量（人）	均值（分）	标准差	标准误	均值的 95% 置信区间		极小值（分）	极大值（分）
					下限(分)	上限(分)		
0 ~ 2000 元	247	25. 4499	3. 83717	0. 24397	24. 9693	25. 9304	6. 00	30. 00
2001 ~ 3000 元	104	25. 8982	3. 25818	0. 31919	25. 2652	26. 5312	14. 00	30. 00
3001 ~ 4000 元	145	26. 0043	3. 70730	0. 30822	25. 3951	26. 6136	9. 00	30. 00
4001 ~ 6000 元	141	25. 2917	4. 12000	0. 34694	24. 6057	25. 9776	6. 00	30. 00
6001 元以上	137	25. 3057	3. 50293	0. 29982	24. 7128	25. 8987	14. 00	30. 00
总体	774	25. 5597	3. 73836	0. 13439	25. 2958	25. 8235	6. 00	30. 00

6. 离退休人员利他行为得分最高，学生和无业人员最低

不同职业类型居民的利他行为存在显著差异（$F = 3.44$，$p < 0.001$）。从表 5 可以看出，在 6 项利他行为总分上，离退休人员得分最高（均值为 27. 41 分），党政企事业单位负责人及专业技术人员得分也较高（均值为 26. 89 分和 26. 06 分），学生和无业人员利他行为得分最低（均值为 24. 96 分和 24. 78 分）。总体来说，有稳定职业的在职人员利他行为得分高于无业人员和学生。

表5　不同职业群体利他行为得分均值

职业类别	数量（人）	均值（分）	标准差	标准误	均值的95%置信区间		极小值（分）	极大值（分）
					下限(分)	上限(分)		
党政企事业单位负责人	69	26.8939	2.67482	0.32300	26.2493	27.5385	14.00	30.00
专业技术人员	151	26.0616	3.32354	0.27079	25.5265	26.5967	15.00	30.00
商业、服务人员	93	25.1203	3.78346	0.39190	24.3420	25.8986	12.00	30.00
办事人员和有关人员	86	25.1753	4.77803	0.51416	24.1531	26.1975	6.00	30.00
农、林、牧、渔、水利业生产人员	41	24.9697	5.86013	0.91188	23.1271	26.8122	6.00	30.00
生产、运输工人和有关人员	59	25.7659	3.26109	0.42387	24.9175	26.6143	17.00	30.00
个体经营人员	62	25.6675	3.73181	0.47236	24.7231	26.6119	14.00	30.00
学生	120	24.9557	3.10870	0.28379	24.3938	25.5177	15.00	30.00
离退休人员	57	27.4057	2.83072	0.37398	26.6566	28.1548	21.00	30.00
无业人员	34	24.7762	3.47287	0.59641	23.5626	25.9897	17.00	30.00
自由职业者	43	25.9172	3.41299	0.52079	24.8662	26.9683	17.00	30.00
其他	9	23.3197	3.83158	1.31028	20.2667	26.3728	20.00	30.00
总体	824	25.6694	3.71557	0.12941	25.4154	25.9234	6.00	30.00

7. 农业户口与非农业户口居民的利他行为无显著差异

在6项利他行为总分上，农业户口居民得分均值为25.39分（$SD=3.67$分），非农业户口居民得分均值为25.80分（$SD=3.76$分），农业户口与非农业户口居民在利他行为上无显著差异（$F=2.45$，$p>0.05$）。

8. 丧偶者利他行为得分最高，未婚者最低

不同婚姻状态居民的利他行为存在显著差异（$F=10.33$，$p<0.001$）。由表6可见，在6项利他行为总分上，丧偶者得分最高（均值为30.00分），其次为已婚者和离婚者（均值为25.99分和25.53分），得分最低的为未婚者（均值为24.70分）。结果说明，未婚者帮助他人的行为倾向低于已婚和离异者。

表 6　不同婚姻状态者利他行为得分均值

婚姻状况	数量（人）	均值（分）	标准差	标准误	均值的 95% 置信区间		极小值（分）	极大值（分）
					下限（分）	上限（分）		
已婚	557	25.9871	3.88668	0.16467	25.6637	26.3106	6.00	30.00
未婚	250	24.7021	3.23093	0.20450	24.2993	25.1049	12.00	30.00
离婚	13	25.5292	2.63849	0.74279	23.9048	27.1535	20.00	29.00
丧偶	7	30.0000	.00000	0.00000	30.0000	30.0000	30.00	30.00
总体	827	25.6254	3.73214	0.12984	25.3705	25.8802	6.00	30.00

9. 有子女居民的利他行为得分均值显著高于无子女居民

在 6 项利他行为总分上，无子女居民得分均值为 24.69 分（$SD = 3.30$ 分），有子女居民的得分均值为 26.15 分（$SD = 3.86$ 分），有子女居民的利他行为得分均值显著高于无子女居民（$F = 30.33$，$p < 0.001$）。结果说明，有子女的群体比无子女群体更愿意帮助他人。

10. 不同地域居民利他行为无显著差异

不同地域的居民利他行为无显著差异（$F = 1.73$，$p > 0.05$）。由表 7 可知，在 6 项利他行为总分上，中部地区居民得分最高（均值为 26.07 分），其次为西部地区居民（均值为 25.53 分），得分均值最低的为东部地区居民（25.49 分）。

表 7　不同地域居民利他行为得分均值

地域	数量（人）	均值（分）	标准差	标准误	均值的 95% 置信区间		极小值（分）	极大值（分）
					下限（分）	上限（分）		
东部	360	25.4900	4.04539	0.21325	25.0706	25.9094	6.00	30.00
中部	196	26.0688	3.09830	0.22137	25.6322	26.5054	14.00	30.00
西部	277	25.5258	3.67441	0.22062	25.0915	25.9601	9.00	30.00
总体	833	25.6380	3.72121	0.12892	25.3850	25.8911	6.00	30.00

11. 二线城市居民利他行为得分均值最高，一线城市最低

一、二、三线城市居民利他行为得分均值存在显著差异（$F = 6.55$，$p < 0.01$）。由表 8 可见，在 6 项利他行为总分上，二线城市居民得分最高

（均值为 25. 83 分），其次为三线城市居民（均值为 25. 66 分），得分最低的为一线城市居民（均值为 24. 24 分）。总体来看，虽然一线城市经济最发达，但居民利他行为得分均值却低于欠发达城市。

表 8　一、二、三线居民利他行为得分均值

类别	数量（人）	均值	标准差	标准误	均值的 95% 置信区间		极小值（分）	极大值（分）
					下限（分）	上限（分）		
一线城市	81	24. 2433	4. 70591	0. 52208	23. 2043	25. 2822	6. 00	30. 00
二线城市	566	25. 8295	3. 47470	0. 14610	25. 5425	26. 1165	6. 00	30. 00
三线城市	186	25. 6649	3. 85264	0. 28228	25. 1080	26. 2218	9. 00	30. 00
总体	833	25. 6380	3. 72121	0. 12892	25. 3850	25. 8911	6. 00	30. 00

三　居民具体利他行为调查

1. 在各项利他行为中，为老人和孕妇让座行为最普遍，但搀扶跌倒老人的意愿最低

在各项利他行为中（见表 9），受访者表示“乘坐公交车时，您通常都会给老人和孕妇让座”这一行为最多（均值为 4. 66 分，*SD* = 0. 72 分），有 69. 6% 的受访者选择“非常符合”，有 17. 5% 的受访者选择了“比较符合”，仅有 2. 2% 的受访者表示“非常不符合”或“不太符合”。

表 9　各项利他行为得分均值及单样本 *t* 检验结果

选　　项	均值（分）	标准差	*t*	*Sig.*
您会尽量多关心身边的人	4. 21	0. 86	46. 09	0. 000
在他人要求帮助时，您会尽力而为	4. 42	0. 75	61. 82	0. 000
乘坐公交车时，您通常都会给老人和孕妇让座	4. 66	0. 72	71. 76	0. 000
单位或学校号召捐款时，您通常都毫不犹豫捐钱	4. 26	1. 00	40. 11	0. 000
如果有人遇到危险或困难，周围人却无动于衷，您愿意提供帮助	4. 11	0. 92	37. 78	0. 000
遇到老人跌倒，您愿意帮忙搀扶	3. 88	1. 14	23. 67	0. 000

相反，受访者表示"遇到老人跌倒，您愿意帮忙搀扶"这一描述与自身的符合程度最低（均值为3.88分，*SD* = 1.14分），选择"非常不符合"或"不太符合"的受访者共占12.8%，但仍有59.9%的受访者选择了"非常符合"或"比较符合"。

此外，受访者表示"在他人要求帮助时，您会尽力而为"的也较高（均值为4.42分，*SD* = 0.75分），接下来依次是"单位或学校号召捐款时，您通常都毫不犹豫捐钱"（均值为4.26分，*SD* = 1.00分）、"您会尽量多关心身边的人"（均值为4.21分，*SD* = 0.86分）、"如果有人遇到危险或困难，周围人却无动于衷，您愿意提供帮助"（均值为4.11分，*SD* = 0.92分）。

对各项利他行为作单样本 t 检验，与3分（一般水平）进行比较，结果显示，各项利他行为均值均高于一般水平。这说明，总体来看，受访者在各项利他行为上均比较偏向愿意的一面。

2. 女性比男性更愿意尽力帮助他人，也更加积极参与捐款

女性与男性在尽力帮助他人和捐款两项利他行为上存在显著差异（p 值分别为0.000和0.003），在其他4项利他行为上均无显著差异。如表10所示，女性尽力帮助他人（均值为4.49分和4.35分）及捐款（均值为4.38分和4.14分）的意愿均高于男性。

表10　男性与女性各项利他行为得分均值

单位：分

选　　项	男性	女性
您会尽量多关心身边的人	4.17	4.25
在他人要求帮助时，您会尽力而为	4.35	4.49
乘坐公交车时，您通常都会给老人和孕妇让座	4.61	4.70
单位或学校号召捐款时，您通常都毫不犹豫捐钱	4.14	4.38
如果有人遇到危险或困难，周围人却无动于衷，您愿意提供帮助	4.09	4.12
遇到老人跌倒，您愿意帮忙搀扶	3.85	3.91

3. 在各年龄组中，60岁及以上老人捐款最踊跃，45～59岁中年人让座最积极，20～29岁年轻人最不会关心身边的人

各年龄层在6项利他行为上均存在显著差异（p 值从0.000到0.002）。

如表 11 所示，20～29 岁年轻人关心身边的人意愿最低（均值为 4.13 分），45～59 岁中年人最高（均值为 4.32 分）；20～29 岁年轻人尽力帮助他人的意愿最低（均值为 4.36 分），45～59 岁中年人最高（均值为 4.54 分）；20 岁以下青少年让座意识最差（均值为 4.44 分），45～59 岁中年人最好（均值为 4.75 分）；20～29 岁年轻人捐款最不积极（均值为 4.11 分），60 岁及以上老年人最积极（均值为 4.45 分）；20～29 岁年轻人为遇到危险或困难的人提供帮助意愿最低（均值为 3.84 分），60 岁及以上老年人最高（均值为 4.34 分）；20～29 岁群体搀扶跌倒老人可能性最低（均值为 3.57 分），45～59 岁、60 岁及以上中老年人最高（均值都是 4.15 分）。

表 11　不同年龄群体各项利他行为得分均值

单位：分

选　项	20 岁以下	20～29 岁	30～44 岁	45～59 岁	60 岁及以上
您会尽量多关心身边的人	4.16	4.13	4.17	4.32	4.26
在他人要求帮助时，您会尽力而为	4.40	4.36	4.37	4.54	4.43
乘坐公交车时，您通常都会给老人和孕妇让座	4.44	4.65	4.64	4.75	4.71
单位或学校号召捐款时，您通常都毫不犹豫捐钱	4.13	4.11	4.18	4.41	4.45
如果有人遇到危险或困难，周围人却无动于衷，您愿意提供帮助	3.96	3.84	4.09	4.27	4.34
遇到老人跌倒，您愿意帮忙搀扶	3.90	3.57	3.75	4.15	4.15

4. 在不同学历群体中，高中及中专学历者最愿意搀扶跌倒老人，大学生让座最积极，研究生及以上学历者最不愿尽力帮助他人

不同学历群体在关心身边的人及捐款两项利他行为上无显著差异（$p > 0.05$），在其他 4 项利他行为上均存在显著差异（p 值从 0.004 到 0.034）。如表 12 所示，小学及以下学历者尽力帮助他人的意愿最高（均值为 4.52

分），研究生及以上学历者最低（均值为4.31分）；高中及中专、大专学历者让座意识最差（均值为4.60分），大学本科学历者最好（均值为4.74分）；大专学历者为遇到危险或困难的人提供帮助的意愿最低（均值为3.96分），高中及中专学历者最高（均值为4.22分）；小学及以下学历者搀扶跌倒老人可能性最低（均值为3.51分），高中及中专学历者最高（均值为4.07分）。

表12　不同学历者各项利他行为得分均值

单位：分

选　项	小学及以下	初中	高中及中专	大专	大学本科	研究生及以上
您会尽量多关心身边的人	4.08	4.24	4.24	4.19	4.24	4.04
在他人要求帮助时，您会尽力而为	4.52	4.38	4.49	4.32	4.42	4.31
乘坐公交车时，您通常都会给老人和孕妇让座	4.62	4.69	4.60	4.60	4.74	4.63
单位或学校号召捐款时，您通常都毫不犹豫捐钱	4.31	4.22	4.37	4.21	4.20	4.20
如果有人遇到危险或困难，周围人却无动于衷，您愿意提供帮助	4.10	4.20	4.22	3.96	4.02	4.11
遇到老人跌倒，您愿意帮忙搀扶	3.51	3.88	4.07	3.76	3.89	3.72

5. 不同收入群体在各项利他行为得分上均无显著差异

不同收入群体在各项利他行为得分上均无显著差异（$p>0.05$）。也就是说，收入水平高者也未必更加积极地响应单位或学校的捐款号召。具体请参见表13。

6. 学生帮助有危险或困难的人的意愿最低，党政企事业单位负责人让座意识最强

不同职业者在关心身边的人及尽力为他人提供帮助上无显著差异（$p>0.05$），但在其他4项利他行为得分上均存在显著差异（p 值从0.000到0.004

表 13　不同收入群体各项利他行为得分均值

单位：分

选　项	0～2000 元	2001～3000 元	3001～4000 元	4001～6000 元	6001 元及以上
您会尽量多关心身边的人	4.25	4.19	4.30	4.24	4.06
在他人要求帮助时，您会尽力而为	4.44	4.48	4.43	4.38	4.38
乘坐公交车时，您通常都会给老人和孕妇让座	4.62	4.67	4.69	4.63	4.62
单位或学校号召捐款时，您通常都毫不犹豫捐钱	4.25	4.11	4.30	4.27	4.29
如果有人遇到危险或困难，周围人却无动于衷，您愿意提供帮助	4.05	4.21	4.11	4.04	4.05
遇到老人跌倒，您愿意帮忙搀扶	3.81	3.89	4.09	3.76	3.71

不等）。农、林、牧、渔、水利业生产人员让座意识最差（均值为 4.46 分），党政企事业单位负责人最好（均值为 4.86 分）；商业、服务人员捐款最不积极（均值为 4.04 分），无业人员最积极（均值为 4.46 分）；学生为遇到危险或困难的人提供帮助的意愿最低（均值为 3.89 分），离退休人员最高（均值为 4.32 分）；自由职业者搀扶跌倒老人的可能性最低（均值为 3.57 分），离退休人员最高（均值为 4.18 分）。

7. 非农业户口居民比农业户口居民更愿意尽力帮助他人，更愿意搀扶跌倒老人

非农业户口居民比农业户口居民在尽力帮助他人和搀扶跌倒老人两项利他行为得分上差异显著（p 值分别为 0.029 和 0.028），在其他 4 项利他行为上无显著差异（$p > 0.05$）。如表 14 所示，非农业户口居民尽力帮助他人（均值为 4.26 分）和搀扶跌倒老人（均值为 3.94 分）的意愿均高于农业户口居民。

表 14　农业户口与非农业户口各项利他行为得分均值

单位：分

选　　项	农业户口	非农业户口
您会尽量多关心身边的人	4.14	4.26
在他人要求帮助时，您会尽力而为	4.42	4.44
乘坐公交车时，您通常都会给老人和孕妇让座	4.64	4.67
单位或学校号召捐款时，您通常都毫不犹豫捐钱	4.23	4.27
如果有人遇到危险或困难，周围人却无动于衷，您愿意提供帮助	4.08	4.11
遇到老人跌倒，您愿意帮忙搀扶	3.77	3.94

8. 在不同婚姻状态的群体中，离婚者最不愿意关心身边的人，未婚者捐款最不积极，丧偶者最愿意帮助周围有困难或危险的人

不同婚姻状态的群体在各项利他行为得分上均存在显著差异（p 值从 0.000 到 0.001）。如表 15 所示，离婚者关心身边的人意愿最低（均值为 3.97 分），丧偶者最高（均值为 4.58 分）；丧偶者尽力帮助他人的意愿最低（均值为 4.16 分），已婚者最高（均值为 4.47 分）；未婚者让座意识最差（均值为 4.55 分），丧偶者最高（均值为 5.00 分）；未婚者捐款最不积极（均值为 4.05 分），丧偶者最高（均值为 4.58 分）；未婚者为遇到危险或困难的人提供帮助的意愿最低（均值为 3.89 分），丧偶者最高（均值为 5.00 分）；未婚者搀扶跌倒老人的可能性最低（均值为 3.70 分），丧偶者最高（均值为 5.00 分）。

表 15　不同婚姻状态群体各项利他行为得分均值

单位：分

选　　项	已婚	未婚	离婚	丧偶
您会尽量多关心身边的人	4.25	4.12	3.97	4.58
在他人要求帮助时，您会尽力而为	4.47	4.36	4.25	4.16
乘坐公交车时，您通常都会给老人和孕妇让座	4.69	4.55	4.86	5.00
单位或学校号召捐款时，您通常都毫不犹豫捐钱	4.32	4.05	4.53	4.58
如果有人遇到危险或困难，周围人却无动于衷，您愿意提供帮助	4.17	3.89	4.55	5.00
遇到老人跌倒，您愿意帮忙搀扶	3.92	3.70	3.78	5.00

9. 有子女群体在各项利他行为得分上均显著高于无子女群体

有子女群体在各项利他行为上得分均显著高于无子女群体（p 值从 0.000 到 0.039）。如表 16 所示，有子女的人比无子女的人关心身边的人意愿更高（均值为 4.27 分和 4.11 分），尽力帮助他人的意愿更高（均值为 4.46 分和 4.36 分）；让座意识更强（均值为 4.70 分和 4.56 分），捐款更积极（均值为 4.36 分和 4.06 分），为遇到危险或困难的人提供帮助的意愿更高（均值为 4.21 分和 3.91 分），搀扶跌倒老人的可能性更高（均值为 3.96 分和 3.72 分）。

表 16　有子女与无子女群体各项利他行为得分均值

单位：分

选　　项	有子女	无子女
您会尽量多关心身边的人	4.27	4.11
在他人要求帮助时，您会尽力而为	4.46	4.36
乘坐公交车时，您通常都会给老人和孕妇让座	4.70	4.56
单位或学校号召捐款时，您通常都毫不犹豫捐钱	4.36	4.06
如果有人遇到危险或困难，周围人却无动于衷，您愿意提供帮助	4.21	3.91
遇到老人跌倒，您愿意帮忙搀扶	3.96	3.72

10. 东部居民关心身边人的意愿最低、中部居民最高

东、中、西部居民仅在关心身边的人这项利他行为的得分上存在显著差异（$p < 0.05$），但在其他各项利他行为上均无显著差异（$p > 0.05$）。如表 17 所示，东部居民关心身边的人的意愿最低（均值为 4.14 分），其次为西部居民（均值为 4.23 分），中部居民最高（均值为 4.33 分）。

表 17　不同地域居民各项利他行为得分均值

单位：分

选　　项	东部	中部	西部
您会尽量多关心身边的人	4.14	4.33	4.23
在他人要求帮助时，您会尽力而为	4.37	4.52	4.43
乘坐公交车时，您通常都会给老人和孕妇让座	4.62	4.75	4.64
单位或学校号召捐款时，您通常都毫不犹豫捐钱	4.23	4.29	4.27
如果有人遇到危险或困难，周围人却无动于衷，您愿意提供帮助	4.11	4.23	4.01
遇到老人跌倒，您愿意帮忙搀扶	3.80	3.95	3.94

11. 一线城市居民让座意识最差、最不愿搀扶跌倒老人，二线城市居民帮助有困难或危险的人的意愿最高

一、二、三线城市居民在关心身边的人和捐款这两项利他行为上无显著差异（$p > 0.05$），但在其他 4 项利他行为上均存在显著差异（p 值从 0.001 到 0.036）。如表 18 所示，一线城市居民尽力帮助他人的意愿最低（均值为 4.23 分），三线城市最高（均值为 4.45 分）；一线城市居民让座意识最差（均值为 4.44 分），二线城市居民最好（均值为 4.69 分）；一线城市居民为遇到危险或困难的人提供帮助意愿最低（均值为 3.91 分），二线城市居民最高（均值为 4.16 分）；一线城市居民搀扶跌倒老人的可能性最低（均值为 3.60 分），三线城市居民最高（均值为 3.99 分）。

表 18　一、二、三线城市居民各项利他行为得分均值

单位：分

选　　项	一线城市	二线城市	三线城市
您会尽量多关心身边的人	4.00	4.23	4.24
在他人要求帮助时，您会尽力而为	4.23	4.44	4.45
乘坐公交车时，您通常都会给老人和孕妇让座	4.44	4.69	4.66
单位或学校号召捐款时，您通常都毫不犹豫捐钱	4.17	4.26	4.28
如果有人遇到危险或困难，周围人却无动于衷，您愿意提供帮助	3.91	4.16	4.04
遇到老人跌倒，您愿意帮忙搀扶	3.60	3.89	3.99

四　利他行为与其他变量间的关系

1. 媒介接触与利他行为：受访者接触互联网越多，利他行为越少

媒介接触为受访者平均每天分别接触报纸、电视、互联网的时长，选项包括“不接触”“小于等于 1 小时”“1～2 小时”“2～3 小时”“3～4 小时”“4～5 小时”“5～6 小时”“6～7 小时”“7～8 小时”“8 小时以上”。

我们将报纸、电视、互联网的日均接触时长分别与利他行为总分进行相关分析，结果显示，报纸日均接触时长与利他行为无显著相关（$r = 0.001$，

$p > 0.05$），电视日均接触时长与利他行为无显著相关（$r = 0.055$，$p > 0.05$），而互联网的日均接触时长与利他行为呈显著负相关（$r = -0.101$，$p < 0.01$）。结果表明，我国居民互联网接触时间越多，利他行为越少。具体请参见表19。

表19　媒介接触与利他行为相关分析

项　目	报纸日均接触时长	电视日均接触时长	互联网日均接触时长	利他行为
报纸日均接触时长	1	0.233**	-0.127**	0.001
电视日均接触时长		1	-0.216**	0.055
互联网日均接触时长			1	-0.101**
利他行为				1

2. 人际信任与利他行为：人际信任感越强，利他行为越多

人际信任包括受访者对同事、单位领导、同学、邻居、朋友、家人、亲戚的信任程度，为5级评分量表（1分表示“非常不信任”3分表示“一般”5分表示“非常信任”）。人际信任量表的信度为0.75。评分高代表受访者的人际信任越强。

我们将人际信任与利他行为总分进行相关分析，结果显示，人际信任与利他行为呈显著正相关（$r = 0.215$，$p < 0.001$）。结果表明，我国居民人际信任感越强，利他行为越多。具体请参见表20。

表20　人际信任与利他行为相关分析

项　目	利他行为	人际信任
利他行为	1	0.215***
人际信任		1

3. 社会信任与利他行为：社会信任感越强，利他行为越多

社会信任量表为5级评分量表，共有4项描述，由受访者选择对各项描述的赞同程度（1分表示“非常不赞同”、3分表示“一般”、5分表示“非常赞同”），选项包括“人们通常是乐于助人的”“人们处事通常是公平公正

的”。社会信任量表的信度为0.65。量表总分越高，代表受访者的社会信任程度越高。

我们将社会信任与利他行为总分进行相关分析，结果显示，社会信任与利他行为呈显著正相关（$r=0.308$，$p<0.001$）。结果表明，我国居民社会信任感越强，利他行为越多。具体请参见表21。

表21　社会信任与利他行为相关分析

项目	利他行为	社会信任
利他行为	1	0.308 ****
社会信任		1

4. 社会支持与利他行为：社会支持越多，利他行为越多

社会支持量表为5级评分量表，旨在询问受访者在需要帮助时，他人给予支持和帮助的程度，包括家人、亲戚、朋友、同学、同事、邻居、工作单位、政府机构、社会团体、宗教组织（1分表示“完全没有”、3分表示“一般”、5分表示“非常大”）。社会支持量表的信度为0.76。受访者得分越高，代表得到的社会支持越多。

我们将社会支持与利他行为总分进行相关分析，结果显示，社会支持与利他行为呈显著正相关（$r=0.239$，$p<0.001$）。结果表明，我国居民感觉得到的社会支持越多，利他行为也越多。具体请参见表22。

表22　社会支持与利他行为相关分析

项　目	利他行为	社会支持
利他行为	1	0.239 ***
社会支持		1

5. 生活满意度与利他行为：生活满意度越高，利他行为越多

生活满意度量表为5级评分量表，包括5项描述，受访者选择是否同意各项描述中的说法（1分表示“非常不同意”、3分表示“一般”、5分表示“非常同意”）。描述包括“您的生活大致符合您的理想”“如果有机会重新

活一次，您基本没有什么想改变”等。生活满意度量表的信度为0.81。量表得分越高，代表受访者生活满意度越高。

我们将生活满意度与利他行为总分进行相关分析，结果显示，生活满意度与利他行为呈显著正相关（$r=0.242$，$p<0.001$）。结果表明，我国居民生活满意度越高，利他行为越多。具体请参见表23。

表23　生活满意度与利他行为相关分析

项目	利他行为	生活满意度
利他行为	1	0.242***
生活满意度		1

五　结论

通过对中国居民利他行为的调查，主要得出了以下几点发现：第一，我国居民的利他行为虽呈现较为乐观的趋势，但仍有较大的提升空间；第二，不同群体利他行为存在较大差异，如女性利他行为高于男性，60岁及以上老年人、高中及中专学历者、离退休人员、丧偶者、有子女者、二线城市居民的利他行为最突出；第三，在不同的利他行为中，为老人和孕妇让座行为最为普遍；第四，不同性别、年龄、学历、职业类型、婚姻状态、地域的居民从事各项利他行为的意愿有所差异；第五，受访者接触互联网越多，利他行为越少；第六，人际信任与社会信任感越高，利他行为越多；第七，得到的社会支持越多，利他行为越多；第八，生活满意度越高，利他行为越多。虽然总体来看，我国居民的利他行为观念较为积极乐观，但其中的一些发现仍值得我们深入思考与反思。

第一，从性别方面来看，女性应当加强自我保护和防范意识。结果显示，女性利他行为普遍高于男性，特别是在他人要求帮助时尽力而为以及响应单位、学校号召捐款两类利他行为上的表现十分积极。这说明，女性普遍比男性更加富有同情心，在他人提出求助要求时，更容易设身处地地为他人着想，更愿意伸出援手。但是，不法分子也更加容易利用女性的同情心来谋取非法利益，如诈骗钱财等。因此，应当呼吁女性在帮助他人的同时增加防范意识，认清所帮助对象的身份及可靠性，不要给不法分子可乘之机。

第二，从年龄方面来看，30 岁以下的年轻人利他行为意愿堪忧。调查结果大致呈现年龄越大、利他行为越多的趋势。年龄在 20～29 岁及 20 岁以下的年轻群体利他行为表现上最不尽如人意。其中，年龄在 20～29 岁的青年群体最为堪忧，他们对他人的关心明显不足；在他人需要帮助时，并不积极尽力相助；捐款最不踊跃；搀扶跌倒老人的意愿也相对最低。此外，20 岁以下的青少年群体在为老人孕妇让座方面积极性最低。

相对而言，中老人群体的利他行为却十分普遍。60 岁及以上的老人利他行为最多，特别是在捐款方面；45～59 岁的中年人也相当积极地帮助他人，愿意关心身边的人，愿意为老人及孕妇让座，为有困难或有危险的人提供帮助，搀扶跌倒老人等。

这一系列发现都反映出一个值得担忧的社会现象：我们的社会正在哺育着冷漠的年轻一代。30 岁以下的年轻人正是接受了我国最良好教育的群体，他们是社会培育出的新兴人才，也是社会的希望，但是他们的表现却不尽如人意，令人深深地担忧。30 岁以下的群体通常是“85 后”“90 后”，是典型的独生子女，同时成长的社会经济条件也较早前的独生子女优越得多，他们从小在父母的百般呵护下衣食无忧地成长。这样的成长环境很容易助长以自我为中心、自私自利等一些负面心理状态，同时由于缺乏与兄弟姐妹的相处，这一批独生子女通常表现为同情心不足，不懂得设身处地地为他人着想。

与此同时，不得不提及的是，电子科技的发展以及移动通信的普及也是致使年轻人冷漠现象的催化剂。“85 后”可以说是“互联网一代”，而“90 后”的成长更离不开移动互联网，计算机媒介通信（Computer-mediated communication）自幼就深入而广泛地植入了他们的日常沟通当中，即时通信、论坛、社交媒体等无疑占据了他们与亲人、好友面对面沟通的时间和机会，使得这一代人越来越不善于与人沟通、处理与他人之间的关系，更加不懂得如何关怀他人、表达自己的内心情感。这也是造成社会的年轻一代表现较为冷漠的原因之一。

第三，从学历方面来看，并未如预期地呈现学历越高、利他行为越多的趋势；相反，大学本科生和研究生等高学历者利他行为并不突出。结果显示，研究生学历者尽力帮助他人的意愿低于小学及以下学历者，在关心他人及参与单位或学校捐助活动时的表现也较为不尽如人意；而利他行为表现最佳的为高中及中专学历者。也就是说，大学生及研究生并未表现出受过高等教育群体应有的积极助人行为，特别是研究生及以上学历者的表现尤为令人失望。

这些接受了最高等教育的社会精英在社会风气的引领、道德节操的标榜方面并未发挥应有的正面影响。同时，这也反映出我国文化素质教育方面的问题。一味地教授文化知识、强调成绩与名次，而忽略了素质的培养与道德的传承，这是当代教育体制的一大弊病。象牙塔里的学子若不懂得人情冷暖、助人为善，纵使掌握了过人的知识储备，步入社会后也不过如同机器人一般为社会提供基础的支持，却无法融入复杂的社会环境，拙于维系微妙的人际关系，很难成为真正的社会栋梁。

第四，从城市经济水平及地域来看，一线城市居民利他行为意识最为堪忧，在为老人孕妇让座及搀扶跌倒老人方面表现最差；东部居民比中、西部居民更冷漠，在关心身边的人方面表现最差。东部城市与一线城市均为经济相对较发达地区，人口密度大、城市化进程快、社会压力大、生活节奏快。这种高压力、快节奏的生活使得人们疏于联络，人与人之间的情感纽带逐渐弱化。早出晚归的上班族无暇顾及邻居家的空巢老人是否需要关怀，房贷的压力让人没有过多捐助的动力，繁忙辛苦的工作让人忽略了有人比自己更加需要公交车上的座位，碰瓷、诈骗者的横行让人们不再敢随便地为陌生人提供帮助……相比而言，中等发达甚至欠发达地区的居民却有更多的时间和精力关心周围的人，愿意更加主动地为有需要的人提供帮助，邻里之间、同事之间的关系也更加和睦。

发达城市不仅是中国经济的发动机，也是中国形象的窗口，它们向外省人、外国人最直接地展现着中国人民的情怀与素养。中国目前已是世界第二大经济体，国家的硬实力增强已是不争的事实，但是国民素质却始终是我国的一个软肋，也是许多国外媒体争相炒作的焦点。如何在发展经济的同时，保证居民的素质同步提升，是各地政府及教育部门应当重点关注的问题。

第五，互联网对利他行为有一定的负面影响。结果显示，接触互联网时间越长的人，利他行为表现越差，两者之间存在明显的负相关关系。而这一趋势并未出现在电视和报纸这两类传统媒体上。这说明，新媒体的出现以及新媒体承载的海量信息在潜移默化地影响着其使用者，甚至可以说影响了一代人。如前所述，对于30岁以下的“85后”而言，互联网已经成为其生活当中不可或缺的组成部分。这些互联网“重度使用者”也确表现出了不尽如人意的利他行为意识。互联网本就是社会成员宣泄情绪的重要渠道，难免充斥负面情绪与态度，因此一些暴露人情淡漠的个别案例极容易在互联网上升温发酵，互联网使用者特别是思想尚未成熟的青少年，若长期接触、沉浸其中，则不利于积极、正面的价值观的发展。

第六，社会氛围及个人生活与利他行为之间有着紧密的联系。结果显示，人际信任、社会信任、社会支持、生活满意度均有利于促进利他行为。对于利他行为而言，人际信任与社会信任是基础。只有相信周围的人，相信社会环境的公平、安全、和谐，人们才有可能无所顾忌地去为他人提供帮助。例如，捐款、捐物就是建立在对单位、学校或一些社会公益团体的信任之上，搀扶跌倒老人、帮助受困人员，则是建立在对身边人或陌生人的信任之上。

社会支持与利他行为之间是相辅相成的反馈关系，社会支持是个人感知自己从社会上所得到的帮助，包括家人亲戚、朋友同事以及一些社会团体和政府机构给予的帮助；利他行为则是自己为社会成员提供帮助与支持。也就是说，如果个人感知自己从社会上得到的帮助和支持越多，则其给予这个社会的帮助与支持也会越多。

生活满意度则是利他行为的催化剂。当个人生活的方方面面都达到了自己预想的标准，感到生活充满希望和前进的动力，人们才会有强烈的意愿去传递正能量，给予他人以帮助。反之，也可以将生活满意度与利他行为之间的正相关关系理解为：个体给予他人的帮助和支持有利于促进该个体对生活的信念和满意程度，提高自身的价值感。

B.8

2014年居民社会支持调查报告

上海交通大学舆情研究实验室社会调查中心*

摘 要：社会支持网络可以为人们提供摆脱生活或工作困境的重要物质与精神资源，来自家人、朋友、政府、社团等群体和机构的有效支持有助于民众的身心健康与社会的长期稳定。通过对全国30个城市的电话调查，本研究重点探索了我国居民的社会支持感知现状及其与倾诉方式、媒介使用、社会地位和社会感受等变量的关系。结果发现：受访者认为亲人给予的社会支持最大，宗教组织最少；不同受访群体对社会支持的感知存在差异。例如，20岁以下的受访者对社会支持感知评价最高；一线城市受访者的社会支持感知评价最低，二线城市受访者最高；已婚受访者社会支持感知评价显著高于未婚受访者；受访者平均每人的密友数量为6个；与关系亲密的人住在一起，其对社会支持感知的评价相对较高；适度倾诉的人的社会支持感知评价相对较高；纸媒接触时长与社会支持感知评价存在正相关关系；地位越高的人对社会支持感知的评价也越高；人们的社会感受越良好，其对社会支持感知的评价也越好。

关键词：社会支持 媒介使用 倾诉方式 社会地位 社会感受

---

* 课题负责人：谢耘耕；主要执笔人：于倩倩、刘丛；数据分析：李静、张旭阳。

在我国经济高速发展的同时，居民的工作节奏不断加快，生活压力也与日俱增，而家人、朋友、工作单位、政府机构以及社群组织所给予的关怀与帮助使得人们能够更好地面对现实生活当中的种种困境，社会支持网络可以从物质层面和精神层面为人们提供用于应对挑战的资源。当人们需要心理抚慰与物质扶持的时候，社会支持的作用便会凸显，有效的、合理的支持对于个人的发展与社会感知具有正向作用。社会的稳定发展与民众的生存状态息息相关，他们对社会的感知影响其心理状态。因此，了解我国民众所获得的社会支持现状颇具现实意义。为此，上海交通大学舆情研究实验室社会调查中心在2014年底开展的民生电话调查中专门设置了关于社会支持相关的题目。本次调查对我国居民的社会支持感知的现状进行了相对客观的描述，并将媒介使用、社会地位、社会感受等因素与社会支持之间的关系进行了探索研究。

一　样本结构

在本次调查中，受访者的男、女比例基本持平，男性样本占总样本量的50.7%，女性占49.3%。在年龄结构上，30～44岁的受访者居多，占总样本量的30.8%，45～59岁的受访者占24.1%，20～29岁的受访者占20.7%，60岁及以上的受访者占15.4%，20岁以下的受访者占9.0%。在受访者的受教育程度分布上，剔除0.2%的未透露者，大学本科的受访者占28.4%，其次为高中及中专的受访者，占27.7%，初中和大专的受访者分别占14.4%和15.9%，小学及以下的受访者占8.7%，研究生及以上的受访者最少，占4.6%。从职业分类来看，本调查涵盖了各类职业人群，剔除0.9%的未透露人群，其中专业技术人员和学生受访者相对较多，分别占总样本量的18.0%和12.6%，然后是商业、服务人员和离退休人员，分别占10.5%和9.9%。从收入水平来看，有28.6%的受访者的收入水平为0～2000元，有17.4%的受访者的收入在3001～4000元，有17.1%的受访者收入在4001～6000元，有16.1%的受访者收入在6000元以上，有7.4%的受访者未透露。就婚姻与子女状况而言，有 67.1% 的受访者为已婚，有 28.0% 的受访者为未婚，而离婚和丧偶的受访者比例较小，分别为 1.4% 和 2.2%，有 1.4% 的受访者未透露自己的婚姻状况；有 64.5% 的受访者有子女，有 34.3% 的受访者没有子女。就户口类型而言，农业户口受访者占 39.0%，有 59.3% 的受访者为非农业户口。

二　基本变量

本次调查中所涉及的主要变量包括社会支持感知、社会感受、密友数量、媒介使用时长、倾诉方式以及社会地位。其中，社会支持感知是核心因变量。除了关注该变量的现状特征外，本报告还重点考察其他几个自变量与因变量之间的关系。

关于我国居民对社会支持的感知，本调查设置了量表题——询问受访者“当您需要帮助时，您的‘①家人、②亲戚、③朋友、④同学、⑤同事、⑥邻居、⑦工作单位、⑧政府机构、⑨社会团体、⑩宗教组织’会在多大程度上给予您支持与帮助”，选项则分别为“完全没有”“比较小”“一般”“比较大”“非常大”，并依次赋值 1 ~ 5 分。“不清楚或不适用”的选项在进行统计分析时作剔除处理。我们对本量表进行了进度检验，结果显示，α = 0.759，可以接受。

关于社会感受，本调查亦设置了量表题——询问受访者“您是否赞同以下说法：①现实社会是和谐的；②现实社会是安全的；③当前社会制度是公平的”，选项有“非常不赞同”“不太赞同”“一般”“比较赞同”“非常赞同”，并依次赋值 1 ~ 5 分。对选项“不清楚”在进行统计分析时作剔除处理。我们对本量表进行了进度检验，结果显示，α = 0.778，可以接受。

关于密友数量，本调查设置了“您有多少个能够给予您帮助的亲密朋友”的开放题。关于媒介使用时长，主要关注报纸、电视和互联网的使用时长，分别设置“您平均每天接触报纸、电视和互联网的时间”，选项分别有：“0.5 ~ 1 小时”“1 ~ 2 小时”“2 ~ 3 小时”“3 ~ 4 小时”“4 ~ 5 小时”

“5～6 小时”“6～7 小时”“7～8 小时”“8 小时或以上”“不接触”。关于倾诉方式，本调查设置了“当您遇到困难时，您会选‘①从不向任何人诉说；②只向关系极为亲密的人诉说；③向很多人诉说自己的烦恼’”的题目。关于社会地位，本调查设置了“您认为您的社会地位属于上层、中上层、中层、中下层还是下层”的单选题。

三　社会支持感知评价

（一）整体而言，家人给予的社会支持最大，亲戚其次

关于我国居民对不同群体所给予的社会支持的感知，本调查通过询问“当遇到困难时，不同群体能在大多程度上给予帮助”来了解，数据详见表1。

就家人而言，有 60.7% 的受访者认为他们给予的帮助“非常大”，有 20.9% 的受访者认为他们给予的帮助“比较大”，有 11.4% 的受访者认为“一般”，认为家人所给予的帮助“比较小”和“完全没有”的比例很小，分别为 3.0% 和 1.6%。

就亲戚而言，认为他们给予的帮助“一般”的受访者比例最高，为 31.2%，其次为“比较大”，占 27.6%，再次为“非常大”，占 21.3%。就朋友而言，有 37.0% 的受访者认为他们给予的帮助“比较大”，有 29.6% 的受访者认为“一般”，有 18.0% 的受访者认为“非常大”。

就同学而言，认为他们给予的帮助“一般”的受访者比例最高，为 36.6%，有 19.6% 的受访者则认为他们给予的帮助“比较大”，仅有 9.6% 的受访者认为他们给予的帮助“非常大”，低于“比较小”的 10.6% 和“完全没有”的 12.1%。就同事而言，受访者对其给予的帮助的评价分布与同学类似，认为帮助“一般”的受访者比例最高，为 36.9%，认为帮助“非常大”的受访者比例最低，为 6.5%。就邻居而言，认为他们给予的帮助“一般”的受访者比例最高，为 32.4%，约有 1/5（20.8%）的受访者认为他们“完全没有”给予帮助，该比例居于第二位，仅有 4.7% 的受访者

认为邻居给予的帮助“非常大”。

就工作单位而言，有25.8%的受访者认为其给予的帮助“一般”，有18.6%的受访者认为其“完全没有”帮助，有16.4%的受访者认为其帮助“比较大”，仅有6.3%的受访者认为其帮助“非常大”。就政府机构而言，近半数（47.1%）的受访者表示当他们遇到困难时，政府所给予的帮助为“完全没有”，仅有1.2%的受访者认为政府给予的帮助“非常大”。就社会团体和宗教组织而言，受访者对其给予的帮助程度评价的分布与政府机构相似，过半数受访者都认为社会团体和宗教组织对他们的帮助“完全没有”。

值得注意的是，有相当多的人对不同群体给予的帮助很难评价，例如，有近1/4（24.1%）的受访者表示对宗教组织给予的帮助“不清楚或不适用”，这种情况也类似地出现在受访者对工作单位（23.7%）、社会团体（20.9%）、政府机构（19.7%）和同事（18.5%）等群体给予的帮助的评价上。

表1　对不同群体所给予帮助的不同程度评价的受访者占比

单位：%

群体类别	不同群体能在多大程度上给予帮助					
	完全没有	比较小	一般	比较大	非常大	不清楚或不适用
家人	1.6	3.0	11.4	20.9	60.7	2.4
亲戚	6.7	8.4	31.2	27.6	21.3	4.9
朋友	5.6	5.6	29.6	37.0	18.0	4.2
同学	12.1	10.6	36.6	19.6	9.6	11.4
同事	8.0	10.9	36.9	19.2	6.5	18.5
邻居	20.8	16.3	32.4	14.0	4.7	11.8
工作单位	18.6	9.3	25.8	16.4	6.3	23.7
政府机构	47.1	10.6	14.8	6.5	1.2	19.7
社会团体	58.0	7.8	9.0	2.9	1.4	20.9
宗教组织	66.2	2.5	3.0	2.7	1.5	24.1

我们将受访者对不同群体所给予帮助的程度评价从“完全没有”到“非常大”依次赋值1~5分，独立样本t检验结果显示，在0.05的显著性

水平下，受访者对家人所给予帮助的程度评价为4.39分，显著高于5级评价量表的中间值3分（$t=48.442$，$p<0.001$）；受访者对亲戚所给予帮助的程度评价为3.51分，显著高于中间值3分（$t=14.243$，$p<0.001$）；受访者对朋友所给予帮助的程度评价为3.59分，亦显著高于中间值3分（$t=17.956$，$p<0.001$）。这一结果说明，我国居民对家人所给予的帮助的评价最高，倾向性非常大，其次为朋友和亲戚，倾向性比较大。在0.05的显著性水平下，受访者对工作单位（均值为2.77分）、邻居（均值为2.61分）、政府机构（均值为1.81分）、社会团体（均值为1.51分）和宗教组织（均值为1.30分）的评价均值显著低于中间值3分，其p值均小于0.001（见图1）。这一结果说明，我国居民对工作单位、邻居、政府机构、社会团体和宗教组织的评价逐渐降低。

受访者的社会支持感知评价整体均值为2.77分，低于中间值3分，说明总体上我国居民的社会支持感知水平一般，认为他们在遇到困难时所能获得的支持并不是很多。

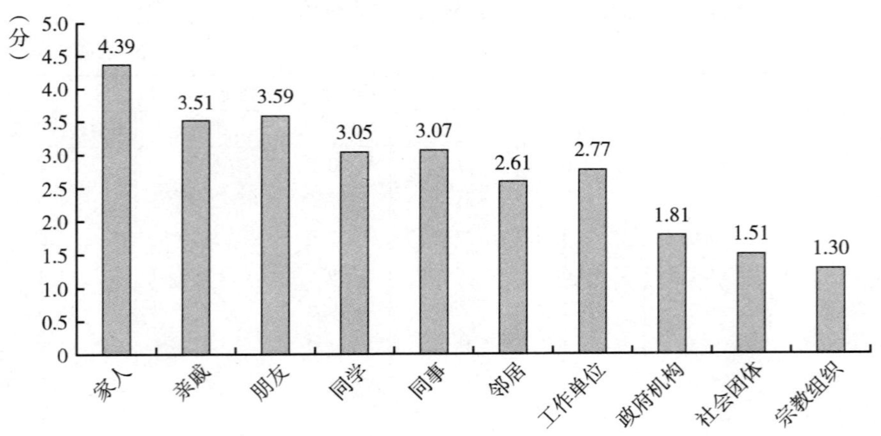

图1　受访者对不同群体给予帮助的程度评价的均值

从前面的统计结果可以发现，受访者对关系亲密的群体所提供的社会支持的感知更为强烈，如对家人、亲戚、朋友、同学和同事这些群体给予的社会支持感的评价均值均超过中间值3分，而对工作单位、邻居、政府机构、社团和宗教组织等群体所给予的社会支持感知评价值均低于3分，且逐渐降低。显然，受访者与这些群体、机构或组织的亲密程度要明显弱于前面提及的人际关系。社会支持感知评价之所以呈现这样的特征，其实并不难理解。通常，人们与工作单位之间大多是一种雇佣关系或合作关系，而政府机构同直接的个人层面支持也并不十分密切。另外，社会团体和宗教组织在我国本身发展比较有限，人们从社会团体和宗教组织获得的社会支持就不怎么明显。

（二）不同受访群体对社会支持的感知差异

我们将受访者对不同群体所能给予帮助的评价均值进行加总（以下用 M 表示该总分），作为社会支持感知的主要依据，分值越高，说明人们的社会支持感知评价也越高。

1. 20岁以下的受访者对社会支持的感知评价最高，45～59岁的受访者次之

我们将社会支持感知评价均值总分与不同年龄进行交叉分析，检验结果显示，不同年龄受访者对社会支持的感知存在显著差异（$F=2.318$，$p=0.042<0.05$）。这一结果可能受到75岁及以上的样本量过小的影响。我们将60～74岁和75岁及以上的样本进行并项处理后，显示差异不显著（$F=0.924$，$p=0.450>0.05$）。从图2可以看出，20岁以下的受访者对社会支持的感知评价均值总分最高（$M=28.75$分），45～59岁的受访者对社会支持的感知评价均值总分次之（$M=28.04$分），75岁及以上受访者对社会支持的感知评价均值总分最低（$M=22.60$分）。

2. 文化程度为大学本科的受访者对社会支持感知评价最高

我们将受访者的社会支持感知评价总分与其文化程度进行交叉分析，检验结果显示，不同文化程度受访者对社会支持的感知存在显著差异（$F=2.764$，$p=0.018<0.05$）。由图3可知，大学本科的受访者对社会支持的感知评价均值总分最高（$M=28.40$分），大专的受访者对社会支持的感知评

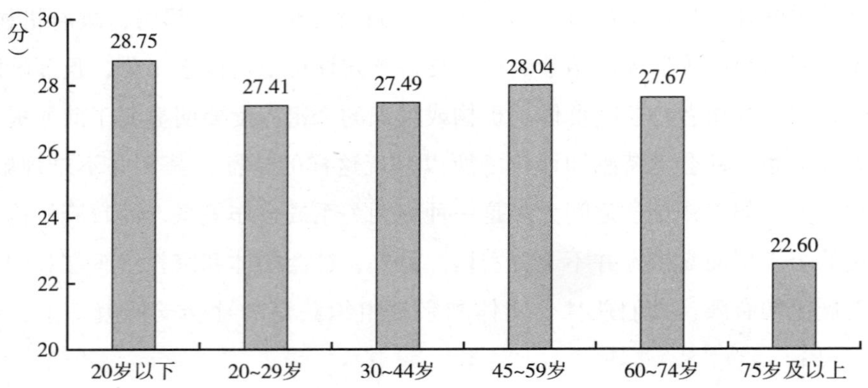

图 2　不同年龄受访者的社会支持感知总分

价均值总分次之（$M=27.98$ 分）；小学及以下学历受访者对社会支持的感知评价均值总分最低（$M=24.38$ 分），研究生及以上学历的受访者次之（$M=25.77$ 分）。

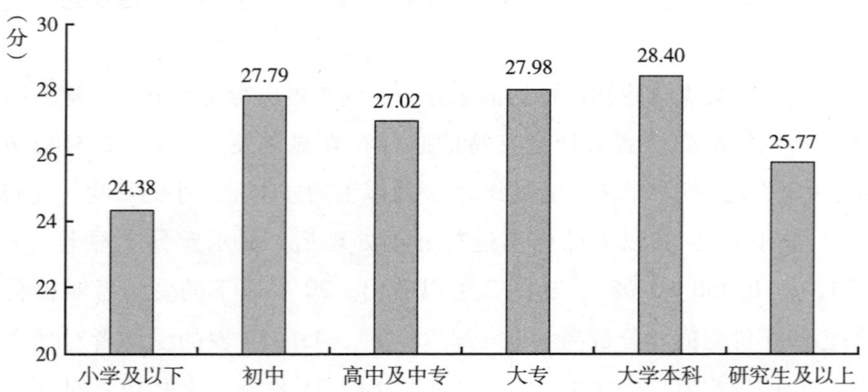

图 3　不同文化程度受访者的社会支持感知总分

3. 不同收入水平、所在区域的受访者对社会支持的感知评价无显著差异

我们将受访者的社会支持感知评价总分与其收入水平、所在区域（东、中、西部）进行交叉分析，检验结果显示，不同收入的受访者对社会支持的感知并无显著差异（$F=1.560$，$p=0.184>0.05$）。由图 4 可知，从总分

比较来看，收入为4001～6000元的受访者的社会支持的感知评价均值总分最高（$M=28.58$分），收入为2001～3000元的受访者最低（$M=26.39$分）；东部、中部、西部受访者对社会支持的感知也没有显著差异（$F=1.574$，$p=0.208>0.05$），中部受访者的社会支持感知评价均值总分最高（$M=28.40$分），东部受访者最低（$M=27.27$分）（见图5）。

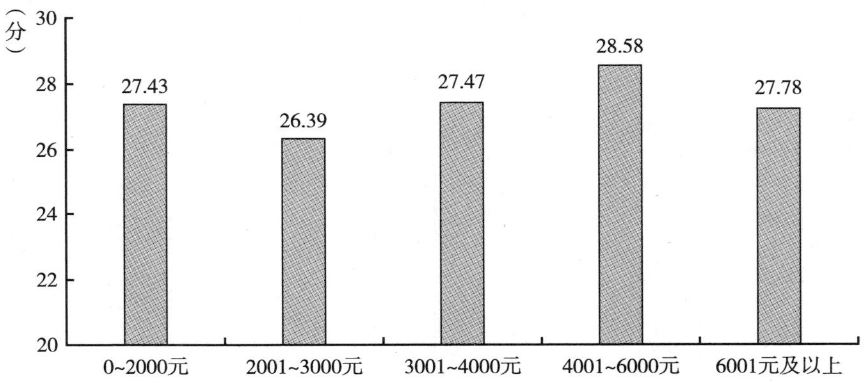

图4　不同收入水平受访者的社会支持感知总分

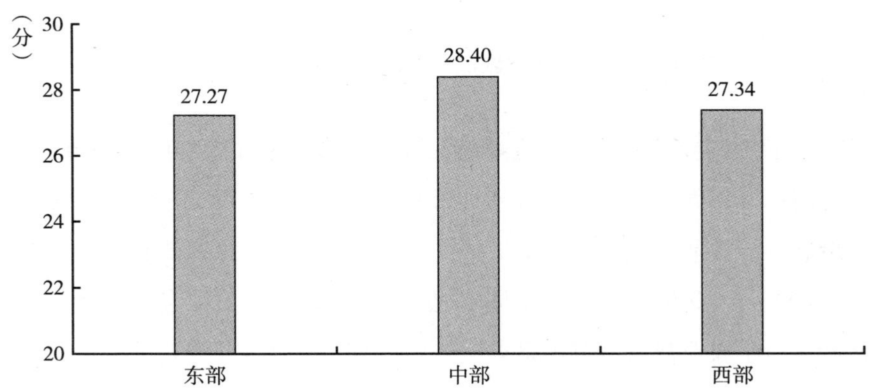

图5　东、中、西部受访者的社会支持感知总分

4. 一线城市受访者的社会支持感知评价最低，二线城市最高

我们将受访者的社会支持感知评价总分与其所在城市经济发展水平进行交叉分析，检验结果显示，一、二、三线城市的受访者对社会支持的感知存

在显著差异（$F = 7.014$，$p = 0.001 < 0.05$）。由图 6 可见，二线城市受访者的社会支持感知评价均值的总分最高（$M = 28.20$ 分），一线城市最低（$M = 25.41$ 分），三线城市的社会支持感知评价均值总分为 26.84 分。一线城市的经济发展水平最高，但生活在一线城市的人们工作压力与生活成本也最高，忙碌的工作与高成本的生活致使人际关系趋向淡漠，潜在地影响了一线城市受访者的社会支持感知评价。由此看来，并不是生活在经济水平越发达的城市，人们对社会支持的感知评价就越高。

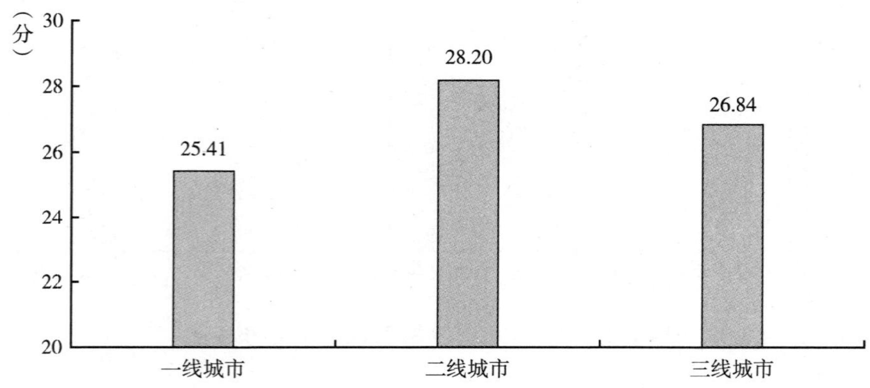

图 6　一、二、三线城市受访者的社会支持感知总分

5. 农业户口受访者的社会支持感知评价显著低于非农户口受访者

我们将受访者的社会支持感知评价总分与其户口类型进行交叉分析，检验结果显示，农业和非农业户口的受访者对社会支持的感知存在显著差异（$F = 7.264$，$p = 0.007 < 0.05$），非农业户口的受访者的社会感知评价均值总分显著高于农业户口（$M = 28.09$ 分 > 26.59 分）（见图 7）。

6. 不同性别受访者的社会支持感知评价不存在显著差异

我们将受访者的社会支持感知评价总分与性别进行交叉分析，检验结果显示，不同性别受访者对社会支持的感知没有显著差异（$F = 1.809$，$p = 0.179 > 0.05$）。就总分比较而言，女性受访者的社会支持感知评价均值总分（$M = 27.93$ 分）略高于男性（$M = 27.23$ 分）（见图 8）。

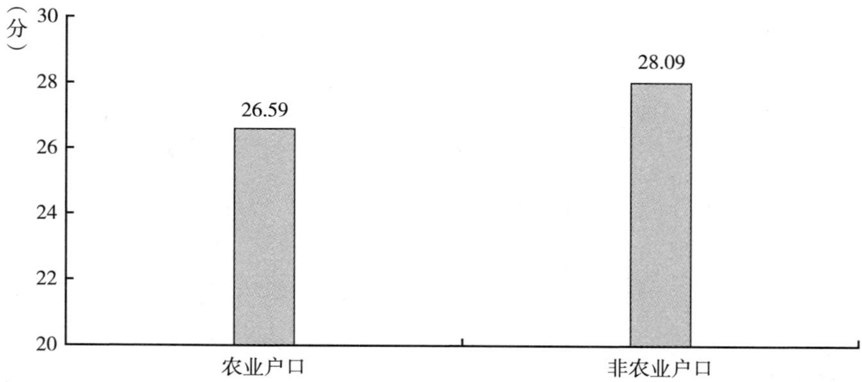

图 7　不同户口类型受访者的社会支持感知总分

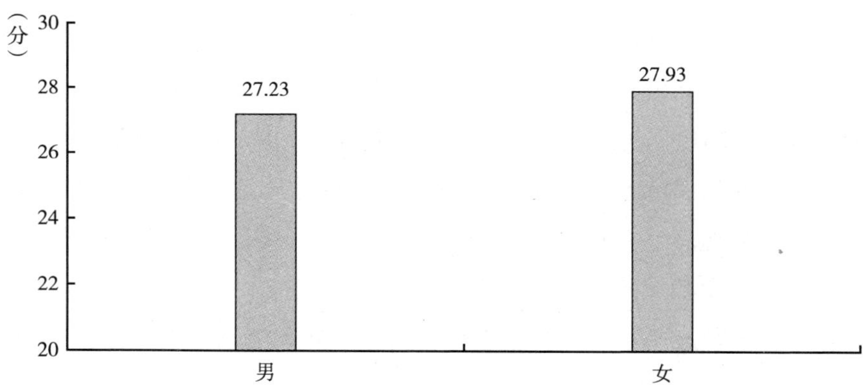

图 8　不同性别的受访者的社会支持感知总分

7. 居住地为户口所在地的受访者社会支持感知评价高于居住地为非户口所在地的受访者

我们将受访者的社会支持感知评价总分与其居住地类型进行交叉分析，检验结果显示，居住地是否为户口所在地的受访者对社会支持的感知存在显著差异（$F = 8.378$，$p = 0.004 < 0.05$），居住地为户口所在地的受访者的社会感知评价均值总分显著高于居住地为非户口所在地的受访者（$M = 28.07$ 分 > 26.45 分）（见图 9）。

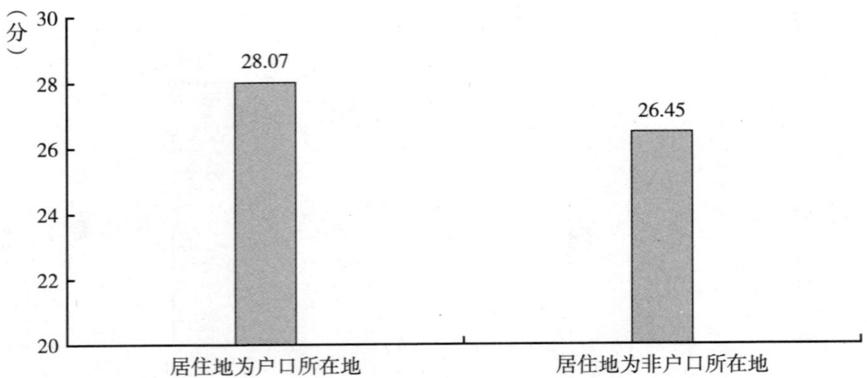

图 9　居住地是否为户口所在地受访者的社会支持感知总分

8. 已婚受访者的社会支持感知评价显著高于未婚受访者

我们将受访者的社会支持感知评价总分与其婚姻状况进行交叉分析，检验结果显示，不同婚姻状况的受访者对社会支持的感知存在显著差异（$F = 6.931$，$p < 0.001$）。这里需要注意的是，离婚和丧偶的样本数量较少，可能影响显著性结果。从总分对比来看，已婚受访者的社会感知评价均值总分略高于未婚的受访者（$M = 27.57$ 分 >27.43 分）（见图 10）。是否有子女对受访者的社会支持感知评价没有显著影响（$F = 0.586$，$p = 0.444 > 0.05$），有子女的受访者的社会支持感知评价均值总分（$M = 27.69$ 分）略高于没有子女的受访者（$M = 27.26$ 分）。

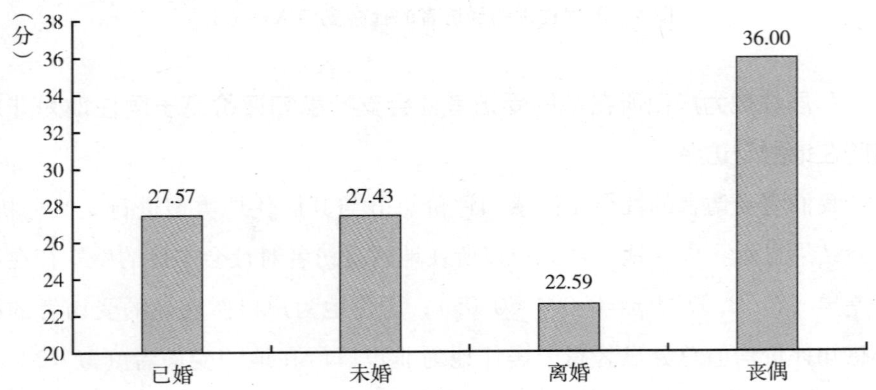

图 10　不同婚姻状况受访者的社会支持感知总分

（三）不同受访群体对密友数量的感知差异

人们对朋友数量的认知也可以在某种程度上反映他们对社会支持的感知。对于“您有多少个能够给予您帮助的亲密朋友”的回答，剔除个别极值，对960个有效样本进行统计，亲密朋友的均值约为6个（5.94个），即受访者平均拥有6个密友。

1. 男性受访者的密友数量感知高于女性受访者

我们将受访者的密友数量与其性别进行交叉分析，检验结果显示，不同性别受访者的密友数量存在显著差异（$F=9.712$，$p=0.002<0.05$）。男性受访者认为自己拥有的密友数量高于女性（6.45个>5.43个）（见图11）。

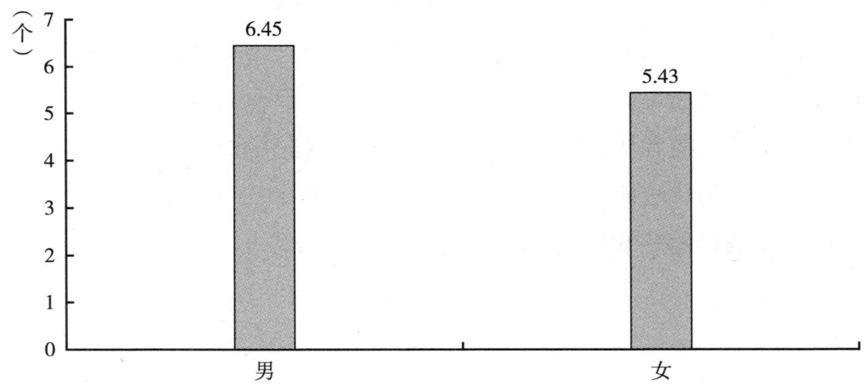

图11　不同性别的受访者的密友数量

2. 不同年龄受访者的密友数量存在显著差异，年龄越长的受访者认为自己密友越少

我们将受访者的密友数量与其年龄进行交叉分析，检验结果显示，不同年龄受访者的密友数量存在显著差异（$F=6.400$，$p<0.001$）。20岁以下的受访者认为自己拥有的密友数量最多（7.73个）。整体来看，随着年龄的逐渐增长，受访者认为自己拥有的密友数逐渐减少，这一特征在中年以后呈现得最为明显（见图12）。

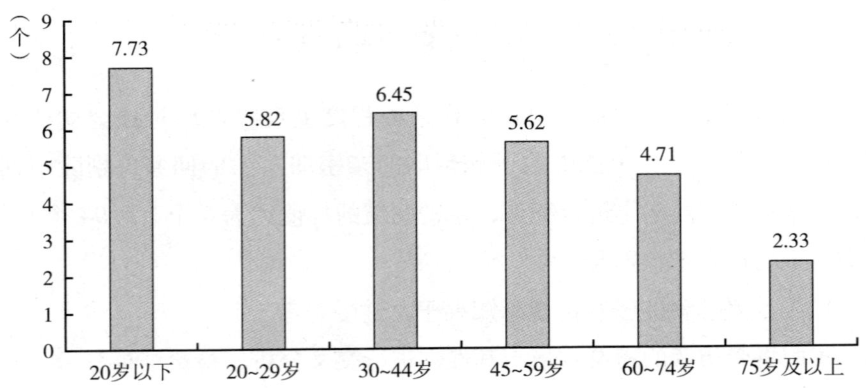

图 12　不同年龄受访者的密友数量

3. 大学本科学历受访者认为自己拥有的密友数量最多

我们将受访者的密友数量与其文化程度进行交叉分析，检验结果显示，不同文化程度受访者的密友数量存在显著差异（$F=4.980$，$p<0.001$）。大学本科学历的受访者认为自己拥有的密友数量最多（6.94 个），小学及以下学历受访者认为自己拥有的密友数量最少（4.50 个），其中初中学历受访者对自己密友数量的感知要略高于大专和研究生及以上学历的受访者（见图13）。

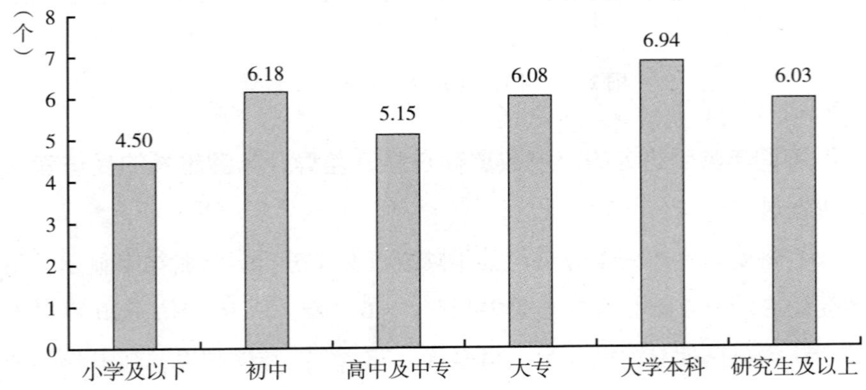

图 13　不同文化程度受访者的密友数量

4. 收入为4001～6000元的受访者认为自己拥有的密友数量最多

我们将受访者的密友数量与其收入水平进行交叉分析，检验结果显示，不同收入水平受访者的密友数量存在显著差异（$F = 3.065$，$p = 0.016 < 0.05$）。整体来看，随着收入的增加，人们认为自己拥有的密友数量呈现增多趋势，其中在某些收入区间存在小幅波动。收入为4001～6000元的受访者认为自己拥有的密友数量最多（6.83个），收入为2001～3000元的受访者认为自己拥有的密友数量最少（5.10个）（见图14）。

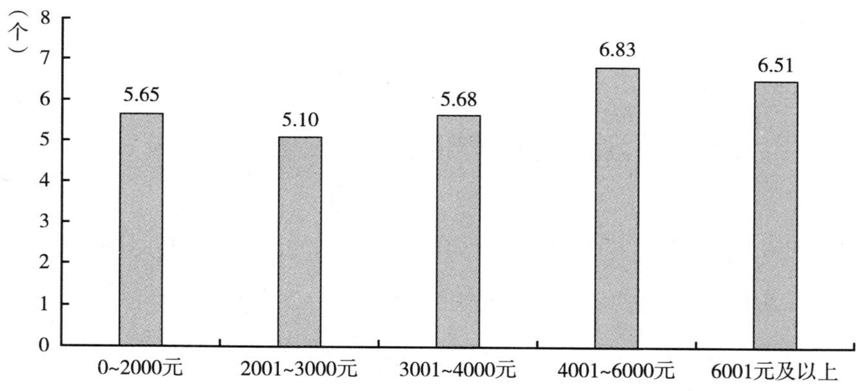

图14　不同收入水平受访者的密友数量

5. 婚姻状态对受访者的密友数量感知存在显著影响，未婚受访者认为自己拥有的密友最多

我们将受访者的密友数量与其婚姻状态进行交叉分析，检验结果显示，不同婚姻状态下受访者的密友数量存在显著差异（$F = 3.065$，$p = 0.016 < 0.05$）。未婚的受访者认为自己拥有的密友数量最多（6.55个），已婚状态的受访者对自己密友数量的感知（5.84个）要高于离婚（3.26个）和丧偶状态的受访者，丧偶受访者认为自己拥有的密友数量最少（2.40个）（见图15）。

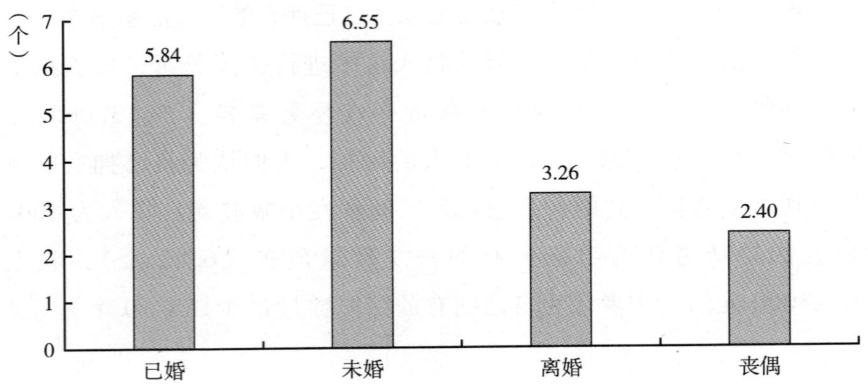

图 15　不同婚姻状态受访者的密友数量

四　社会支持感知与其他变量的关系

（一）共同居住的对象与社会支持感知的关系：同关系亲密的人同住的受访者对社会支持感知评价相对较高

我们将受访者的社会支持感知评价均值总分与其共同居住的对象进行交叉分析，检验结果显示，共同居住的对象不同，受访者的社会支持感知存在显著差异（$F=3.305$，$p=0.011<0.05$）。和家人住在一起的受访者对社会支持感知评价均值的总分最高（27.94 分），其次为和同学、同事或朋友住在一起的受访者（27.59 分），和陌生人住在一起的受访者的社会支持感知评价最低（24.14 分）（见图 16）。在某种程度上，同关系亲密的人同住的受访者，对社会支持感知的评价相对更高。

（二）倾诉方式与社会支持感知的关系：适度倾诉的受访者对社会支持感知评价相对较高

我们将受访者的社会支持感知评价均值的总分与其倾诉方式进行交叉分析，检验结果显示，倾诉方式不同，受访者的社会支持感知存在显著差异

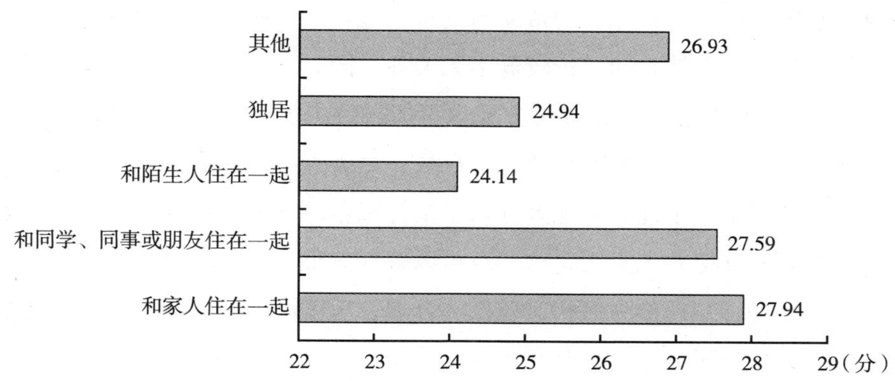

图16　不同居住对象的受访者的社会支持感知评价均值总分

（$F=6.875$，$p=0.001<0.05$）。遇到烦恼时只向关系极为亲密的人诉说的受访者对社会支持感知评价均值的总分最高（28.12分），其次是向很多人诉说自己烦恼的受访者（26.62分），而从不向任何人诉说的受访者的社会支持感知评价最低（25.88分）（见图17）。倾诉是一种发泄方式，倾诉疗法又称疏泄疗法，是最为常用的心理治疗方法，有效倾诉对于疏解内心苦恼与保持心理健康具有重要意义。

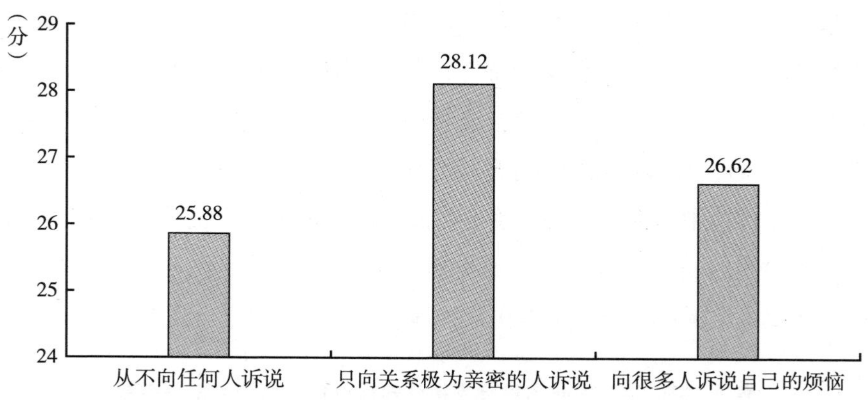

图17　不同倾诉方式的受访者的社会支持感知评价均值总分

性格压抑的人群，遇到困难与烦恼会倾向于将苦闷郁积于胸，他们选择自己面对困境，而非选择他人的精神或物质支持。不曾向他人寻求帮助，也就难以感知和评价来自他们的帮助与支持，这与从不向任何人倾诉自己烦恼的受访者的社会支持感知评价较低不无关系。同时，过度倾诉也并非最好的倾诉方式，“逢人便说”的倾诉方式也可能导致焦虑、抑郁，反复诉说会加强负面情绪对自身的影响而导致无法自拔，尽管进行了很多倾诉，烦恼仍不得缓解的原因也在于此。向他人寻求了精神慰藉，却无法释怀，反而认为他人给予的倾听支持并无大用，这一点可以解释向很多人诉说自己烦恼的受访者对社会支持感知评价为何相对较低。合理、适度倾诉，既不过度沉溺于消极，也不选择封闭自己，最有利于人们的身心健康。因此，选择只向关系极为亲密的人倾诉烦恼的受访者的社会支持感知评价最高。

合理的倾诉方式，有利于民众的心理健康，从长远角度来看，将有利于我国社会情绪的稳定，因而开辟更多、更好的倾诉渠道具有重要意义。

（三）媒介接触时长与社会支持感知的关系：纸媒接触时长与社会支持感知评价存在正相关关系

我们将受访者的社会支持感知评价均值的总分与其报纸、电视和互联网的接触时长进行相关分析，结果显示，受访者的社会支持感知评价均值的总分与报纸接触时长存在弱正相关性（$r=0.114$，$p=0.009<0.05$），即每天接触报纸的时间越长，其社会支持感知评价均值的总分逐渐增大。相反，电视接触时长与互联网接触时长与社会支持感知评价均值总分之间的相关关系不显著（见表2）。如今纸媒的生存环境日渐艰难，新媒体有如破竹之势，尤其是在青少年群体中，看报纸的习惯正在甚至已经消失，取而代之的是互联网。尽管读报时间的长短与社会支持感知评价之间的关系仅仅是相关而非因果，保持和培养人们的读报习惯可以在某种程度上提高其对社会支持的感知评价。

表2　媒介接触时长与社会支持感知评价均值总分的相关系数

项目	报纸接触时长	电视接触时长	互联网接触时长
皮尔森相关性	0.114**	-0.030	-0.019
显著性(双侧)	0.009	0.492	0.670

** 在0.01水平（双侧）上显著相关。

（四）社会地位与社会支持感知的关系：地位越高的受访者对社会支持感知评价越高

我们将受访者的社会支持感知评价均值的总分与其社会地位进行相关性分析，结果显示，受访者的社会支持感知评价均值的总分与社会地位存在弱正相关性（$r = 0.099$，$p = 0.024 < 0.05$），即社会地位越高的受访者对社会支持感知的评价也相对越高（见表3）。这一点其实不难理解，社会地位越高，人们可以获取的社会网络资源也更多，这些资源有助于他们更加顺利地抵御种种工作与生活的挑战，因此他们对社会支持感知的评价也就越高。

表3　社会地位与社会支持感知评价均值总分的相关系数

项　　目	社会地位
皮尔森相关性	0.099 *
显著性（双侧）	0.024

* 在0.05水平（双侧）上显著相关。

（五）社会感受与社会支持感知的关系：社会感受越良好的受访者对社会支持感知的评价越好

在基本变量的介绍中我们提到，关于社会感受的考察主要通过包含3道题目的5分量表，对这3道题目均值的加总，视为社会感受的重要依据，分值越高，即人们的社会感受越好。我们将受访者的社会支持感知评价均值的总分与其社会感受总分进行相关分析，结果显示，受访者的社会支持感知评价均值的总分与社会感受存在弱正相关性（$r = 0.231$，$p < 0.001$），即人们对这个社会的感受越好（即和谐、安全、制度公平），其对社会支持感知的评价也相对更高（见表4）。社会感受在很大程度上反映了人们对这个社会的信赖程度与在这个社会中生活的身心舒适度，而来自人际圈层和社会圈层的支持可以帮助人们应对困境，让他们感受到关心与爱，亦可以提高人们身处社会的舒适度，社会感受与社会支持二者相辅相成、互相促进。

表 4　社会感受与社会支持感知评价均值总分的相关系数

项目	社会感受
皮尔森相关性	0.231**
显著性(双侧)	0.000

** 在 0.01 水平（双侧）上显著相关。

五　研究小结

（一）受访者对亲密人际关系带来的社会支持感知评价更高

血缘纽带织就的社会支持网络比源自工作、学习的支持关系具有明显的心理优势。人们对家人和密友的依赖程度更甚于同事、同学等，而作为组织形式出现的政府机构和社团组织，与民众的关系黏合则更低。同时，俗语中"远亲不如近邻"的情境所呈现的人们与邻居之间的关系也在逐渐弱化，人们对邻居所能给予的帮助的评价趋于一般。本研究发现，受访者们普遍认为亲人在自己需要帮助时给予的支持更大，对工作单位、邻居、政府机构、社团组织和宗教组织给予的社会支持的感知评价都相对较低。这里反映出工作单位、政府部门和社团等组织在给予社会支持功能上仍存在很大不足。

（二）性别、年龄、收入、学历、婚姻状况等都会影响受访者对密友数量的感知评价

本次调查数据显示，我国居民对密友数量的感知均值为 6 个。同时，不同人口学分类标准下的受访者的密友数量感知存在显著差异。从性别角度来看，男性受访者所感知的密友数量多于女性。在整体上，随着年龄的增长，人们认为自己拥有的好友数量逐渐减少，尤其是中年以后，少年、成年时期的好友情感可能变淡、离开甚至是去世。大学本科学历的受访者认为自己拥有的密友数量最多，小学学历的受访者则认为自己拥有的密友数量最少，其

中初中学历的受访者感知的密友数量要多于大专和研究生及以上学历的受访者。收入为4001～6000元的受访者认为自己拥有的密友数量最多。不同婚姻状态下的人对朋友的需求以及认知都会产生变化，未婚者认为自己拥有的密友最多，其后依次为已婚、离婚和丧偶的受访者。

（三）生存状态越趋于稳定的受访者对社会支持感知水平越高

根据年龄、文化程度、婚姻状况、生活城市的经济发展水平、居住地是否为户口所在地和户口类型等要素对受访者进行分类处理，并交叉分析，得出了如下几个重要结论：就年龄而言，20岁以下和45～59岁的受访者对社会支持的感知评价较高，前者尚未进入社会圈，基本上仍处于家庭供养的学校教育阶段，后者则为中老年阶段，社会地位相对较高，工作与生活压力相对较小，这两个年龄段的受访者可以获得的社会支持也相对更多。就文化程度而言，大学本科的受访者对社会支持感知评价最高。一线城市受访者的社会支持感知评价最低，二线城市的受访者最高，一线城市尽管经济发达，但生存成本与压力都相对更大；就户口类型而言，非农业户口受访者的社会支持感知评价显著高于农业户口的受访者。居住地为户口所在地的受访者社会支持感知评价高于居住地为非户口所在地的受访者，居住地为非户口所在地即处于跨地生存状态，例如外地务工或求学的状态。已婚受访者社会支持感知评价显著高于未婚受访者。从上述社会支持感知的评价特征可以发现，受访者的生存状态（如工作、婚姻、经济环境、压力、心态等）越趋于稳定，社会支持感知水平就会越高。

（四）社会支持感知与社会地位、社会感受存在正相关关系

研究数据表明，受访者的社会支持感知评价均值的总分与社会地位和社会感受（评价均值总分）都呈正相关关系。随着社会地位的不断提升，人们对社会支持感知的评价也越高。按照社会支持理论的观点，一个人的社会支持网络越大，便可以获得越多的社会资源，便能够更好地应对各种困境。与此相应，社会地位越高的人亦可以获得越多的社会支持资源，因而他们对

社会支持的感知水平相对更高。同时，人们对这个社会的感受（和谐、安全与制度公平）越好，对社会支持的感知水平也越高。社会感受，即人们对生活在当下社会的一种感知。该评价越高，说明人们对这个社会越满意，他们对来自社会各单元的支持也就相应更为认可。

（五）倾诉方式对社会支持感知评价存在显著影响

向他人倾诉是一种常见的解压方式，倾诉的过程也是寻求支持与帮助的过程。本研究发现，从不倾诉（从不向任何人诉说自己的烦恼）和过度倾诉（向很多人诉说自己的烦恼）的受访者对社会支持感知的评价都显著低于适度轻度（只向关系极为亲密的人诉说）的受访者。有的人倾向于隐藏自己的情绪，倾诉缺位于生活，在困难面前难以寻得他人的支持，其社会支持的感知水平也就相对较低。有的人习惯于反复诉说自己的困难，尽管寻求支持的过程存在，然而过度地感知自己的烦恼，可能适得其反，寻求支持而不果，因而这类人群的社会支持感知评价也相对偏低。

B.9

附录　问卷节选

一　个人基本信息调查

1. 您的年龄是______岁？

（1）20 岁以下　　（2）20～29 岁

（3）30～44 岁　　（4）45～59 岁

（5）60～74 岁　　（6）75 岁及以上

2. 您的文化程度

（1）小学及以下　　（2）初中

（3）高中及中专　　（4）大专

（5）大学本科　　（6）研究生及以上

3. 您的职业属于下列哪一类

（1）党政企事业单位负责人　　（2）专业技术人员

（3）商业、服务人员　　（4）办事人员和有关人员

（5）农、林、牧、渔、水利业生产人员

（6）生产、运输工人和有关人员　　（7）个体经营人员

（8）军人　　（9）学生

（10）离退休人员　　（11）无业人员

（12）自由职业者　　（13）其他

4. 您的个人月收入（元)？

（1）1～1000 元　　（2）1001～2000 元

（3）2001～3000 元　　（4）3001～4000 元

（5）4001～5000 元　　（6）5001～6000 元

(7) 6001 ~7000 元　　(8) 7001 ~8000 元
(9) 8001 ~9000 元　　(10) 9001 ~10000 元
(11) 10001 元及以上　　(12) 无收入

5. 您的户口是
(1) 农业户口　　(2) 非农业户口

6. 您的居住地是您的户口所在地吗?
(1) 是的　　(2) 不是

7. 您的婚姻状况为?
(1) 已婚　　(2) 未婚
(3) 离异　　(4) 丧偶

8. 您是否有子女?
(1) 有　　(2) 没有

9. 您的性别
(1) 男　　(2) 女

二　综合民生调查

1. 您家庭每月在（主副）食品上的花费有多少?
(1) 500 元及以下　　(2) 501 ~1000 元
(3) 1001 ~1500 元　　(4) 1501 ~2000 元
(5) 2001 ~2500 元　　(6) 2501 ~3000 元
(7) 3000 元以上

2. 您家庭每年支出的教育费用大概有多少?
(1) 无　　(2) 5000 元及以下
(3) 5001 ~10000 元　　(4) 10001 ~15000 元
(5) 15001 ~20000 元　　(6) 20000 元以上

3. 您家能够承担所支付的教育费用吗?
(1) 完全能够承受，没有压力　　(2) 可以承受，比较轻松

（3）一般　　（4）不太能承受，压力较大

（5）完全不能承受，压力很大

4. 您家庭每年支出的医药费大概有多少？

（1）无　　（2）1000 元及以下

（3）1001 ~3000 元　　（4）3001 ~5000 元

（5）5000 元以上

5. 您目前的身体状况如何？

（1）很不好　　（2）不太好

（3）一般　　（4）比较好

（5）非常好

6. 您是否会经常感到焦虑、担心或不安？

（1）总是　　（2）经常

（3）有时　　（4）偶尔

（5）几乎没有

7. 您认为您所在城市的空气质量如何？

（1）非常差　　（2）比较差

（3）一般　　（4）比较好

（5）非常好

8. 您对您的住房情况满意吗？

（1）非常不满意　　（2）比较不满意

（3）一般　　（4）比较满意

（5）非常满意

9. 您认为您所在城市的饮用水质量如何？

（1）非常差　　（2）比较差

（3）一般　　（4）比较好

（5）非常好

10. 您对您目前所在的城市归属感强吗？

（1）非常弱　　（2）比较弱

(3) 一般　　(4) 比较强

(5) 非常强

三　幸福感调查

1. 您会担心您所在城市食物的质量和卫生吗?

(1) 完全不担心　　(2) 不太担心

(3) 一般　　(4) 比较担心

(5) 非常担心

2. 您对您目前的工作(或学习)状况满意吗?

(1) 非常不满意　　(2) 比较不满意

(3) 一般　　(4) 比较满意

(5) 非常满意　　(6) 不好说

3. 您对您目前的收入状况满意吗?

(1) 非常不满意　　(2) 比较不满意

(3) 一般　　(4) 比较满意

(5) 非常满意　　(6) 不清楚

4. 您现在的生活压力大吗?

(1) 没有压力　　(2) 比较小

(3) 一般　　(4) 比较大

(5) 非常大

5. 您的休闲娱乐时间是否充裕?

(1) 几乎没有　　(2) 不太充裕

(3) 一般　　(4) 比较充裕

(5) 非常充裕

6. 您现在所在的城市，好朋友多吗?

(1) 几乎没有　　(2) 很少

(3) 有一些　　(4) 比较多

（5）非常多

7. 您感觉周围的人对您尊重吗？

（1）很不尊重　　（2）不太尊重

（3）一般　　（4）比较尊重

（5）非常尊重

8. 您目前的职业受到尊重吗？

（1）很不尊重　　（2）不太尊重

（3）一般　　（4）比较尊重

（5）非常尊重

9. 您觉得周围的人认同您的工作（或学习）能力吗？

（1）很不认同　　（2）不太认同

（3）一般　　（4）比较认同

（5）非常认同

四　社会信任度调查

1. 您对法官、警察、律师、教师、医生、记者、农民工、出租车司机、钟点工、企业家、政府官员职业群体的信任程度如何？

（1）非常信任　　（2）比较信任

（3）一般　　（4）不太信任

（5）非常不信任　　（6）不清楚或不适用

2. 您对中央政府（地方政府、司法部门）的信任度如何？

（1）非常信任　　（2）比较信任

（3）一般　　（4）不太信任

（5）非常不信任　　（6）不清楚

3. 您更相信哪一平台的新闻？

（1）报纸　　（2）广播

（3）电视　　（4）杂志

(5) 新闻网站　　(6) 手机新闻客户端
(7) 微信　　(8) 微博
(9) 身边人的议论　　(10) 都不相信
(11) 其他

4. 您更信任中央新闻媒体还是地方新闻媒体的新闻报道?
(1) 中央　　(2) 地方
(3) 都相信　　(4) 都不信
(5) 不清楚或不适用

5. 您更信任以下哪些网站的新闻报道?
(1) 人民网　　(2) 新华网
(3) 央视网　　(4) 中新网
(5) 新浪网　　(6) 腾讯网
(7) 搜狐网　　(8) 凤凰网
(9) 其他网站　　(10) 都不信
(11) 不清楚或不适用

五　阶层认同与社会流动调查

1. 在您看来，在您居住地，您的社会地位目前属于哪个层次?
(1) 下层　　(2) 中下层
(3) 中层　　(4) 中上层
(5) 上层　　(6) 不清楚

2. 您认为当今中国社会的上升通道是畅通的吗?
(1) 非常不畅通　　(2) 不太畅通
(3) 一般　　(4) 比较畅通
(5) 非常畅通　　(6) 不清楚

3. 和您的父辈相比，您认为您的社会地位是?
(1) 下降很多　　(2) 略有下降

（3）没变化　　（4）略有上升

（5）上升很多　　（6）不清楚

4. 您认为未来 5 ~ 10 年，您的社会地位可能发生什么变化？

（1）大幅下降　　（2）有所下降

（3）不会有变化　　（4）有所上升

（5）大幅上升　　（6）不清楚

六　社会安全感调查

1. 您认为我们的社会总体（食品、医疗、人身、财产、个人隐私）安全吗？

（1）非常安全　　（2）比较安全

（3）一般　　（4）不太安全

（5）非常不安全　　（6）不清楚

七　社会公平感调查

1. 接下来是一组关于社会公平的问题，您是否同意以下说法？

选　　项	非常赞同	比较赞同	一般	不太赞同	非常不赞同	不清楚
我们的社会是公平的						
教育资源分配是公平的						
医疗资源分配是公平的						
就业机会是平等的						
社会的收入分配是公平的						
社会保障是公平的						
干部提拔和任免是公平的						
司法是公正的						
我们的社会,男女是平等的						
我们的社会,城乡是平等的						

2. 请给您的幸福程度打分，0～10 分，10 分为幸福程度最高。您打几分？

3. 您对所在地经济现状（所在地社会治安、所在地教育现状、所在地医疗卫生服务、所在地食品安全、所在地生态环境、所在地社会保障）的满意度如何？

(1) 非常满意　　(2) 比较满意
(3) 一般　　(4) 不太满意
(5) 非常不满意　　(6) 不清楚

八　居民利他行为调查

1. 对以下一些说法，请根据您自己的观念或者自身情况，看是否符合？

选　项	非常不符合	不太符合	一般	比较符合	非常符合	不清楚
您会尽量多关心身边的人						
在他人要求帮助时，您会尽力而为						
乘坐公交车时，您通常都会给老人和孕妇让座						
单位或学校号召捐款时，您通常都毫不犹豫捐钱						
如果有人遇到危险或困难，周围人却无动于衷，您愿意提供帮助						
遇到老人跌倒，您愿意帮忙搀扶						

2. 您平均每天接触报纸（电视、互联网）的时间？

(1) 不接触　　(2) 接触小于或等于 1 小时
(3) 1～2 小时　　(4) 2～3 小时
(5) 3～4 小时　　(6) 4～5 小时

(7) 5~6小时　　(8) 6~7小时

(9) 7~8小时　　(10) 8小时及以上

3. 您对同事（单位领导、同学、邻居、朋友、家人、亲戚）的信任程度如何？

(1) 非常信任　　(2) 比较信任

(3) 一般　　(4) 不太信任

(5) 非常不信任　　(6) 不清楚

4. 您同意以下说法吗？

选　项	非常同意	比较同意	一般	不太同意	非常不同意
您的生活大致符合您的理想					
您对自己的生活很满意					
到目前为止，您基本得到了您生活上希望拥有的重要东西					
如果有机会重新活一次，您基本没有什么想改变					
您觉得您自己的生活状况非常好					

九　社会支持调查

1. 当您需要帮助时，您的家人（亲戚、朋友、同学、同事、邻居、工作单位、政府机构、社会团体、宗教组织）会在多大程度上给你支持与帮助？

(1) 非常大　　(2) 比较大

(3) 一般　　(4) 比较小

(5) 完全没有　　(6) 不清楚

2. 您有多少个能够给予您帮助的亲密朋友？______个

3. 近一年来，您________？

(1) 和家人住在一起　　(2) 和同学、同事或朋友住在一起

(3) 和陌生人住在一起　　(4) 独居　　(5) 其他

4. 您遇到烦恼时的倾诉方式是?

(1) 从不向任何人诉说　　(2) 只向关系极为亲密的人诉说

(3) 向很多人诉说自己的烦恼

5. 您认为您的社会地位目前属于哪个层次?

(1) 上层　　(2) 中上层　　(3) 中层

(4) 中下层　　(5) 下层　　(6) 不清楚

6. 您对以下说法是否赞同?

选　项	非常赞同	比较赞同	一般	不太赞同	非常不赞同	不清楚
现实社会是和谐的						
现实社会是安全的						
当前社会制度是公平的						

B.10
后　记

民意调查不仅能够客观呈现社会、经济、政治等方方面面的社情民意，而且可以即时快捷地搜集、追踪热点话题。所以，民意调查既是深入了解民生问题的重要途径，也是科学制定公共政策的必要前提，对促进社会健康良性发展具有重要意义。上海交通大学舆情研究实验室社会调查中心组织开展的第二次全国性综合民生民意调查，从问卷设计、电话调查到数据统计分析、报告撰写前后历时共8个月，凝结了中心成员及多位参与者心血的调查成果《中国民生调查报告（2015）》终于完成付梓。

第二次全国性综合民生民意调查研究以事实统计为基础，以客观呈现为原则，调查研究成果《中国民生调查报告（2015）》基本实现了预定的研究目标：其一，此次调查覆盖了我国各行政区域的36个重要城市，调查数据较为全面地呈现了我国民生的基本情况；其二，关于基本民生和社会态度调查研究结果，可以为党和政府了解国情、解决社会问题提供数据支撑或实证参考；其三，基于广泛社会调查而进行的民生民意数据梳理分析，可以为相关学术研究提供基础数据依据。

整体而言，第二次全国性综合民生民意调查研究比第一次全国性综合民生民意调查研究有了一定的进步和突破。《中国民生调查报告（2015）》不仅呈现了个人收支情况、住房、社会保障等基本民生问题的现实状况，而且凸显了公众深层次的社会感受、社会需求；不仅反映了中国民生基本现状，而且提出了一些建设性的对策建议。但是，限于时间和精力，本报告仍存在一些不足和缺憾，在今后的调查研究中，我们将总结并汲取以往的调查研究经验，努力予以克服，不断提高研究水平！

编　者

2015年9月25日　于上海交通大学

Abstract

Livelihood issues are the most direct and practical beneficiary problems concerned by the people, which determine the stability, justice, and harmony of the society. Since the opening and reformation, China has entered its transitional period, and the imbalance occurred during the social development process have triggered numbers of livelihood problems, which greatly impact the value orientations of the citizens. In this special time, to guarantee and improve the livelihood conditions and clear the internal beneficiary relations has great practical and historical values in consolidating the ruling foundation, enhancing the national cohesiveness, and promoting the benign social development.

In order to present the basic status of the nation's livelihood as well as the underlying social mentality, the Social Survey Center of the Public Opinion Research Laboratory in Shanghai Jiao Tong University conducted a comprehensive livelihood investigation in 2014. The survey adopted the RDD sampling method and covered 36 cities across various administrative regions, with 30 respondents in each city. The total sample size was 1080. The survey not only presented residents' basic livelihood status, such as personal income, accommodation, and social insurance, but also emphasized the underlying social perceptions and social needs of the public.

Annual Report on the People's Livelihood Survey in China (2015) is the presentation of the results of the second wave national livelihood survey. The "Report on General Livelihood" shows the general livelihood development, which includes basic livelihood (e. g., personal income and expenses, educational cost, medical cost, physical conditions, accommodation, and social insurance) as well as the living and working conditions (e. g., living conditions, job and income satisfaction). The "Report on Happiness" emphasizes the subjective well-being of the public and the Maslow's five hierarchies of needs. The

"Report on Social Trust" explores the public trust to different occupational groups, acquaintances, information source, news media, and government agencies. The "Report on Social Class Identification and Mobility" aims to investigate the social class identification, class mobility channels, class mobility predictions, and obstacles of class mobility evaluated by the citizens. The "Report on Social Security" evaluates the public perceptions of social safety, food safety, medical safety, physical safety, property safety, and privacy safety. The "Report on Social Equity" focuses on the public perceptions of the general social equity, allocation of educational and medical resources, job opportunities, social income equity, social insurance, cadres promotion, law justice, gender equity, equity between urban and rural areas, and so on. The "Report on Altruism Behaviors" explores the public's altruistic views and willingness to conduct altruistic behaviors, the difference in altruism across groups, as well as factors related to altruism. The "Report on Social Support" investigates the public's perceived social support and the association between social support and media use, social economic status, and so on.

The second People's Livelihood and Public Opinion Survey presents a comprehensive picture of the people's livelihood across the 36 cities locating at different administrative regions, creating basic data resource for academic research in national conditions and social problem solving.

Contents

ⅠB Ⅰ General Reports

Abstract: Livelihood issues are the most concerned and realistic interests of the public, which determines the public opinion, the social stability, justice, and harmony. Using the RDD sampling method, the Social Survey Center of the Public Opinion Research Laboratory in Shanghai Jiao Tong University investigated the basic livelihood problems of residents in our country. The results showed that nearly half of the respondents' monthly incomes were between 1001 –5000 yuan, furthermore, about half of the respondents' food spending was within the range of 501 to 1500 yuan; over half of the respondents could afford the cost of education. Meanwhile, most respondents believed that their physical condition is good. The majority of the respondents' medical expenses were less than 3000 yuan and over half of the respondents could afford their medical expenses. In addition, respondents' housing situation was diversiform. For instance, rural residents mainly had a preference for building their own homes or renting houses, while nearly half of the urban residents bought commercial housing. For social security, 95. 4% of respondents purchased medical insurance and 76. 5% of respondents purchased the pension insurances. More than 40% of the respondents believed that their living standards had raised compared with five years ago, however, more than 80% of the respondents believed that they are in the middle and lower levels of society. There were about 90% of the respondents thought their families to be harmonious. Respondents believed that the main source of life pressure was the inflation, followed by the family income, work pressure, and education costs. Nearly 70% of the respondents were satisfied with their work and income, and most of respondents (more than 70%) believed that they were respected by others.

Keywords: Livelihood Issues; Spending; Social Security; Job Satisfaction; Life Pressure

Abstract: Happiness is an old but constantly hot topic. In order to thoroughly understand the subjective well-being among the Chinese residents, the Social Survey Center of the Public Opinion Research Laboratory in Shanghai Jiao Tong University conducted an investigation on residents' subjective well-being in China's 36 cities. The results indicated a high subjective well-being of our residents with an average score of 7 out of 10. It showed that family harmony was the main support for the subject well-being, while personal health, relationship with friends, and personal income were also important. According to Maslow's hierarchy of needs, physiological needs, safety needs, love or belongingness needs, esteem needs, and self-actualization needs significantly affected the subjective well-being of residents.

Keywords: Subjective Happiness; Influencing Factors; Maslow's Hierarchy of Needs; Telephone Survey

B II Reports on Different Issues

Abstract: Trust is the lubricant for social solidarity and constructing a modern social trust system that compatible with the Chinese marketing economy is of great importance for maintaining social harmony. The Social Survey Center of the Public Opinion Research Laboratory in Shanghai Jiao Tong University conducted a telephone survey of residents' social trust in 35 cities of China. From the perspective of occupation, rural migrant workers and teachers were the most trustworthy groups, while government officials and entrepreneurs were the least trustworthy groups; females placed more trust than males on high social status groups (e. g. , judges, polices, government officials); in contrast, males placed more trust than females in lower social status groups (e. g. , rural migrant workers). Among acquaintances, the rank of trustworthiness were family members, relatives, friends, classmates, colleagues, leaders, and neighbors; groups over 60 years old trusted relatives and neighbors the most, while groups under 20 trusted friends and classmates the most; people in the middle area of China placed more trust than other those from other areas in classmates, neighbors, and family. From the perspective of information sources, most people chose to trust media reports and official declaration. From the perspective of news media, the olds trusted television more than news APP, wechat, and discussion around.

Keywords: Interpersonal Trust; Social Trust; Media Trust; Government Trust

Abstract: The rapid transformation in Chinese society promotes the continuous evolution and reconstruction of social structure. Appropriate social class structure and social mobility facilitates the solving of social conflicts and maintains the social harmony. Via telephone survey, the Social Survey Center of the Public Opinion Research Laboratory in Shanghai Jiao Tong University investigated the social class identification and social mobility issues from 36 cities in China. The results showed that about ninety percent of the residents identified themselves as middle classes or lower classes. Groups got highly education and highly income identified themselves as upper classes. From the perspective of social life, people who had the identification of higher social classes would perceive more happiness, career safety, and social justice. From the perspective of social mobility, almost sixty percent of the participants thought their social status were higher compared to their parents; half of the participants thought the class mobility channels were fairly clear; students thought the class mobility is difficult. Over sixty percent of the participants believed that their status would be higher in the next five years, and people under 29 years old had more confidence on upward social mobility. Most participants believed that education and personal characteristics were the main factors that drive the social class mobility. Factors affecting the social class identification included personal income, frustrations, and happiness; factors associated with personal assessment toward social class mobility involved happiness, frustrations, social justice, and social safety; age and happiness influenced one's prediction toward social class mobility.

Keywords: Social Class Identification; Social Mobility; Assessment of Mobility Channel

B. 5　Survey Report on the Perception of Social Security (2014)　/ 194

Abstract: The perception of social security is the subjective feeling about the social operation mechanism of the country, the social security situation, and the stability of their own life. In order to give an objective presentation about the perception of social security of our country, the Social Survey Center of Public Opinion Research Laboratory in Shanghai Jiao Tong University conducted a survey on overall social security, food security, medical security, personal security, property security, and privacy security. The survey results showed that male respondents' social security was higher than female respondents'; residents above 60 years old had a higher perception of social security than their younger counterparts; the social security differed among respondents with different monthly income; respondents from non first-tier cities had a higher perception of social security than the respondents from the first-tier cities; the social security perception differed among respondents engaged in different occupations.

Keywords: Social Security; Food Security; Medical Security; Personal Security; Property Security

B. 6　Report on the Perception of Social Equity (2014)　/ 219

Abstract: The study aimed to understand Chinese citizens' perception of social equity which covered overall perception of social equity, and equity evaluations to the allocation of education resources and medical resources, employment opportunities, social income distribution, social security, promotion and appointment of cadres, justice of law, gender, as well as urban and rural equality. The survey covered 36 important cities in China which are located in the east, middle, and west regions. A total of 1080 participants were involved. Results of the study provided related parties with suggestions on the decision-making to the work of social equity construction.

Keywords: Social Equity; Citizen; Resource Allocation

Abstract: Cultivating citizen's altruism is the key mechanism of developing the harmonious society. The report shed light on the altruistic behaviors of Chinese citizens, including their attitudes and willingness to conduct altruistic behaviors, as well as the differences across various groups of citizens. Specifically, the report included (1) the general status of citizens' altruistic behaviors, (2) the willingness to conduct different altruistic behaviors, such as helping other people, giving seats, donating, etc., (3) the differences in altruism across citizens with different gender, age, occupation, education, income, and marital status, and from different regions, (4) the relationship between altruism and media consumption, inter-personal trust, social trust, social support, and life satisfaction. The report also summarized some key findings worth introspection.

Keywords: Altruistic Behavior; Inter-personal Trust; Social Trust; Social Support

Abstract: Social support provides people with material and spiritual resources to face the difficulties in life and work. The effective support from family, friends, government, and community groups is beneficial to people's physical and mental health and the long-term stability of the society. This study mainly explored Chinese residents' perceived social support and the connection between perceived social support and other variables such as the way of inter-personal communication, media use, social economic status, and perception of the society, etc. The results showed that relatives were the major source of social support. There were differences in the perceived social support across different groups of respondents, for example, respondents under the age of 20 had the highest evaluation on their perceived social support; respondents with bachelor's degree had the highest perceived social support; respondents living in first-tier cities had the lowest perceived social support; married respondents' perception for social support was significantly higher than unmarried ones. Respondents had six close friends on average. Respondents living with close friends had the highest perceived social support compared to respondents living with other people. The level of perceive social support was higher for people who would like to pour out with friends moderately. There was a positive correlation between newspaper use and perceived social support. The higher the social economic status, the higher the perception of social support. The better feeling about the society, the higher the social support perception.

Keywords: Social Support; Media Use; Ways of Pouring Out; Social Economic Status; Perception of Society

皮书起源

“皮书”起源于十七、十八世纪的英国，主要指官方或社会组织正式发表的重要文件或报告，多以“白皮书”命名。在中国，“皮书”这一概念被社会广泛接受，并被成功运作、发展成为一种全新的出版型态，则源于中国社会科学院社会科学文献出版社。

皮书定义

皮书是对中国与世界发展状况和热点问题进行年度监测，以专业的角度、专家的视野和实证研究方法，针对某一领域或区域现状与发展态势展开分析和预测，具备权威性、前沿性、原创性、实证性、时效性等特点的连续性公开出版物，由一系列权威研究报告组成。皮书系列是社会科学文献出版社编辑出版的蓝皮书、绿皮书、黄皮书等的统称。

皮书作者

皮书系列的作者以中国社会科学院、著名高校、地方社会科学院的研究人员为主，多为国内一流研究机构的权威专家学者，他们的看法和观点代表了学界对中国与世界的现实和未来最高水平的解读与分析。

皮书荣誉

皮书系列已成为社会科学文献出版社的著名图书品牌和中国社会科学院的知名学术品牌。2011 年，皮书系列正式列入“十二五”国家重点图书出版规划项目；2012~2014 年，重点皮书列入中国社会科学院承担的国家哲学社会科学创新工程项目；2015 年，41 种院外皮书使用“中国社会科学院创新工程学术出版项目”标识。

法律声明

权威报告·热点资讯·特色资源

皮书数据库

ANNUAL REPORT(YEARBOOK) DATABASE

当代中国与世界发展高端智库平台

WWW.PISHU.COM.CN

皮书俱乐部会员服务指南

1. 谁能成为皮书俱乐部成员?

- 皮书作者自动成为俱乐部会员
- 购买了皮书产品（纸质书/电子书）的个人用户

2. 会员可以享受的增值服务

- 免费获赠皮书数据库100元充值卡
- 加入皮书俱乐部，免费获赠该纸质图书的电子书
- 免费定期获赠皮书电子期刊
- 优先参与各类皮书学术活动
- 优先享受皮书产品的最新优惠

3. 如何享受增值服务?

（1）免费获赠100元皮书数据库体验卡

第1步 刮开附赠充值的涂层（右下）；

第2步 登录皮书数据库网站（www.pishu.com.cn），注册账号；

第3步 登录并进入“会员中心”—“在线充值”—“充值卡充值”，充值成功后即可使用。

（2）加入皮书俱乐部，凭数据库体验卡获赠该书的电子书

第1步 登录社会科学文献出版社官网（www.ssap.com.cn），注册账号；

第2步 登录并进入“会员中心”—“皮书俱乐部”，提交加入皮书俱乐部申请；

第3步 审核通过后，再次进入皮书俱乐部，填写页面所需图书、体验卡信息即可自动兑换相应电子书。

4. 声明

解释权归社会科学文献出版社所有

皮书俱乐部会员可享受社会科学文献出版社其他相关免费增值服务，有任何疑问，均可与我们联系。

图书销售热线：010-59367070/7028
图书服务QQ：800045692
图书服务邮箱：duzhe@ssap.cn

数据库服务热线：400-008-6695
数据库服务QQ：2475522410
数据库服务邮箱：database@ssap.cn

欢迎登录社会科学文献出版社官网（www.ssap.com.cn）和中国皮书网（www.pishu.cn）了解更多信息

社会科学文献出版社 SOCIAL SCIENCES ACADEMIC PRESS (CHINA) 皮书系列
卡号：646426315520
密码：

S子库介绍 Sub-Database Introduction

中国经济发展数据库

涵盖宏观经济、农业经济、工业经济、产业经济、财政金融、交通旅游、商业贸易、劳动经济、企业经济、房地产经济、城市经济、区域经济等领域，为用户实时了解经济运行态势、把握经济发展规律、洞察经济形势、做出经济决策提供参考和依据。

中国社会发展数据库

全面整合国内外有关中国社会发展的统计数据、深度分析报告、专家解读和热点资讯构建而成的专业学术数据库。涉及宗教、社会、人口、政治、外交、法律、文化、教育、体育、文学艺术、医药卫生、资源环境等多个领域。

中国行业发展数据库

以中国国民经济行业分类为依据，跟踪分析国民经济各行业市场运行状况和政策导向，提供行业发展最前沿的资讯，为用户投资、从业及各种经济决策提供理论基础和实践指导。内容涵盖农业，能源与矿产业，交通运输业，制造业，金融业，房地产业，租赁和商务服务业，科学研究环境和公共设施管理，居民服务业，教育，卫生和社会保障，文化、体育和娱乐业等 100 余个行业。

中国区域发展数据库

以特定区域内的经济、社会、文化、法治、资源环境等领域的现状与发展情况进行分析和预测。涵盖中部、西部、东北、西北等地区，长三角、珠三角、黄三角、京津冀、环渤海、合肥经济圈、长株潭城市群、关中一天水经济区、海峡经济区等区域经济体和城市圈，北京、上海、浙江、河南、陕西等 34 个省份及中国台湾地区。

中国文化传媒数据库

包括文化事业、文化产业、宗教、群众文化、图书馆事业、博物馆事业、档案事业、语言文字、文学、历史地理、新闻传播、广播电视、出版事业、艺术、电影、娱乐等多个子库。

世界经济与国际政治数据库

以皮书系列中涉及世界经济与国际政治的研究成果为基础，全面整合国内外有关世界经济与国际政治的统计数据、深度分析报告、专家解读和热点资讯构建而成的专业学术数据库。包括世界经济、世界政治、世界文化、国际社会、国际关系、国际组织、区域发展、国别发展等多个子库。